Cocoa
Internals

Cocoa Internals: 오브젝티브-C와 스위프트, 멀티 패러다임의 시작

초판 1쇄 발행 2017년 1월 3일 **지은이** 김정 **펴낸이** 한기성 **펴낸곳** 인사이트 **편집** 문선미 **제작 · 관리** 박미경 **용지** 에이페이퍼 **출력** 소다미디어 **인쇄** 현문인쇄 **후가공** 이지앤비 **제본** 자현제책 **등록번호** 제10-2313호 **등록일자** 2002년 2월 19일 **주소** 서울시 마포구 잔다리로 119 석우빌딩 3층 **전화** 02-322-5143 **팩스** 02-3143-5579 **블로그** http://www.insightbook.co.kr **이메일** insight@insightbook.co.kr **ISBN** 978-89-6626-207-6 책값은 뒤표지에 있습니다. 잘못 만들어진 책은 바꾸어 드립니다. 이 책의 정오표는 http://www.insightbook.co.kr에서 확인하실 수 있습니다. 이 도서의 국립중앙도서관 출판예정도서목록(CIP)은 서지정보유통지원시스템 홈페이지(http://seoji.nl.go.kr)와 국가자료공동목록시스템(http://www.nl.go.kr/kolisnet)에서 이용하실 수 있습니다.(CIP제어번호: CIP2016030124)

코어오디오렐리어니

Cocoa
Internals

김정 지음

인사이트
insight

지은이의 글

맥과 iOS 개발 환경에 관한 책 『Xcode 4』를 출간한 시기가 2011년이니 벌써 6년이 지났습니다. 그 책을 쓴 이후 막연하게 다음에는 '코코아 프레임워크에 대한 책'을 써야겠다고 생각했습니다. 왜냐하면 사용 방법은 크게 달라지지 않으면서도 겉모습만 매년 바뀌는 개발 환경 책보다, 애플 개발자들의 철학과 깊이 있는 배경 지식을 알 수 있는 프레임워크 책이 더 필요하다고 생각했기 때문입니다. 그래서 이 책을 쓰기로 했습니다.

관련 자료를 모으고 내용을 준비해서 책을 쓰기 시작한 지 4년 만에 이 책이 세상에 선보이게 되었습니다. 그사이에 Xcode 버전은 매년 하나씩 증가해서 8버전으로 올라갔고, 3년 전에는 새로운 언어 스위프트까지 나왔습니다. 오브젝티브-C 기준으로만 작성했던 코코아 프레임워크에 대한 내용을 절반은 다시 써야 하는 상황이었고, 스위프트 언어에 대한 내용도 무시할 수 없었습니다. 결국 전체 틀을 바꾸고 내용을 처음부터 다시 만들어야만 했습니다.

이 책의 전체 내용에 가장 큰 영향을 준 것은 바로 스위프트입니다. 왜냐하면 객체 중심 언어인 오브젝티브-C와 달리 스위프트는 멀티 패러다임 언어이기 때문입니다. 코코아 프레임워크는 대부분 오브젝티브-C로 만들어졌는데, 스위프

트를 지원하기 위해 상당한 변화를 주었습니다. 공통적인 기능을 담당하는 파운데이션 프레임워크조차도 제네릭을 지원하고, 함수 중심 프로그래밍 방식을 활용하기 위해 구조가 변경되기도 했습니다. 이런 프레임워크의 발전과 변화가 결국 이 책의 내용에도 영향을 끼쳤습니다.

그림처럼 프로그래밍 패러다임에는 크게 두 가지 축이 있습니다. 하나는 앨런 튜링이 제안한 튜링 머신에 적합한 프로그래밍 방식이고, 또 다른 하나는 알론조 처치(Alonzo Church)가 제안한 람다 계산식을 구현하는 프로그래밍 방식입니다. 튜링 머신 패러다임을 따르는 프로그래밍 언어는 70~80년대 상업적인 대규모 개발에 힘입어 주목을 받았습니다. 그때부터 인기를 얻기 시작한 객체 중심 프로그래밍 방식과 언어는 지금까지도 그 인기가 사그러들지 않고 있습니다.

2000년대에 만들어진 에프샵(F#), 러스트(Rust), 코틀린(Kotlin), 스위프트 같은 새로운 언어들은 기존의 언어들과 다른 특성을 갖고 있습니다. 바로 어느 하나의 패러다임만을 순수하게 따라 만들지 않았다는 것입니다. 심지어 오브젝티브-C나 자바(Java)도 함수 중심 패러다임 요소를 지원하는 형태로 변화하는 추세입니다. 스위프트는 최근에 만들어진 언어답게 기존의 여러 언어의 장점을 그대로 흡수해 멀티 패러다임 언어로 만들어졌습니다.

이 책은 객체 중심 프로그래밍과 함수 중심 프로그래밍 모두를 위한 멀티 패러다임을 설명하고 있습니다. 각각의 패러다임에서 사용하는 개념을 설명하기 위해서, 단순히 따라하는 코드를 소개하는 게 아니라 동작 원리를 내부 코드나 그림으로 상세하게 풀어 쓰려고 노력했습니다. 멀티 패러다임 관점에서 코코아 프레임워크를 다루고 있기 때문에 오브젝티브-C 개발자에게도 스위프트 개발자에게도 도움이 될 수 있을 것입니다.

코코아 프레임워크의 미래

코코아 프레임워크는, 애플이 20년 전 새 운영체제 OS X을 만들면서 기존의 NeXTStep 운영체제 아키텍처를 거의 그대로 갖고 와 만든 오래된 프레임워크입니다.

오래됐기 때문에 낡은 프레임워크라고 생각하기 쉽지만, 그 구조는 여전히 탄탄합니다. 애플이 iOS용 코코아 터치 프레임워크를 만들면서부터는 엄청난 속도로 발전하기 시작했습니다. 코코아 프레임워크가 대부분 오브젝티브-C로 만들어졌기 때문에, 코코아 프레임워크가 발전한 만큼 오브젝티브-C에도 언어적인 측면에서 상당한 발전이 있었습니다. 인스턴스 변수 선언 방식에서 프로퍼티를 지원하기 시작했고, 함수 중심 언어의 특징인 블록 개념이 추가됐습니다.

애플은 지난 10년간 OS X 플랫폼 개발 전용이던 코코아 프레임워크를 iOS 플 랫폼도 함께 지원하도록 멀티 플랫폼으로 확장했습니다. 그리고 코코아 프레임 워크는 스위프트라는 새로운 언어를 지원하면서부터 기존과 다른 방향으로 변 화를 만들어냈습니다. 스위프트는 함수 중심 프로그래밍 철학을 가지고 있어서 객체 중심으로 설계된 기존 코코아 프레임워크는 어울리지 않는 조합이라고 생 각하기 쉽습니다. 애플은 스위프트를 만들면서 두 가지 선택을 했습니다. 우선 스위프트를 순수한 함수 중심 언어가 아니라 객체 중심 프로그래밍도 할 수 있 는 멀티 패러다임 언어로 만들었습니다. 자연스럽게 기존 코코아 프레임워크를 스위프트 클래스로 연결해서 사용할 수 있도록 했습니다. 그리고 2015년부터는 코코아 프레임워크를 스위프트답게(기존 스위프트 네이티브 타입을 중용하고 오브젝티브-C 표현 방식을 점차 줄여가는 형태로) 다시 만들고 있습니다.

스위프트와 함께 코코아 프레임워크는 더 이상 OS X과 iOS 플랫폼만을 위한 프레임워크가 아니라 리눅스, 윈도우 같은 멀티 플랫폼을 지원하는 프레임워크 로 변화하고 있습니다. 스위프트와 코코아 프레임워크는 함께 성장하면서 풀스 택 개발 환경을 지원하고 있습니다. 만약 스위프트 개발자라면 이 책을 기반으 로 스위프트 풀스택 개발자로 성장할 수 있을 것입니다. 코코아 프레임워크는 애플 개발자 생태계를 확장시키기 위한 핵심입니다.

이 책의 특징

이 책은 코코아/코코아터치 프레임워크를 깊숙한 부분까지 설명하기 위해서 다 양한 측면에서 접근하고 있습니다. 예를 들어 객체 중심 프로그래밍은 누가 생 각해냈고, 클래스와 객체의 개념은 어떻게 다른지, 왜 이런 용어를 사용하는지, 각 요소는 어떻게 동작하는지 설명합니다. 애플이 블랙박스로 만들어놓아 코코 아 프레임워크를 작동시키는 코드로 직접 설명하지는 못하지만, 여러 도구를 사 용해서 내부 동작을 이해할 수 있도록 하고 있습니다.

이 책은 코코아 프레임워크 사용 방법을 소개하는 레퍼런스 문서가 아닙니다. 그렇다고 오브젝티브-C와 스위프트 언어 특징과 문법을 설명하는 입문서도 아 닙니다. 이 책은 오브젝티브-C 언어나 스위프트 언어로 개발하는 입문서를 읽었 거나 개발 경험이 있는 상태에서, 상세한 프레임워크 동작 방식을 이해하고 다 양한 관점에서 생각의 폭을 넓혀서 시니어 개발자로 성장하기 바라는 독자에게 적합합니다.

이 책은 크게 두 가지 부분으로 나뉘어 있습니다. 1부에서는 객체 중심 프로그래밍 관점에서 오브젝티브-C 언어 위주로 설명합니다. 스위프트 클래스가 갖고 있는 객체 중심 특징은 함께 설명하거나 차이점을 설명합니다. 객체 중심 프로그래밍이 익숙하다면 1부부터 읽으면 됩니다. 2부에서는 함수 중심 프로그래밍 관점에서 스위프트 언어 위주로 설명합니다. 함수 중심 프로그래밍에 익숙하다면 2부부터 읽고 1부를 읽어도 됩니다.

4년 전, 기존에 기획하고 모아둔 책과 자료를 사무실 화재로 잃어버린 사건이 있었습니다. 그 사건 이후에도 다시 책을 완성할 수 있도록 자료 수집과 아이디어 회의, 집필과 교정, 디자인과 편집에 도움을 주신 분들께 특히 감사드리고 싶습니다. 저에게 힘이 되어준 osxdev.org 멤버 박세현, 윤성관, 김윤봉, 왕수용, 양승헌 님께도 감사의 말을 전합니다. 그리고 NHN NEXT에서 iOS 수업을 함께 했던 학생들의 질문은 책의 완성도를 높이는 데 큰 도움이 되었습니다. 저의 거친 문장을 교정해주시고 혼란스러운 과정을 함께 해주신 문선미 에디터와 책이 나올 때까지 지지해주시고 든든한 버팀목이 되어주신 한기성 사장님 외 인사이트 출판사 모든 관계자 분들께도 감사의 말씀을 전합니다.

하루가 다르게 무럭무럭 크는 세 아이 하나, 하율, 하은이에게 미안한 마음이 듭니다. 장난꾸러기 아이들을 키우느라 고생하는 와이프 김정화 덕분에 이 책을 완성할 수 있었습니다. 사랑하는 와이프와 스위프트를 만든 크리스 래트너(Chris Lattner)에게 이 책을 바치고 싶습니다.

2017년 1월 김정

차례

2부 함수 중심 프로그래밍

1부
객체 중심 프로그래밍

1장

C o c o a   I n t e r n a l s

객체

스티브 잡스가 애플에 돌아오면서 객체 중심 운영체제였던 NeXTStep을 OS X 으로 포팅하기 시작했다. 오브젝티브-C 기반으로 새로 만든 맥용 프레임워크를 코코아(Cocoa) 프레임워크라고 부르기 시작했고, 기존의 C 기반 클래식 맥 프레임워크는 카본(Carbon)이라고 불렀다. 이후에 나온 iOS용 프레임워크는 터치 이벤트를 추가해서 코코아 터치(CocoaTouch) 프레임워크라고 부른다.

애플의 프레임워크를 설명하기 앞서 객체 중심 프로그래밍(object-oriented programming)부터 이야기해보자. 오브젝티브-C를 포함한, 모든 객체 중심 프로그래밍에서는 프로그램을 구성하는 단위를 객체(object) 단위로 구분한다고 가르친다. '객체'라는 단어는 도대체 어떤 의미인지, 왜 주체는 없고 객체만 있는지 궁금하다. 그 궁금증에서부터 출발해보자. 이번 장에서는 클래스와 객체 인스턴스의 개념을 설명하고 객체의 정체성과 등가성, 예외성을 확인해본다. 그리고 객체 사이의 관계를 살펴보고, 마지막으로 오브젝티브-C 런타임 구조에 대해 설명한다.

1.1 클래스와 객체 인스턴스

객체 중심 프로그래밍[1]은 절차 중심 프로그래밍(procedural programming)과 대

---

1 이 책에서는 Object-Oriented를 객체 지향이 아니라 객체 중심으로 표현한다. 그 이유는 지향이라는 단어가 특정한 방향성의 의미가 짙어 객체 단위 추상화의 중요성을 잘 드러내지 못하기 때문이다. 객체 위주로, 객체 를 중요하게 생각한다는 의미를 나타내기에는 객체 중심이란 표현이 더 적합하다고 판단했다. 마찬가지 이 유로 Functional도 함수형 대신 함수 중심이라고 표현한다.

비되는 방식이며, 객체 안에 속성과 메서드 형태로 변수와 함수를 구현하고 프로그램을 구성하는 객체들끼리 메시지를 주고 받아서 협력하는 형태로 동작한다. macOS용 코코아 프레임워크나 iOS용 코코아-터치 프레임워크에서도 동일한 방식으로 동작한다.

첫 번째 객체 중심 언어로 알려진 시뮬라(Simula) 언어가 세상에 나온 이후로, 모든 객체 중심 언어에서는 시뮬라에서 사용했던 객체(objects), 클래스(classes)라는 용어를 사용한다. 개발자가 문제 해결을 위해 추상화해서 만드는 코드를 클래스라고 하고, 실제로 프로그램을 실행하는 시점에는 메모리에 구체화된 실체(instance)를 객체라고 한다.

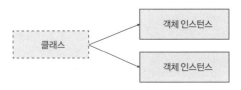

그림 1-1 클래스와 객체 인스턴스

1.1.1 객체에 대한 철학

객체 중심에 대한 개념은 서양 철학의 줄기를 따라가 보면 개개인을 중심으로 자연의 모든 것을 관찰하고 분류해서 분석했던 아리스토텔레스의 자연 철학에서부터 비롯됐다는 것을 알 수 있다. 객체(objects)라는 단어는 주체(나)를 중심으로 하는 1인칭 시점에서 바라볼 때 세상의 모든 것을 지칭하는 단어다.

객체를 다루는 방식은 '철학자들이 자연에 실존하는 객체를 그에 대응되는 형체가 없는 개념과 언어로 추상화시켜 생각하는 방식'을 그대로 프로그래밍 세계에 도입한 것이다. 오브젝티브-C에 붙어있는 형용사 '오브젝티브(objective)'는 의미 그대로 '객관적으로' 객체를 바라보고 추상화시켜 표현하기 위한 언어라는 것을 의미한다.

이렇게 서양 철학에 익숙한 개발자들이 객체에 대해 생각하는 방식은 프로그래밍 방식에도 영향을 끼쳤다. 실생활의 객체들을 책임과 역할에 따라 구분하고, 객체 사이의 관계와 연결하도록 생각하는 방식은 객체 중심 프로그래밍 패러다임을 이루는 골격이다.

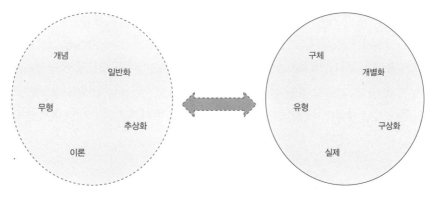

그림 1-2 추상화 vs. 구체화

1.1.2 객체 중심 프로그래밍

앞서 언급한 서양 철학에서는 사고와 개념을 언어나 글로 표현해서 구체화하는 방법을 사용하지만, 프로그래밍에서는 '논리적인 사고(computational thinking)를 통해 만들어진 알고리즘을 컴퓨터 프로그래밍 언어로 코드를 작성'해서 구체화한다. 스위스 언어학자 소쉬르는 같은 언어를 사용하는 사람들끼리 생각하는 방식에 대한 원칙(단어의 의미, 문법 등)을 랑그(langue)라고 하고, 실제 대화나 상황에 따라서 표현이나 발음이 달라지는 것을 파롤(parole)이라고 했다. 이런 일반적인 언어에서 랑그와 파롤의 개념은 프로그래밍 언어에서도 그대로 존재한다. 예를 들어 여러 층으로 쌓아놓은 접시를 쓸 때 맨 마지막에 올린 접시부터 꺼내는 방식의 알고리즘을 '스택(stack)'이라고 부른다(랑그). 이런 '스택' 개념을 실제 프로그래밍 언어(코드)로 구현하는 방법은 여러 가지가 존재하고(파롤) 각각의 방법은 조금씩 다르다.

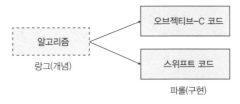

그림 1-3 알고리즘과 코드

'프로그램 코드가 동작하는 순서'를 중요하게 생각했던 절차 중심 프로그래밍 패러다임과 '실생활에서 사고하는 방식과 비슷한 객체 개념'을 차용해서 객체의 역할과 객체들 사이의 관계를 활용하는 객체 중심 프로그래밍 패러다임은 생각하는 방식에서 큰 차이가 있다.

알고리즘을 실제로 구현하기 위해서 프로그래밍 언어로 코드를 작성하는 과정은 개발자 머릿속에 있는 생각을 글로 표현하는 과정과 동일하다. 개발자가 객체 중심 프로그래밍 언어로 작성한 클래스 코드는 컴퓨터 입장에서 구체화되지 않은 추상 코드다. 컴퓨터는 프로그램을 실행하기 위해서 클래스 코드를 따라 메모리에 객체 인스턴스를 생성하고, 객체끼리 메시지를 주고 받으면서 동작하는 과정을 거친다.

그림 1-4 클래스 코드 vs. 객체 인스턴스

프로그래밍 언어로 코드를 작성하는 방법과 객체 중심으로 생각하는 방식을 알고 있더라도, 클래스 단위로 역할과 책임을 나누고 컴퓨터가 실행하는 과정을 상상해서 코드로 표현하기까지는 여러 가지 난관이 있다. 로버트 마틴(Robert C. Martin)은 프로그램을 객체 중심으로 설계를 하기 위해서 필요한 다섯 가지 원칙 'SOLID(Single Responsiblility Principle, Open-Closed Principle, Liskov Substitution Principle, Interface Segregation Principle, Dependency Inversion Principle)'를 소개하고 있다. 로버트 마틴은 SOLID 원칙에 따라 객체가 어떻게 동작할지 추상화해서, 클래스 코드를 작성할 때 명확하고 깔끔한 책임 구조와 높은 응집력, 낮은 의존성, 변화에 대한 유용성 등을 고려할 것을 권장한다. 이와 관련된 내용들은 이 책의 범위에서 벗어나기 때문에 다루지 않는다. 하지만 꽤 유용하기 때문에 읽어보는 게 좋다. 책 중간중간에 읽어보면 좋을 자료의 목록을 정리해두었다.

1.1.3 오브젝티브-C 객체

오브젝티브-C를 만든 브래드 콕스(Brad Cox)는 그의 저서 *Object−Oriented Programming : An evolutionary approach*에서 객체를 '소프트웨어IC'라는 부품으로 불렀다. 그는 소프트웨어도 하드웨어와 마찬가지로 공장에서 생산하는 부품처럼 부품화해야 한다고 생각했다. 다음의 Pen 객체를 살펴보자. 브래드 콕스가 공장에서 생산자(supplier)가 부품을 만들어서 소비자(consumer)에게 공급하는 객체에 대해 설명하면서 예로 들었던 Pen 객체에서 아이디어를 가져왔다.

코드 1-1 Pen 객체 인터페이스 명세 부분

```
#import <UIKit/UIKit.h>

@interface Pen : NSObject
{
    CGPoint position;
    UIColor* color;
}
+(id)new;
+(id)red;
+(id)blue;

-(UIColor*)color;
-(void)draw;
-(void)moveTo:(CGPoint)point;

@end
```

앞의 코드에서 볼 수 있는 Pen 객체는 color와 position에 해당하는 데이터 (data)가 들어 있고, 특정 위치로 이동하는 –moveTo:와 데이터에 따라 다르게 그림을 그리는 –draw:에 해당하는 동작(action)도 들어 있다. 오브젝티브-C에서는 객체 데이터를 인스턴스 변수(instance variables)라고 부르고, 동작에 대한 함수를 메서드(methods)라고 한다. 그 중에서도 +(플러스)로 시작하는 메서드는 클래스 메서드라고 부르고, –(마이너스)로 시작하는 메서드는 인스턴스 메서드라고 부른다.

```
Pen *aPen = [Pen new];
```

위와 같은 코드로 aPen 객체 인스턴스를 생성했다고 가정해보자.

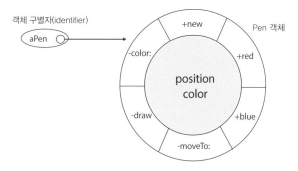

그림 1-5 객체와 인터페이스

Pen 객체의 인터페이스에 정의한 것과 같이 aPen에 접근할 수 있는 방법은 +new, +red, +blue 클래스 메서드와 –color:, –draw, –moveTo: 인스턴스 메서드뿐이다.

오브젝티브-C에서는 헤더 파일 내부 인터페이스(@interface) 영역에 선언한 메서드만 객체 외부에서 접근할 수 있다. 구현(@implementation) 영역에 선언한 메서드는 내부에서만 접근할 수 있고 외부로는 감춰진다. 부모 클래스인 NSObject 클래스에 선언한 메서드도 상속되어 접근 가능하다. 이렇게 객체의 내부 데이터는 감춰서 직접 접근할 수 없도록 하고 객체 외부에서 접근가능한 메서드를 인터페이스로 제공하는 방식을 캡슐화(encapsulation)라고 한다.

클래스 명세와 객체 인스턴스

앞서 살펴본 메서드 중에서 클래스 메서드에는 Pen 객체 인스턴스를 생성하는 팩토리 메서드(factory method)가 있다. 오브젝티브-C에서 대부분의 클래스는 클래스 설계 명세를 기준으로 객체 인스턴스를 생산하는 공장 역할을 한다. 공장에서 '소프트웨어IC' 부품을 생산하는 모습을 상상하고 만든 용어가 아닐까 싶다.

브래드 콕스가 객체 인스턴스를 설명했던 그림 1-6을 살펴보자.

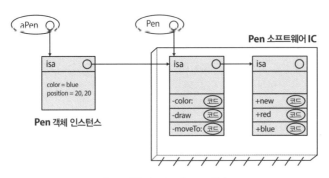

그림 1-6 객체 인스턴스와 소프트웨어IC

그림 1-6에서 aPen 포인터가 가리키는 객체 인스턴스는 Pen 클래스에 있는 코드를 공유하고, 다른 인스턴스와는 구분되는 고유한 데이터를 포함하고 있다. 객체 인스턴스는 isa 포인터로 자신을 추상화한 Pen 클래스를 가리킨다. 이런 방식을 이용해 클래스로 작성한 코드는 모든 객체가 공유하며, 클래스 명세를 기준으로 만들어진 각각의 객체 인스턴스가 클래스 코드를 재사용한다. 이렇게 생산자가 만든 클래스 코드를 재사용하기 때문에, 브래드 콕스는 클래스를 소프트웨어IC라고 지칭했던 것 같다.

1.1.4 오브젝티브-C 2.0 이후 변화

objc.h 파일에 선언되어 있는 클래스에 대한 구조체 Class와 객체 인스턴스에 대한 구조체 objc_object는 다음과 같다. Class는 내부적으로 objc_class라는 구조체의 포인터이며, id는 objc_object라는 객체 인스턴스를 나타내는 구조체의 포인터 타입이다. OBJC_ISA_AVAILABILITY 예약어는 오브젝티브-C 2.0 버전을 의미하는 __OBJC2__ 값이 선언되어 있으면 deprecated 값으로 대체된다. 따라서 현재 시점에서 isa는 접근이 불가능하다.

코드 1-2 objc_object 구조체

```
// 오브젝티브-C 클래스를 표현하는 불투명한 타입
typedef struct objc_class *Class;

// 객체 인스턴스에 대한 타입
struct objc_object {
    Class isa  OBJC_ISA_AVAILABILITY;
};

// 객체 인스턴스를 가리키는 포인터 타입
typedef struct objc_object *id;
```

OS X 10.5 버전과 iOS 2.0 버전 이후에 적용된 오브젝티브-C 2.0부터는 최신 런타임(modern runtime) 구조를 따르고 있다. 클래스의 인스턴스 변수 구조(layout)가 바뀌면, 반드시 새로 컴파일해야만 했던 이전 버전을 기존 런타임(legacy runtime)이라고 부른다. 최신 런타임부터는 재컴파일하지 않고도 런타임에 인스턴스 변수와 메서드까지 변경할 수 있는 구조를 동적으로 지원한다.

최신 런타임 방식을 지원하기 시작한 오브젝티브-C 2.0부터 isa 변수가 사라졌지만, 객체의 클래스를 알아내는 방법은 남아있다. 최상위 객체인 NSObject에 선언되어 있는 -(Class)class 메시지를 보내거나 런타임 API 중의 하나인 object_getClass()를 사용하면 된다. 런타임 API에 대한 상세한 설명은 1.4절을 참고하자.

1.1.5 스위프트 네이티브 객체

이번에는 스위프트에서 객체는 어떤 형태인지 살펴보자. 스위프트에서 클래스 타입은 오브젝티브-C와 호환성을 유지하는 객체로 쓸 수도 있고, 호환이 되지 않는 네이티브 객체(native object)로 사용할 수도 있다. 스위프트 네이티브 객체 내부 구조를 확인하기 위해서, 코드 1-3에 있는 NativePen 네이티브 객체에 대해 스위프트 컴파일러가 만드는 스위프트 중간 언어(SIL) 코드 조각을 살펴보자.

코드 1-3 NativePen 객체 예시

```
class NativePen {
    let id = 512
    var sequence = 1024
}
```

결론부터 말하자면, 스위프트 네이티브 객체는 오브젝티브-C 객체와 비슷한 모양으로 만들어진다. 그 이유는 당연하게도 앞서 설명했듯이 오브젝티브-C 객체와 호환성을 갖고 동작해야 하는 경우를 고려해서 설계했기 때문이다. 코드 1-4와 코드 1-5에 나와 있는 코드 조각을 살펴보자.

> ✅ **모듈 이름과 이름 공간**
>
> NativePen 클래스를 선언했을 뿐인데 앞에 class.NativePen이라고 class가 붙어 있는 것은, 클래스로 만들었기 때문이 아니라 예시를 작성하면서 만든 모듈이 class이기 때문이다. 스위프트는 항상 모듈(또는 프로젝트) 이름을 포함해서 이름 공간(namespace)을 만든다.

스위프트 네이티브 객체 : 생성 함수와 소멸 함수

스위프트 네이티브 객체를 컴파일할 경우 만들어지는 생성 함수와 소멸 함수부터 살펴보자.

코드 1-4 NativePen 객체 일부분 - 생성 함수와 소멸 함수

```
// class.NativePen.__deallocating_deinit
@_TFC5class9NativePenD : $@convention(method) (@owned NativePen) -> () {
    %0 : $NativePen, let, name "self", argno 1
    %3 = class.NativePen.deinit(%0)
    %4 = unchecked_ref_cast(%3) // $Builtin.NativeObject to $NativePen
    dealloc_ref(%4)
}

// class.NativePen.deinit
@_TFC5class9NativePend : $@convention(method) (@guaranteed NativePen) -> @owned
Builtin.NativeObject {
    %0 : $NativePen, let, name "self", argno 1
    %2 = unchecked_ref_cast(%0) // $NativePen to $Builtin.NativeObject
    return %2 // $Builtin.NativeObject
}

// class.NativePen.init () -> class.NativePen
@_TFC5class9NativePencfT_S0_ : $@convention(method) (@owned NativePen) -> @owned
NativePen {
    %0 : $NativePen, let, name "self"
    %2 = mark_uninitialized([rootself], %0)
    %4 = metatype(Int.Type)
```

```
    %5 = integer_literal($Builtin.Int2048, 512)
    %6 = Swift.Int.init(%5, %4)
    %7 = ref_element_addr(%2 : $NativePen, #NativePen.id)
    assign(%6 to %7)

    %10 = metatype(Int.Type)
    %11 = integer_literal($Builtin.Int2048, 1024)
    %12 = Swift.Int.init(%11, %10)
    %13 = ref_element_addr(%2 : $NativePen, #NativePen.sequence)
    assign (%12 to %13)
    return %2 // $NativePen
}

// class.NativePen.__allocating_init () -> class.NativePen
@_TFC5class9NativePenCfT_S0_ : $@convention(thin) (@thick NativePen.Type) ->
@owned NativePen {
    %1 = alloc_ref($NativePen)
    %3 = class.NativePen.init(%1)
    return %3 : $NativePen
}
```

컴파일 과정에서 init() 함수와 deinit() 함수 이름은 각각 _TFC5class9Native
PencfT_S0_, _TFC5class9NativePend 형태로 변형한다. 컴파일러가 이렇게 함수
이름이나 데이터 구조 이름을 바꾸는 규칙을 이름 변형(name mangling)이라고
한다. 프로그램 내부에서는 함수 이름이나 데이터 구조 이름과 함께 입출력 타
입까지 포함해서 고유하게 구분하기 위해서 변형 형태를 사용한다. 그래서 컴파
일러는 친절하게도 코드의 원래 함수 이름을 주석으로 함께 표시해준다. 참고로
아래처럼 터미널에서 xcrun 명령에 swift-demangle 옵션을 주고 변형된 이름을
넣으면 함수의 원래 형태를 출력해준다.

```
% xcrun swift-demangle _TFC5class9NativePencfT_S0__TFC5class9NativePencfT_S0_
---> class.NativePen.init () -> class.NativePen
```

스위프트 네이티브 객체는 최상위 객체로, 다른 클래스를 지정하지 않아도
생성을 위해서 allocating_init()와 init() 함수를 만들고, 소멸을 위해서
deallocating_deinit()와 deinit() 함수를 만든다. 오브젝티브-C 객체는 객체
인스턴스 메모리 할당을 위한 +alloc 메서드와 초기 값을 설정하는 –init 메서
드가 나눠져 있지만, 스위프트 네이티브 객체는 allocating_init() 함수에서
alloc_ref() 함수를 통해서 메모리를 할당하고 곧바로 init() 메서드를 호출해
서 객체 인스턴스 내부 id와 sequence 변수를 초기화하는 것을 알 수 있다.

✅ **스위프트 중간 언어(SIL)**

스위프트 컴파일러 swiftc는 스위프트 언어로 작성한 코드 파일을 읽어서 스위프트 중간
언어(Swift Intermediate Language)로 만들고 LLVM IR로 변환한다. 그림 1-7처럼 LLVM
IR 최적화기를 거쳐서 최종적으로 타깃 머신에 맞는 기계 코드(MC) 생성한다.

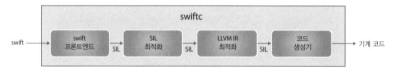

그림 1-7 스위프트 컴파일러

이 책에서 사용하는 중간 언어 코드 조각은 LLVM 컴파일러 중간 언어를 읽기 편하도록 일
부 수정한 코드다. 컴파일러 내부 코드 중에 흐름과 상관없는 코드를 일부러 제거하거나 다
른 형태로 수정하기도 했다. 따라서 실제 SIL 표현과 다를 수 있다. SIL에 대한 자세한 설명
은 스위프트 오픈소스 SIL 관련 문서를 참고하자.

deallocation_deinit() 메서드는 숨겨진 첫 번째 %0 파라미터인 self 객체 레퍼
런스를 class.NativePen.deinit() 메서드에 넘겨서 힙에 만들어진 레퍼런스 변
수가 있다면 소멸시키는 과정을 거친다. NativePen 객체는 다른 객체를 참조하
지 않기 때문에 그런 코드가 없다. 그리고 마지막으로 dealloc_ref() 함수를 통
해서 자기 스스로를 메모리에서 해제한다.

스위프트 네이티브 객체 : gettter / setter 함수

생성 함수와 소멸 함수를 살펴봤으니, 이제 getter/setter 함수가 있는 코드
1-5를 살펴보자. let으로 선언한 id 변수와 var로 선언한 sequence 변수에 대한
getter/setter 함수가 만들어져 있다.

우선 let으로 선언한 id 변수는 값을 변경할 수 없기 때문에 setter 함수는
없고 _TFC5class9NativePeng2idSi로 이름이 변형된 getter 함수만 존재한다.
getter 함수에서는 ref_element_addr() 명령으로 객체 변수의 참조 주소를 가져
오고 load() 명령으로 실제 메모리에서 값을 복사한다. 스위프트 컴파일러는 중
간 언어를 세밀하게 나눠서 스위프트 런타임 API 함수를 호출하거나 더 낮은 수
준의 LLVM IR로 바꾸기도 한다. 결과적으로 중간 언어 한 줄은 함수 호출일 수
도 있고 어셈블리 기계어 명령일 수도 있다.

스위프트 컴파일러가, var로 선언한 sequence 변수에 대한 중간 언어를 만들
면서 변수 값을 설정하기 위해 class.NativePen.sequence.setter() 함수를 변형

한 함수와 class.NativePen.sequence.materializeForSet() 함수를 변형한 함수가 만들어진다. materializeForSet() 함수는 var로 선언한 변수에 대한 초기 값을 바로 할당하지 않는다. 계산하는 속성(computed property)이나 내부 함수에서 늦게(lazy) 초기 값을 설정하는 경우에 널 값에 대한 예외 처리(옵셔널 처리)를 하여 안전하게 값을 설정할 때 사용한다.

코드 1-5 NativePen 객체 나머지 - getter/setter 메서드

```
// class.NativePen.id.getter : Swift.Int
@_TFC5class9NativePeng2idSi : $@convention(method) (@guaranteed NativePen) ->
Int {
    %0 : $NativePen, let, name "self", argno 1
    %2 = ref_element_addr(%0 : $NativePen, #NativePen.id)
    %3 = load(%2)
    return %3 // $Int
}


// class.NativePen.sequence.getter : Swift.Int
@_TFC5class9NativePeng8sequenceSi : $@convention(method) (@guaranteed NativePen)
-> Int {
    %0 : $NativePen, let, name "self", argno 1
    %2 = ref_element_addr(%0 : $NativePen, #NativePen.sequence)
    %3 = load(%2)
    return %3 // $Int
}


// class.NativePen.sequence.setter : Swift.Int
@_TFC5class9NativePens8sequenceSi : $@convention(method) (Int, @guaranteed
NativePen) -> () {
    %0 : $Int, let, name "value", argno 1
    %1 : $NativePen, let, name "self", argno 2
    %4 = ref_element_addr(%1 : $NativePen, #NativePen.sequence)
    assign(%0 to %4)
}


// class.NativePen.sequence.materializeForSet : Swift.Int
@_TFC5class9NativePenm8sequenceSi : $@convention(method)
(Builtin.RawPointer, @inout Builtin.UnsafeValueBuffer, @guaranteed NativePen)
    -> (Builtin.RawPointer, Optional<@convention(thin) (Builtin.RawPointer,
inout Builtin.UnsafeValueBuffer, inout NativePen, @thick NativePen.Type) -> ()>)
{
    %0 : $Builtin.RawPointer, %1 : $*Builtin.UnsafeValueBuffer, %2 : $NativePen
    %3 = ref_element_addr(%2 : $NativePen, #NativePen.sequence)
    %4 = address_to_pointer(%3)       // $*Int to $Builtin.RawPointer
    %5 = enum $Optional<@convention(thin) (Builtin.RawPointer, inout
Builtin.UnsafeValueBuffer, inout NativePen, @thick NativePen.Type) -> ()>,
#Optional.None!enumelt
    %6 = tuple (%4 : $Builtin.RawPointer, %5 : $Optional<@convention(thin)
(Builtin.RawPointer, inout Builtin.UnsafeValueBuffer, inout NativePen, @thick
NativePen.Type) -> ()>)
    return %6 : $(Builtin.RawPointer, Optional<@convention(thin) (Builtin.
```

```
RawPointer, inout Builtin.UnsafeValueBuffer, inout NativePen, @thick NativePen.
Type) -> ()>)
}
```

1.1.6 스위프트 오브젝티브-C 호환 객체

스위프트에서는 최상위 클래스를 생략하고 자기 자신을 기본 클래스(base class)로 선언할 수도 있다. 하지만 여기에서는 오브젝티브-C 객체와 호환성을 알아보기 위해서 NSObject을 상속받아 Pencil이라는 클래스를 작성했다. 오브젝티브-C 코드에서 스위프트 객체를 사용하려면 해당 스위프트 객체는 반드시 NSObject를 최상위 클래스로 지정하고 상속받아 만들어야 한다. 그렇지 않으면 스위프트 전용 객체로 동작하기 때문에 오브젝티브-C에서는 사용할 수 없다.

코드 1-6 Pencil 스위프트 NSObject 호환 객체

```
import UIKit

class Pencil : NSObject {
    var color : UIColor;
    var position : CGPoint;
    override init() {
        self.color = UIColor()
        self.position = CGPointMake(0,0)
        super.init()
    }
    class func red()-> Pencil! { return Pencil() }
    class func blue()-> Pencil! { return Pencil() }

    func draw() {};
    func getColor() -> UIColor! {
        return self.color
    }
}
```

오브젝티브-C 최상위 객체를 상속받은 경우 스위프트 객체는 내부에서 다음과 같은 오브젝티브-C 객체로 자동으로 변환되고, 오브젝티브-C 런타임에서 동작한다. 코드 1-7에서 SWIFT_CLASS로 표기하는 클래스 전체 이름은 앞부분에 스위프트 모듈명을 붙인다. 대부분 프로젝트는 하나의 모듈을 구성하기 때문에 프로젝트 이름이 "Demo1"이면 Demo1.Pencil이라는 클래스 이름이 된다.

코드 1-7 Pencil 스위프트 헤더 파일

```
@class UIColor;

SWIFT_CLASS("_TtC8Demo16Pencil")
@interface Pencil : NSObject
```

```
@property (nonatomic) UIColor * __nonnull color;
@property (nonatomic) CGPoint position;
- (SWIFT_NULLABILITY(nonnull) instancetype)init OBJC_DESIGNATED_INITIALIZER;
+ (Pencil * __null_unspecified)red;
+ (Pencil * __null_unspecified)blue;
- (void)draw;
- (UIColor * __nonnull)getColor;
@end
```

앞서 네이티브 객체 예시에서 살펴봤던 것처럼, 스위프트 중간 언어 수준에서 NSObject 호환 객체 ObjcPen 클래스를 살펴보자.

코드 1-8 NSObject 호환 객체

```
class ObjcPen : NSObject {
    let id = 128
}
```

스위프트 컴파일러가 만드는 중간 언어 코드는 코드 1-9와 같다.

코드 1-9 NSObject 호환 ObjcPen 중간 언어 코드 조각

```
// class.ObjcPen.__deallocating_deinit
@_TFC9class7ObjcPenD : $@convention(method) (@owned ObjcPen) -> () {
    %0 : $ObjcPen, let, name "self", argno 1
    %3 = upcast(%0) // $ObjcPen to $NSObject
    %4 = NSObject.deinit(%3)
}

// class.ObjcPen.id.getter : Swift.Int
@_TFC9class7ObjcPeng2idSi : $@convention(method) (@guaranteed ObjcPen) -> Int {
    %0 : $ObjcPen, let, name "self", argno 1
    %2 = ref_element_addr(%0 : $ObjcPen, #ObjcPen.id)
    %3 = load(%2)
    return %3
}

// class.ObjcPen.init () -> ObjcPen
@_TFC9class7ObjcPencfT_S0_ : $@convention(method) (@owned ObjcPen) -> @owned
ObjcPen {
    %0 : $ObjcPen, let, name "self", argno 1
    %1 = alloc_box($ObjcPen, let, name "self")
    %2 = mark_uninitialized([derivedself] %1#1 : $*ObjcPen)
    (store %0 to %2)

    %5 = metatype($@thin Int.Type)
    %6 = integer_literal($Builtin.Int2048, 128)
    %7 = Swift.Int.init(%6, %5)
    %8 = load(%2 : $*ObjcPen)
    %9 = ref_element_addr(%8 : $ObjcPen, #ObjcPen.id)
    assign(%7 to %9)
```

```
    %11 = load(%2 : $*ObjcPen)
    %12 = upcast(%11 : $ObjcPen to $NSObject)
    %14 = NSObject.init(%12)
    %15 = unchecked_ref_cast(%14) // $NSObject to $ObjcPen
    store(%15 to %2)

    %17 = load(%2 : $*ObjcPen)
    strong_retain(%17)
    strong_release(%1#0) // $@box ObjcPen
    return %17 // $ObjcPen
}

// class.ObjcPen.__allocating_init () -> ObjcPen
@_TFC9class7ObjcPenCfT_S0_ : $@convention(thin) (@thick ObjcPen.Type) -> @owned
ObjcPen {
    %1 = alloc_ref([objc] $ObjcPen)
    %3 = class.ObjcPen.init(%1)
    return %3 // $ObjcPen
}

// @objc class.ObjcPen.id.getter : Swift.Int
@_TToFC9class7ObjcPeng2idSi : $@convention(objc_method) (ObjcPen) -> Int {
    strong_retain(%0) // $ObjcPen
    %3 = class.ObjcPen.id.getter(%0) : $@convention(method) (@guaranteed
ObjcPen) -> Int
    strong_release(%0) // $ObjcPen
    return %3 // $Int
}

// @objc class.ObjcPen.init () -> ObjcPen
@_TToFC9class7ObjcPencfT_S0_ : $@convention(objc_method) (@owned ObjcPen) ->
@owned ObjcPen {
    %2 = class.ObjcPen.init(%0)
    return %2 // $ObjcPen
}
```

앞서 설명한 스위프트 네이티브 객체와 다른 점은 deinit()에 해당하는 소
멸 함수가 없다는 것이다. 대신 deallocating_deinit() 함수에서는 NSObject.
deinit() 메서드(나중에 -dealloc 메서드로 바뀐다)를 호출한다. init() 함수에
서는 alloc_box() 함수로 객체 레퍼런스를 만들어서 내부 변수를 초기화한다.
함수를 리턴하기 직전에 만든 객체를 강한 참조 관계로 설정하기 위해 strong_
retain()하고, 임시로 만든 객체 레퍼런스는 strong_release() 함수로 제거한다.
NSObject에서 상속받았기 때문에 상위 객체로 타입 변환(upcast)을 하고 init()
메서드를 호출하는 것을 알 수 있다.

하단부에 @objc가 붙은 호환성 함수가 생긴 것을 볼 수 있다. init() 호환성 함
수는 내부 함수 init()를 호출해주기만 할 뿐이다. id 변수에 대한 getter 함수
도 내부 함수 getter()를 그대로 호출하지만 앞뒤로 strong_retain(), strong_

release() 함수를 호출해서 자동적으로 객체 참조 개수를 계산하는 것을 알 수 있다.

1.1.7 요약

객체를 표현하기 위해서는 프로그래밍 언어로 코드를 작성하는 과정보다 이전 단계에서 객체 중심으로 생각하는 과정이 더 중요하다. 디자인 패턴이나 객체 중심 디자인 원칙은 코드 자체를 표현하는 것보다는 객체 중심으로 생각하는 과정을 반복적으로 경험하고 분석해서 규칙으로 만들어 놓은 것이다. 객체는 늘 객관적이어야 한다. 객체를 표현한 코드는 나 혼자만의 것이 아니라 누군가와 생각을 공유하기 위한 언어적인 표현일 뿐이다.

스위프트 네이티브 객체는 오브젝티브-C 호환 객체와 내부적으로 비슷한 형태를 가지지만, 참조 계산 함수를 다루지 않고 부가적인 함수도 만들지 않는다.

macOS나 iOS가 아닌 리눅스 개발 환경에서도 네이티브 객체를 사용해서 개발할 수 있다. 기존 코코아 프레임워크가 스위프트 네이티브 객체를 사용하도록 포팅하고 있으니, 더 빠르고 더 안전한 객체를 어느 플랫폼에서나 만들 수 있는 시대가 곧 올 것이다.

오브젝티브-C의 탄생에 대한 해설서
Object-Oriented Programming : An evolutionary approach, Brad Cox, Addison-Wesly Pub, 1991

객체 설계 원칙에 대한 설명서
Agile software development, Robert C. Martin, Pearson Education, 2002

스위프트 오픈소스 SIL 관련 문서
https://github.com/apple/swift/blob/master/docs/SIL.rst

1.2 객체 정체성과 등가성

프로그래밍 언어로 작성한 클래스를 구성하고 있는 코드를 따라 프로그램을 실행하다 보면 객체가 필요한 시점에 객체 인스턴스가 만들어진다. 어떤 클래스는 객체 인스턴스가 만들어지지 않고 클래스 자체로만 존재하기도 한다. 인스턴스가 유일하게 하나만 생기기도 하고, 수백 개의 같은 종류의 클래스 객체 인스턴스가 생겼다가 사라졌다가 하기도 한다.

1.2.1 오브젝티브-C 객체와 메모리 구조

iOS나 macOS 같은 운영체제가 프로그램을 실행하는 동안 관리하는 프로세스의 가상 메모리 배치 구조는 그림 1-8과 같다. 텍스트 영역(text segment)에는 프로그램 코드가 포함되고, 데이터 영역(data segment)에는 고정 값이 정해진 전역 변수, 심벌 영역(BSS segment)에는 초기 값을 0으로 할당하는 전역 변수가 배치된다.

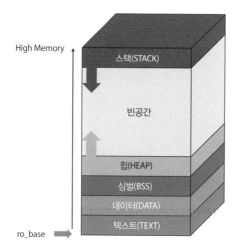

그림 1-8 프로세스 메모리 구조와 영역

오브젝티브-C에서 객체 인스턴스는 항상 힙(HEAP) 영역에 만들어지며, 해당 힙 메모리 주소를 스택(STACK) 영역에 할당한 포인터로 참조해서 접근한다. 포인터 변수에 담긴 메모리 주소와 해당 주소의 객체 인스턴스가 실제로 유효한지를 포인터 주소만으로는 판단할 수 없다. 객체 포인터 변수는 이미 해제된 객체 주소를 저장하고 있는 위험한 포인터(dangling pointer)일 수도 있다. 그래서 객체에 대한 참조 개수(reference count)로 객체 포인터가 유효하도록 보호하는 방식을 활용한다.

다시 한 번 Pen 클래스 객체 인스턴스 만드는 과정을 살펴보자.

```
Pen *aPen = [[Pen alloc] init];
```

Pen* 타입으로 선언한 포인터 변수 aPen은 스택 영역에 만들어진다. 힙 영역에 만들어진 Pen 클래스 인스턴스 메모리 주소 0xA000을 담고 있다. 0xA000 주소에는 객체 인스턴스 데이터 영역이 존재하며, 해당 객체 인스턴스에 대한 클래스 자체는 프로그램이 로딩될 때 미리 0x8000 주소에 로드한다. Pen 클래스의 –draw

메서드는 클래스명과 메서드명이 합친 **Pen-draw**와 비슷한 형태를 가진 셀렉터 (SELECTOR)로 매핑되며, 구현 부분은 텍스트 영역에 기계어로 저장된다. 셀렉 터로 메시지 디스패치(message dispatch)에 관해서는 1.4.2절에서 자세히 설명 한다.

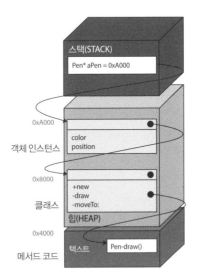

그림 1-9 객체 인스턴스와 메모리 영역

✅ **클래스 객체 생성하기**

클래스 객체를 생성하는 방법에는 +new 메서드 하나만 호출하는 방법과, +alloc 메서드 와 −init 메서드를 두 단계에 걸쳐서 호출하는 방법이 있다. 일반적으로 +alloc로 객체 인스턴스를 힙 영역에 생성한 직후 −init 메서드로 아무런 인자 값을 넘기지 않고 초기화 하는 경우에는, 코드 양을 줄이기 위해 +new 메서드만 호출해도 NSObject가 +alloc와 −init 메서드를 모두 호출해준다.

```
Pen *aPen = [Pen new];
// 위 코드와 아래 코드는 똑같다.
Pen *aPen = [[Pen alloc] init];
```

1.2.2 객체 정체성

객체 인스턴스가 힙 영역에 만들어지면서, 객체는 각자 고유한 메모리 영역을 차지하게 된다.

코드 1-10 두 객체의 인스턴스

```
Pen *aPen = [Pen new];
Pen *bPen = [Pen new];
```

aPen 객체 인스턴스와 bPen 객체 인스턴스는 서로 다른 객체이며 고유한 정체성
(메모리 주소)을 갖는다. 그림 1-10에서 서로 다른 두 객체의 정체성(identity)을
확인할 수 있다. aPen 객체는 0xA000 메모리 주소에 있고, bPen 객체는 0x9600 메
모리 주소에 있다.

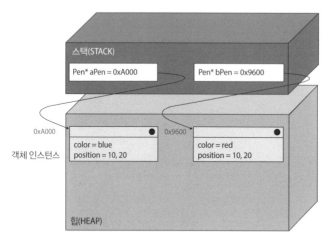

그림 1-10 두 객체의 정체성

동일한 객체 정체성

바로 다음 줄에 bPen = aPen; 코드를 추가한다고 상상해보자. 그러면 객체 정체
성은 그림 1-11처럼 바뀐다. bPen 포인터 변수가 저장하고 있던 주소 대신 aPen
메모리 주소(0xA000)가 bPen에도 동일하게 저장되고 aPen 객체와 bPen 객체 정
체성은 동일해진다. 이렇게 서로 다른 변수가 같은 객체 인스턴스를 가리키는
경우에는, 당연하게도 어느 한쪽에서 값을 변경하면 다른 한쪽도 함께 변경된
다. 그리고 aPen == bPen과 같은 비교문을 사용해도 같은 주소를 갖고 있기 때
문에 결과는 참이다.

　여기서 잠깐, 이런 경우 이전에 bPen이 저장하고 있던 메모리 주소의 객체는
어떻게 될까? 그 해답은 2장 '메모리 관리'에서 살펴보기로 하자.

1.2.3 객체 등가성

객체 인스턴스는 각각 고유한 메모리 영역을 차지하기 때문에, 동일한 속성(혹
은 변수)에 대해서도 각자의 메모리 영역에 데이터를 보관한다.

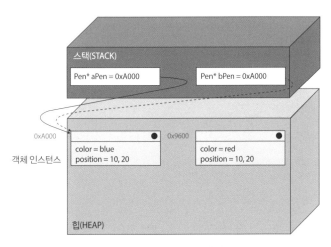

그림 1-11 동일한 객체 정체성

그림 1-12와 같이 aPen, bPen, xPen 객체 인스턴스가 있다고 가정해보자. aPen, bPen, xPen 모두 고유한 정체성을 갖기 때문에 동일한 객체가 아닌 것이 명확하다.

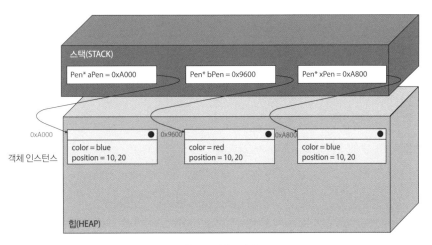

그림 1-12 객체 등가성

하지만 aPen과 xPen의 경우, 메모리에 저장하고 있는 데이터 값이 동일하다. 이런 경우 aPen 객체와 xPen 객체는 '객체 속성에 대한 등가성(equality)을 갖는다'고 한다. 등가성을 비교할 때는 aPen == xPen 비교문은 성립되지 않는다. 대신 해당 클래스에 −isEqual: 메서드를 다시 구현해서, 비교하는 다른 객체와 모든 속성이 동일한지 비교해야만 한다. 특히 NSString 계열 클래스는 −isEqualToString: 메서드를 사용해서 동일한 문자열인지 비교하기를 권장한다.

Pen 클래스에 대한 —isEqual: 메서드를 오버라이드해서 구현해보면 다음 코드 1-11과 같다.

코드 1-11 -isEqual 메서드 구현 예시

```
- (BOOL)isEqual: (id)other
{
    return ([other isKindOfClass: [Pen class]] &&
        other.position.x == _position.x &&
        other.position.y == _position.y &&
        [[other color] isEqual: _color])
}
```

위 코드는 Pen 클래스 인스턴스인지 내성(introspection, 객체의 타입을 알아내는 방식)을 확인하고, position 속성값 x, y와 동일하고 color 속성 값까지 모두 동일한지 비교한다. 이처럼 두 객체 인스턴스의 모든 속성이 동일해야만 등가성을 갖는다고 할 수 있다.

1.2.4 객체 예외성

모든 쿠쿠이 객체 인스턴스가 힙 영역에 생성되는 것은 아니다. 특이하게도 힙 영역이 아니라 텍스트 영역과 데이터 영역에 생기는 경우가 있다.

코드 1-12 문자열 객체의 예외성

```
NSString* aPenName = @"BluePen";
NSString* bPenName = @"BluePen";
```

NSString 클래스는 NSObject에서 상속받는 코코아 클래스 중에서 유일하게 전역 변수로 선언할 수 있다. 힙 영역이 아니라 텍스트 영역에 "BluePen" 값을 저장하고 aPenName 변수는 전역 변수 형태로 데이터 영역에 만들어진다.

더 특이한 사항은 bPenName 객체처럼 aPenName 변수와 동일한 문자열 "BluePen"을 반복해서 사용하는 경우에는 같은 텍스트 영역을 사용하고 bPenName 객체 인스턴스를 전역 변수 형태로 할당한다는 것이다. 다시 말해서 aPenName과 bPenName은 동일한 정체성을 갖게 된다. 이런 방식을 문자열 인터닝(string interning)이라고 부른다.

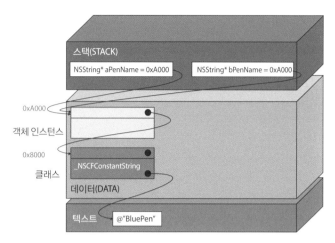

그림 1-13 문자열 객체의 예외성

스위프트 문자열

스위프트에서 String 객체는 네이티브 문자열 객체를 만들 수도 있고, NSString 을 연결해서 쓸 수도 있다. 네이티브 문자열 객체는 내부적으로 인터닝을 시 키는 NSString 객체와는 다르게 텍스트 영역에 있는 문자열을 OpaquePointer 형태 포인터로 그대로 연결하는 방식을 사용한다. 따라서 네이티브 문자열이 NSString 객체보다는 좀 더 가벼운 형태라고 할 수 있다.

1.2.5 -hash 메서드

앞에 설명한 것처럼 -isEqual: 메서드를 재구현한 경우라면, 반드시 -hash 메서 드도 다시 구현해야 한다. 왜냐하면 NSDictionary 같은 컬렉션 객체는 -isEqual: 메서드 대신 -hash 메서드를 사용해서 해시 값을 비교하기 때문이다. 최상위 객 체인 NSObject에 기본적으로 구현된 -hash 메서드는 객체 정체성 기준이 되는 self 메모리 포인터 값을 NSUInteger 타입 숫자로 바꿔줄 뿐이다. 따라서 객체 정체성이 다르지만 등가성이 성립하는 경우를 위해서, -hash 메서드 결과 값도 고유한 값이어야만 한다.

　-hash 메서드를 구현할 때도 -isEqual: 메서드를 구현할 때와 마찬가지로 모 든 속성에 대해 해시 값을 고민해야 한다. 속성이 객체인 경우 해당 객체 -hash 메서드를 호출해서 해시 값을 구하고, 스칼라 타입 속성은 계산식에 그대로 활 용해서 고유 값을 계산하면 된다.

스위프트 Hashable 프로토콜

스위프트에서는 객체뿐만 아니라 모든 타입에 Hashable 프로토콜을 구현해야
한다. Hashable 프로토콜은 앞서 설명한 —hash 메서드와 —isEqual 메서드에 해
당하는 hashValue() 함수와 ==() 함수가 필수적으로 구현해야 하는 함수로 지정
되어 있다.

1.2.6 요약

객체 인스턴스와 클래스 자체를 포함하는 모든 객체는 메모리에 자리를 잡고나
면 고유한 정체성을 갖게 된다. 고유한 객체 중에서 모든 속성이 같은 객체도 존
재한다. 모든 속성이 동일한 등가성이 성립하는 객체인지 판단하기 위해서는 —
isEqual: 메서드를 오버라이드해서 재구현해야 하며, 이와 함께 —hash 메서드도
구현해야 NSDictionary 같은 컬렉션 객체 내부에서 비교가 가능해진다.

1.3 객체 사이 관계

객체 중심 프로그래밍에 대한 기본 철학은 니들 시준으로 1인칭 시점에서 사물
을 객관적으로 분석하고 분류하는 서양 철학에서 영향을 받았다. 그래서 개발
자가 프로그래밍 언어로 표현한 객체들도 마치 현실 세계 사물의 관계처럼 다양
한 관계를 형성한다. 객체끼리는 하나의 기능을 구현하기 위해 협력하며, 각자
맡은 책임을 위해 자율적으로 행동한다. 소프트웨어를 객체 중심으로 설계하면,
객체를 추상화할 때부터 재사용하기에 이르기까지 객체를 사용하는 방식에서
자주 반복되는 패턴을 발견할 수 있다. 효율적인 객체 관계를 디자인하기 위해
서 고려할 사항은 7장 '코코아 디자인 패턴'에서 자세히 살펴보기로 하고, 우선
객체 사이의 관계에 집중해보자.

1.3.1 메타 클래스

앞서 객체 인스턴스마다 isa 포인터가 있어서 해당 객체의 클래스를 알 수 있음
을 언급했다. 그리고 그림 1-14처럼 물리적인 하드웨어 반도체(IC) 칩에 비유해
서 클래스(소프트웨어IC)를 설명했다.

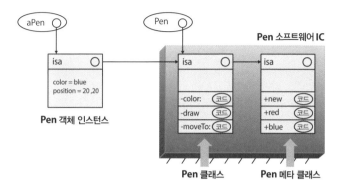

그림 1-14 객체 인스턴스와 메타 클래스

aPen 객체 인스턴스의 isa 포인터는 Pen 클래스를 가리키고 있어서, [aPen color]처럼 aPen 객체에 메시지를 보내면 Pen 클래스에 있는 인스턴스 메서드 중에서 해당 셀렉터에 해당하는 메서드를 찾아서 실행한다. 그리고 [Pen new] 처럼 클래스에 메시지를 보내면 Pen 클래스 isa 포인터가 가리키는 메타 클래스 (meta class)에서 클래스 메서드를 찾아서 실행한다. 다시 설명하면 Pen 클래스 는 인스턴스 메서드 목록과 코드를 갖고 있으며, Pen 클래스의 메타 클래스는 클 래스 메서드 목록과 코드를 갖고 있는 구조다.

1.3.2 상속

객체 중심 프로그래밍 언어가 갖는 특징은 '추상화한 클래스 명세', '객체 인스턴 스의 활용', '캡슐화(encapsulation)', '상속(inheritance)', '다형성(polymorphism)' 으로 요약할 수 있다. 이 중에서 객체 사이 관계와 가장 밀접한 특징은 상속이다. 상속은 모든 클래스의 관계를 구성하는 기본적인 방식으로, 최상위 클래스(root class)에 가장 일반화된 속성과 행동을 추상화해 놓으면 하위 클래스들은 상위 클 래스를 상속받아 좀 더 구체화한다.

오브젝티브-C 관련 헤더 파일 중 runtime.h에 정의된 objc_class 구조체 선언 은 다음과 같다.

코드 1-13 objc_class 구조체

```
// 오브젝티브-C 클래스를 표현하는 불투명한 타입
typedef struct objc_class *Class;

struct objc_class {
    Class isa  OBJC_ISA_AVAILABILITY;
    Class super_class                    OBJC2_UNAVAILABLE;
    const char *name                     OBJC2_UNAVAILABLE;
```

```
    long version                    OBJC2_UNAVAILABLE;
    long info                       OBJC2_UNAVAILABLE;
    long instance_size              OBJC2_UNAVAILABLE;
    struct objc_ivar_list *ivars    OBJC2_UNAVAILABLE;
    struct objc_method_list **methodLists  OBJC2_UNAVAILABLE;
    struct objc_cache *cache        OBJC2_UNAVAILABLE;
    struct objc_protocol_list *protocols   OBJC2_UNAVAILABLE;
#endif

} OBJC2_UNAVAILABLE;
// `struct objc_class *` 타입 대신 Class 타입을 사용한다.
```

objc_class 구조체를 보면 클래스에 대한 메타 클래스를 연결하는 isa 포인터가
존재하고, 바로 밑에는 상속을 받은 상위 클래스를 연결하는 super_class 포인
터가 존재한다. 상속받은 모든 클래스의 경우 super 포인터를 따라가면 상위 클
래스가 있고, 최상위 클래스(root class)는 super 포인터가 nil 값이 된다.

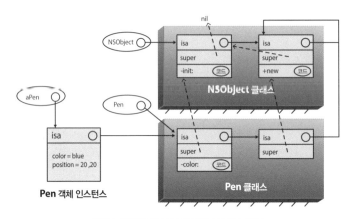

그림 1-15 객체 인스턴스와 클래스의 상속 관계

그림 1-15를 보면 클래스뿐만 아니라 메타 클래스 사이에도 상속 관계가 그대로
존재하는 것을 알 수 있다. Pen 클래스의 super는 NSObject 클래스이며, Pen 메타
클래스의 super는 NSObject 메타 클래스다. 만약 상위 클래스에 선언한 인스턴
스 변수가 있어서 상속이 되면, 상속을 받은 클래스 명세를 기반으로 만들어진
객체는 상위에서 선언한 변수와 상속받지 않고 자기가 선언한 변수가 모두 합쳐
진 인스턴스가 만들어진다.

1.3.3 is-a 관계와 has-a 관계

일반적으로 객체 중심 언어에서 is-a 관계는 객체 인스턴스와 클래스의 관계 또는 서브 클래스와 슈퍼 클래스의 상속 관계를 나타낸다. 다음과 같은 표현이 참이다.

```
aPen is-a Pen
Pen is-a NSObject
```

오브젝티브-C에서는 객체 인스턴스와 클래스의 관계(클래스와 메타 클래스의 관계 포함)는 isa로 나타내고, 서브 클래스와 슈퍼 클래스의 관계는 super로 구분해서 사용하는 것을 기억하자.

> ✅ **상속에 대한 표현**
>
> 요즘은 '상속'이라는 표현을 워낙 많이 사용하지만, 부모의 속성을 자식이 그대로 갖는 것은 상속의 개념보다 유전에 가까운 것 같다. 다른 언어에서는 상속을 하는 상위 클래스를 부모로 상속을 받는 하위 클래스를 자식으로 표현하지만, 오브젝티브-C에서는 상위 클래스를 슈퍼 클래스(superclass)로 부르고 하위 클래스를 서브 클래스(subclass)라고 부른다. 대신 부모(parent)와 자식(child)은 상속 관계보다 포함 관계일 때 사용하는 경우가 많다.

has-a 관계는 강한 참조 결합성을 갖는 구성 관계(composition)와 약한 참조 결합성을 갖는 집합 관계(aggregation)로 구분한다. 구성 관계는 참조하는 객체(referrer)가 사라질 때 하위 객체(referee)들도 같이 사라지는 방식으로, 참조하는 객체와 하위 객체가 동일한 생명주기(life cycle)을 갖는다. 반면에 집합 관계는 참조하는 객체가 사라지더라도 하위 객체는 사라지지 않는다. 강한 참조와 약한 참조에 대해서는 ARC 방식에서 strong과 weak 개념과 동일하다. ARC에 대한 내용은 3.1 'ARC(자동 참조 계산)'를 참고하자.

1.3.4 요약

객체 중심 디자인(Object-Oriented Design)에서 사용하는 개념과 코코아에서 사용하는 용어의 의미가 다른 경우를 알고 있어야 한다. 상속 관계는 객체 사이 관계를 바꾸기 위한 유지보수나 리팩터링이 어려운 밀결합(tightly coupled) 형태이다. 오브젝티브-C에서는 객체를 상속해서 확장하는 방식보다는 카테고리로 객체를 확장하도록 권하고 있다. 이에 대한 내용은 7.3.1 팩토리 추상화 패턴 내용을 참고하자. 가장 큰 이유는 코코아 객체는 내부가 보이지 않는 불투명한 클래스가 많고, 팩토리 클래스에서 객체 인스턴스를 생성하면서 데이터 형태나 구조에 맞는 내부 클래스가 결정되기 때문이다.

객체 설계와 인터페이스 개선에 대한 참고서
Refactoring: Improving the Design of Existing Code, Martin Fowler, Addison-Wesley, 1999

객체 중심으로 소프트웨어 설계하는 방법에 대한 소개서
Object-Oriented Software Construction, Bertrand Meyer, Prentice Hall, 1997

1.4 오브젝티브-C 런타임

앞서 설명한 클래스와 메타 클래스를 메모리에 로딩하는 역할은 오브젝티브-C 런타임이 담당한다. 런타임은 실행 중에 객체에게 보내는 메시지를 처리할 메서드를 찾거나 객체 메모리 관리, 동적 타입 변환 등을 처리하는 C 함수 라이브러리다.

1.4.1 기존 런타임과 최신 런타임

앞서 객체 구조를 설명하면서 언급했지만, 32bit 방식 OS X에서 동작하는 런타임 라이브러리를 기존 런타임(legacy runtime)이라고 부른다. 그리고 64bit 방식 OS X(10.5 이후)과 iOS에서 동작하는 런타임을 최신 런타임(modern runtime)이라고 한다. 기존 런타임은 넥스트(NeXT) 시절에 만든 런타임을 OS X으로 포팅하면서 만든 이전 버전이다. 최신 런타임에서는 오브젝티브-C 2.0에 추가한 프로퍼티나 빠른 탐색, ARC(자동 참조 계산), 블록 기능을 위해 개선이 이뤄졌다. 이 중에서 ARC에 대한 내용은 3장 '자동 메모리 관리'를, 내용은 8장 '블록에 관한 블록과 클로저'를 참고하자.

1.4.2 메시지 디스패치

오브젝티브-C는 객체의 메서드를 직접 호출하지 않고, 스몰토크 언어에서처럼 객체에 메시지를 보내는 방식으로 동작한다. 객체에 메시지를 보내는 과정을 단계별로 살펴보자.

클래스에 메서드를 선언할 때는 다음과 같이 리턴 값, 메서드명, 인자 값 타입과 변수명을 순서대로 명시한다.

```
- (void) replacePen:(Pen *) pen1 withPen:(Pen *) pen2;
```

이렇게 선언한 클래스로 만든 객체 인스턴스에 메서드를 호출하고 싶으면 다음과 같이 인스턴스에 메시지를 보낸다.

```
[aPenHolder replacePen:aPen withPen:bPen];
```

컴파일러는 이 코드를 보고 메서드 이름을 replacePen:withPen:이라고 판단한
다. 그래서 컴파일하면서 다음과 같이 objc_msgSend() 런타임 API를 사용하는
코드로 대체한다.

```
objc_msgSend(aPenHolder, @selector(replacePen:withPen:), aPen, bPen);
```

실행 중에 오브젝티브-C 런타임은 objc_msgSend()를 실행하면서 메시지로 어떤
메서드를 실행할지 메시지 디스패치 과정을 통해서 찾아낸다. 메시지 디스패치
과정을 이해하기 위해서 그림 1-16을 살펴보자.

만약 [aPen color];처럼 aPen 객체에 메시지를 보내면, 컴파일러는 objc_
msgSend(aPen, <selector>); 형태로 변경한다. 수신 객체의 클래스 타입과 메시
지 셀렉터를 기준으로 어떤 메서드를 실행할지 선택한다. 만약 상속 관계가 있
는 경우에는 다형성을 따라 상위 클래스의 메서드를 선택하기도 한다.

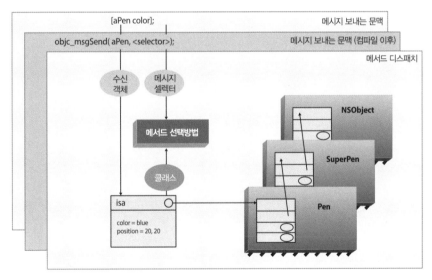

그림 1-16 메시지 디스패치

이렇게 특정 클래스의 어느 메서드를 실행할지 셀렉터를 고른 후에는, IMP
(aPenHolder, @selector(replacePen:withPen:), aPen, bPen); 형태로 해당 객
체의 메서드 구현부 메모리 주소를 확인해서 메서드를 호출할 준비를 끝낸다.
이렇게 찾은 메모리 주소는 한 번만 쓰고 버리는 것이 아니라 내부 캐시에 저장

하고 이후에는 캐시에서 먼저 찾는다. 그림 1-17처럼 메서드 선택 방법을 최적화하기 위해서 메서드에 대한 구현부 메모리 주소를 시스템 수준의 캐시로 저장한다. 메시지를 처리할 메서드를 찾을 때마다 해시 값으로 캐시를 확인하고 데이터가 없거나 메모리 주소가 바뀌면 새로 업데이트한다.

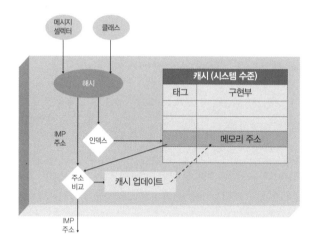

그림 1-17 메서드 선택 방법

1.4.3 최신 런타임 API

다음은 최신 런타임에서 지원하는 API에 대한 설명이다.

클래스 관리 API

클래스 이름이나 슈퍼 클래스, 인스턴스 변수를 찾거나 프로퍼티, 프로토콜을 추가하거나 레이아웃을 조정하는 용도의 API를 제공한다. 일부 API는 시스템 내부에서만 사용하기도 한다.

API 이름	설명
Class_getName	클래스 타입에 대한 클래스 이름 찾기
class_getSuperclass	슈퍼 클래스 타입 찾기
class_setSuperclass	특정 클래스의 슈퍼 클래스 지정하기
class_isMetaClass	메타 클래스인지 여부 확인하기
class_getInstanceSize	클래스 인스턴스 크기
class_getInstanceVariable	문자열 이름으로 인스턴스 변수 찾기
class_getClassVariable	문자열 이름으로 클래스 변수 찾기

class_addIvar	클래스에 새로운 인스턴스 변수 추가하기
class_copyIvarList	클래스에서 인스턴스 변수 목록 구하기
class_getIvarLayout	클래스 인스턴스 변수 레이아웃 구하기
class_setIvarLayout	클래스 인스턴스 변수 레이아웃 지정하기
class_getWeakIvarLayout	클래스 약한 참조 변수 레이아웃 구하기
class_setWeakIvarLayout	클래스 약한 참조 변수 레이아웃 지정하기
class_getProperty	프로퍼티 이름으로 객체 프로퍼티 구하기
class_copyPropertyList	프로퍼티 목록 구하기
class_addMethod	클래스에 새로운 메서드 추가하기
class_getInstanceMethod	클래스에서 셀렉터로 인스턴스 메서드 찾기
class_getClassMethod	클래스에서 셀렉터로 클래스 메서드 찾기
class_copyMethodList	메서드 목록 구하기
class_replaceMethod	새로운 메서드로 기존 메서드 대체하기
class_getMethodImplementation	셀렉터 이름으로 구현부 찾기
class_getMethodImplementation_stret	셀렉터 이름으로 구현부 찾기(구조체 리턴)
class_respondsToSelector	클래스에 셀렉터를 처리할 메서드가 있는지 여부 확인하기
class_addProtocol	클래스에 프로토콜 추가하기
class_addProperty	클래스에 프로퍼티 추가하기
class_replaceProperty	새로운 프로퍼티로 기존 프로퍼티 대체하기
class_conformsToProtocol	특정 클래스가 주어진 프로토콜을 만족하는지 확인하기
class_copyProtocolList	프로토콜 목록 구하기
class_getVersion	클래스 버전 정보 구하기
class_setVersion	클래스 버전 정보 설정하기
objc_getFutureClass	클래스 객체 찾기 (코어 파운데이션용)
objc_setFutureClass	클래스 객체 지정하기 (코어 파운데이션용)

표 1-1 클래스 관리 API

클래스 추가 API

실행 중에 클래스와 메타 클래스를 생성하고 등록하는 API를 제공한다. 이미 메모리에 로드한 클래스와 메타 클래스를 파괴하는 API도 있다. 하지만 클래스를 다루는 작업은 위험하기 때문에 꼭 필요한 경우가 아니라면 직접 사용하지 말기를 권장한다.

API 이름	설명
objc_allocateClassPair	새로운 클래스와 메타 클래스 생성하기
objc_disposeClassPair	클래스와 메타 클래스 파괴하기
objc_registerClassPair	생성한 클래스 등록하기
objc_duplicateClass	키-값 관찰(KVO) 전용

표 1-2 클래스 추가 API

객체 인스턴스 생성 API

객체 인스턴스를 메모리에 생성하거나 해제하는 API를 제공한다. 특정 클래스에 +alloc 메시지를 보내거나 -release를 보낸 경우 내부적으로 처리를 담당하는 함수다.

API 이름	설명
class_createInstance	객체 인스턴스를 기본 메모리 영역에 생성하기
objc_constructInstance	객체 인스턴스를 특정 메모리 위치에 생성하기
objc_destructInstance	객체 인스턴스 메모리를 해제하기

표 1-3 객체 인스턴스 생성 API

객체 인스턴스 관리 API

객체 인스턴스에 대한 인스턴스 변수를 관리하거나 클래스 타입을 찾는 기능을 제공한다.

API 이름	설명
object_copy	객체 복사하기
object_dispose	객체 메모리 해제하기
object_setInstanceVariable	객체 인스턴스 변수의 값 변경하기
object_getInstanceVariable	객체 인스턴스 변수의 값 확인하기
object_getIndexedIvars	객체 인스턴스 여분 메모리 포인터 구하기
object_getIvar	객체의 인스턴스 변수 객체 구하기
object_setIvar	객체의 인스턴스 변수 객체 지정하기
object_getClassName	객체의 클래스 이름 찾기

| object_getClass | 객체의 클래스 타입 찾기 |
| object_setClass | 객체의 클래스 타입 지정하기 |

표 1-4 객체 인스턴스 관리 API

클래스 메타 정보 API

클래스 메타 정보를 기준으로 등록된 클래스 목록과 클래스 타입이나 메타 클래스 정보를 찾는 기능을 제공한다.

API 이름	설명
objc_getClassList	등록된 클래스 목록(버퍼) 구하기
objc_copyClassList	등록된 클래스 목록(배열 주소) 구하기
objc_lookUpClass	클래스 이름으로 클래스 정보 찾기 (클래스 핸들러 사용 안 함)
objc_getClass	클래스 이름으로 클래스 정보 찾기 (클래스 핸들러 사용)
objc_getRequiredClass	클래스 이름으로 클래스 찾기 (없으면 강제 종료)
objc_getMetaClass	클래스 이름으로 메타 클래스 찾기

표 1-5 클래스 메타 정보 API

인스턴스 변수 관리 API

인스턴스 변수 타입에 대한 변수 이름, 타입 이름, 오프셋을 관리하는 기능을 제공한다.

API 이름	설명
ivar_getName	인스턴스 변수로 변수 이름 찾기
ivar_getTypeEncoding	인스턴스 변수에 대한 타입 이름 찾기
ivar_getOffset	인스턴스 변수에 대한 오프셋 구하기

표 1-6 인스턴스 관리 API

연관 참조 API

객체에 연관된 정보를 관리하는 기능을 제공한다.

API 이름	설명
objc_setAssociatedObject	객체에 연관된 정보를 키와 값으로 지정하기

| objc_getAssociatedObject | 객체에 연관된 정보 중에 키로 확인하기 |
| objc_removeAssociatedObjects | 객체에 연관된 정보 중에 키로 삭제하기 |

표 1-7 연관 참조 API

메시지 전송 API

객체에 메시지를 전송하는 기능을 제공한다.

API 이름	설명
objc_msgSend	객체 인스턴스에 메시지를 보내고 단순 리턴
objc_msgSend_fpret	객체 인스턴스에 메시지를 보내고 실수 리턴
objc_msgSend_stret	객체 인스턴스에 메시지를 보내고 구조체 리턴
objc_msgSendSuper	객체의 슈퍼 클래스 인스턴스에 메시지를 보내고 단순 리턴
objc_msgSendSuper_stret	객체의 슈퍼 클래스 인스턴스에 메시지를 보내고 구조체 리턴

표 1-8 메시지 전송 API

개발사 문서에는 언급되지 않았지만, mac OS 환경에서는 메시지 전송을 더 빠르게 하기 위해서 하이브리드 가상 테이블 디스패치(Hybrid Vtable Dispatch) 방식을 제공한다. 코코아 객체에서 자주 쓰는 셀렉터 16개에 대한 메서드 구현부를 특정 위치에 고정하는 방식이다. 그래서 objc_msgSend_fixup, objc_msgSend_fixedUp, objc_msgSend_vtable0, objc_msgSend_vtable15 같은 고정 위치를 참조하기 위한 API도 포함한다.

메서드 관리 API

메서드 타입에 대한 호출, 구현부 관리, 셀렉터 찾기, 구현부 찾기 등 관리 기능을 제공한다.

API 이름	설명
method_invoke	특정 메서드 구현부를 호출하기 (단순 리턴)
method_invoke_stret	특정 메서드 구현부를 호출하기 (구조체 리턴)
method_getName	메서드로 메서드 이름(셀렉터) 찾기
method_getImplementation	메서드로 메서드 구현부 찾기
method_getTypeEncoding	메서드에 대한 인자 값과 리턴 값 정보 구하기

method_copyReturnType	메서드에 대한 리턴 값 정보 구하기
method_copyArgumentType	메서드 인자 값 목록 정보 구하기
method_getReturnType	메서드 리턴 타입에 대한 정보 구하기
method_getNumberOfArguments	메서드 인자 값 개수 구하기
method_getArgumentType	메서드 특정 순서 인자 값 구하기
method_getDescription	특정 메서드에 대한 상세 설명 구조
method_setImplementation	메서드의 구현부를 지정하기
method_exchangeImplementations	구현된 두 메서드를 대체하기

표 1-9 메서드 관리 API

라이브러리 관리 API

프레임워크나 동적 라이브러리 정보를 확인하는 기능을 제공한다.

API 이름	설명
objc_copyImageNames	로딩된 프레임워크와 동적 라이브러리 목록을 확인하기
class_getImageName	클래스가 포함된 동적 라이브러리 이름 찾기
objc_copyClassNamesForImage	특정 라이브러리나 프레임워크에 있는 클래스 목록 확인하기

표 1-10 라이브러리 관리 API

셀렉터 관리 API

셀렉터 타입과 관련된 정보를 관리하는 기능을 제공한다.

API 이름	설명
sel_getName	셀렉터에 해당하는 이름을 찾기
sel_registerName	런타임에 셀렉터 이름으로 메서드 등록하기
sel_getUid	셀렉터 이름으로 셀렉터 타입 찾기
sel_isEqual	두 셀렉터가 같은 것인지 비교하기

표 1-11 셀렉터 관리 API

프로토콜 관리 API

프로토콜 타입과 프로토콜 인스턴스를 관리하기 위한 API를 제공한다.

API 이름	설명
objc_getProtocol	프로토콜 이름으로 프로토콜 타입 찾기
objc_copyProtocolList	런타임에 등록된 모든 프로토콜 목록(배열) 구하기
objc_allocateProtocol	프로토콜 타입 인스턴스 생성하기
objc_registerProtocol	프로토콜 타입 등록하기
protocol_addMethodDescription	프로토콜에 메서드 정보 추가하기
protocol_addProtocol	이미 등록된 프로토콜을 작업 중인 다른 프로토콜에 추가하기
protocol_addProperty	작업 중인 프로토콜에 프로퍼티 추가하기
protocol_getName	프로토콜 이름 찾기
protocol_isEqual	두 프로토콜이 같은 것인지 비교하기
protocol_copyMethodDescriptionList	특정 프로토콜의 메서드 목록 정보 구하기
protocol_getMethodDescription	특정 프로토콜의 특정 메서드 정보 구하기
protocol_copyPropertyList	특정 프로토콜에 정의된 프로퍼티 목록(배열) 구하기
protocol_getProperty	특정 프로토콜의 특정 프로퍼티 정보 구하기
protocol_copyProtocolList	프로토콜에 포함된 포로토콜 목록 구하기
protocol_conformsToProtocol	특정 프로토콜이 다른 프로토콜을 만족하는지 여부 확인

표 1-12 프로토콜 관리 API

프로퍼티 관리 API

프로퍼티와 프로퍼티 속성을 관리하기 위한 API를 제공한다.

API 이름	설명
property_getName	프로퍼티 타입의 이름 찾기
property_getAttributes	프로퍼티의 속성 이름 찾기
property_copyAttributeValue	프로퍼티의 특정 속성 이름 찾기
property_copyAttributeList	프로퍼티의 전체 속성 목록(배열) 찾기

표 1-13 프로퍼티 관리 API

언어 기능 API

반복문이나 블록과 약한 참조 등의 언어 기능을 위한 API를 제공한다.

API 이름	설명
objc_enumerationMutation	foreach 반복문 도중에 변경된 경우 추가하기
objc_setEnumerationMutationHandler	변경 감시 처리 핸들러 등록하기
imp_implementationWithBlock	특정 블록 객체에 대한 함수 포인터 구하기
imp_getBlock	특정 구현부(IMP) 관련된 블록 객체 찾기
imp_removeBlock	특정 구현부(IMP) 관련된 블록 제거하기
objc_loadWeak	특정 객체에 대한 약한 참조 포인터 구하기
objc_storeWeak	특정 약한 참조를 강한 참조로 저장하기

표 1-14 언어 기능 API

1.4.4 요약

오브젝티브-C 런타임이 제공하는 API와 실행 중에 객체와 메서드, 블록 같은 언어 기능들을 처리하는 방식은 알아두면 내부 동작을 이해하는 데 도움이 된다. 오브젝티브-C가 가지는 장점들은 모두 런타임에서 발현된다. 특히 런타임 API를 사용하면 실행 중에 클래스나 객체의 구조나 함수를 바꾸는 동작이 가능하다. 다른 프로그래밍 언어에서는 이를 리플렉션(reflection)이라고 부른다. 리플렉션을 남발한다면 오히려 성능이 저하되거나 기존 코드와 충돌해서 오류가 발생할 가능성이 높아지기 때문에 주의해야 한다. 비록 이번 장에서 설명하지 않았지만 카테고리(category)로 기존 클래스를 확장하는 것도 런타임 API를 활용한 방식이다. 클래스 수준에서 해결하지 못하는 문제들은 런타임 API로 해결할 수도 있다.

2장

Cocoa   Internals

메모리 관리

현대 컴퓨터 구조에서는 프로그램이 메모리에 올라간 상태로 프로그램 명령어가 하나씩 실행된다. 그리고 모든 객체 인스턴스는 메모리에 만들어진다. 그 중에서도 객체에 대한 메모리 관리는 필수적이면서, 모든 개발자에게 귀찮은 숙제다. 효율적으로 메모리를 관리하는 것은 macOS나 iOS 구별할 것 없이 성능에 영향을 주는 아주 중요한 사항이다. 메모리 사용을 최적화하는 과정은 CPU 사용률에 직간접적으로 영향을 주고, 결과적으로 베터리 소모량에도 영향을 미치게 된다.

이번 장에서는 객체 인스턴스가 어떤 메모리 영역에 만들어지는지 알아보고, 효율적인 메모리 관리를 위한 참조 계산 방법과 객체 초기화에 대해 설명한다.

2.1 메모리와 객체

운영체제가 관리하는 프로세스는 이론적으로 32bit인 경우 4GB까지의 크기를 가지는 가상 주소(virtual address) 공간에 접근할 수 있다. 64bit인 경우 18EB(2^{64})까지 가능하다. macOS는 메인 메모리상의 사용하지 않는 공간을 페이지(가상 메모리 단위)로 나눠서 하드 디스크에 백업하는 기능을 제공한다. 반면에 iOS에는 하드 디스크가 없고, 대신 플래시 메모리를 사용하기 때문에 늘 메모리가 부족하기 마련이다. iOS에서 읽고 쓰는(read-write) 데이터는 프로그램을 실행하는 동안 사라지지 않지만, 사용하지 않는 읽기 전용(read-only) 데이터는 페이지를 저장하고 메모리상에서 지워 버린다. iOS는 읽고 쓰는 데이터들의 총합이 일정 수준 이상 많아지면 메모리 부족 경고를 보내고, 그래도 부족하면 앱을 강제 종료시켜서 메모리를 확보한다.

macOS와 iOS를 비롯한 운영체제는 프로세스 주소 공간보다 물리적인 메모리가 상대적으로 부족하기 때문에 가상 메모리 방식을 사용한다. 물리적인 메모리보다 더 큰 가상 메모리를 다루기 위해서, CPU와 메모리 관리 유닛(MMU)에서 일정한 크기를 가진 페이지 단위로 나눠서 메모리를 관리한다. 기본적으로 페이지 크기는 4KB 단위를 사용하며, 가상 메모리 페이지 중에 읽을 데이터가 없어서 페이지 실패(Page Fault)가 되면 디스크에서 4KB 단위씩 새 페이지를 읽는다. 이런 과정이 많아질수록 앱 성능에 좋지 않은 영향을 끼친다.

2.1.1 객체 인스턴스 생성

객체를 구현할 때 우선적으로 고민해야 하는 것 중에 하나는 객체 생명주기를 예측 가능하게 만드는 것이다. 대부분 개발자들이 클래스 코드를 작성할 때 생명주기와 관련해서 생성자 메서드를 가장 먼저 구현할 것이다.

오브젝티브-C에서 객체 인스턴스를 만드는 경우 다음과 같이 두 단계로 작성한다.

```
Pen *aPen = [[Pen alloc] init];
```

Pen 클래스에 +alloc 메시지를 보내면 힙 공간에 객체 인스턴스가 만들어진다. +alloc 메서드 구현 내용을 의사코드(pseudo-code)를 살펴보면 다음과 같다.

코드 2-1 +alloc 메서드 구현 예시

```
+alloc {
    id newObject = malloc(self->clsSizeInstance, 0);
    newObject->isa = self;
    return newObject;
}
```

코드 2-1에 보는 것처럼 클래스 객체에 +alloc 메시지를 보내면, 내부에서는 malloc 계열 C 함수를 호출한다. malloc 함수는 생성할 객체 메타 클래스에 명시된 속성 데이터 타입 크기를 확인해서 clsSizeInstance 크기만큼 힙 메모리를 할당한다. 이때 메모리를 할당하는 최소 단위는 16Byte다. 4Byte를 요청하면 16Byte를 할당하고, 24Byte를 요청하면 32Byte를 할당해준다. 64bit 커널을 기준으로 994Byte 이상 128KB 이하는 512Byte 단위로 할당하고, 그 이상의 경우는 가상 메모리 페이지 단위인 4KB 단위로 할당한다.

오브젝티브-C 런타임 레퍼런스를 살펴보면, +alloc 메서드는 +allocWithZone: 을 호출하고 class_createInstance() 런타임 API를 호출하는데, 이 함수 내부에서 calloc() 함수를 호출한다. calloc() 함수는 malloc() 함수와 다르게 객체 크기만큼 메모리를 할당한 다음, 할당한 메모리 공간은 0으로 채워주기까지 한다. calloc() 함수 덕분에 객체 속성들은 기본적으로 0으로 채워진다.

힙 공간에 생성된 aPen 객체 인스턴스에 -init 메시지를 보내면 Pen 객체의 생성자를 호출하여 필요한 초기 값을 설정한다. -init 메서드처럼 다른 객체 중심 언어에서도 생성자는 객체 생성 직후에 호출하여 객체 인스턴스 내부 변수를 초기화하는 중요한 역할을 담당한다. 객체 인스턴스가 메모리에 할당된 이후, 생성자 메서드가 호출되는 시점부터 객체 생명주기가 시작된다. 만약 객체 내부에 하위 객체가 있으면 생성자에서 하위 객체 인스턴스를 생성해야만 한다. 객체 인스턴스 초기화에 대한 내용은 2.3 객체 초기화를 참고하자.

메모리 할당 단위

OS X 10.6 스노 레퍼드부터 64bit 커널 기반으로 인텔 CPU를 지원하기 시작했는데, 64bit 기준으로 메모리 할당 단위는 TINY, SMALL, LARGE로 구분한다. iOS는 iOS 7부터 64bit 커널로 동작하고 있다. 10.10 요세미티부터는 기존의 libc 내부에 있던 malloc 계열 함수들을 libmalloc으로 따로 배포하고 있다. libmalloc 기준으로 메모리 할당 단위는 표 2-1과 같다. OS X 10.10 버전부터는 TINY 영역을 나누어, 256Byte 이하 작은 객체들을 할당하기 위한 NANO 영역을 추가했다.

단위 명칭	메모리 할당 범위	할당 단위
NANO	1~255Byte	16Byte
TINY	256~992Byte	16Byte
SMALL	993~127KB	512Byte
LARGE	128KB 이상	4KB

표 2-1 64bit 커널 기준 메모리 할당 범위와 할당 단위

객체 인스턴스의 크기가 메모리를 얼마나 차지하는 게 적당할까 잠시 고민해보자. TINY 단위의 메모리 조각과 SMALL, LARGE 단위의 메모리 조각들이 구분 없이 만들어지면, 작은 공간들이 많아도 큰 객체는 들어갈 수 없는 파편화가 빈번하게 발생하게 된다. 그래서 실제로는 그림 2-2처럼 힙 메모리 내부에 공간을

MALLOC_NANO, MALLOC_TINY, MALLOC_SMALL, MALLOC_LARGE 영역
으로 구분해서 할당한다.

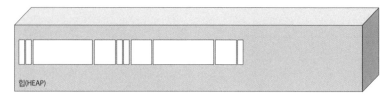

그림 2-1 힙 메모리에 영역 구분이 없을 경우

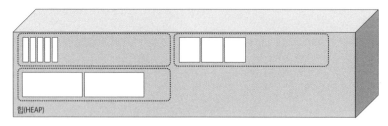

그림 2-2 힙 메모리를 영역별 구분으로 나눈 경우

메모리 영역과 가상메모리

OS X 10.6부터 'magazine_malloc'이라는 개념이 도입됐다. 여기서 매거진
(magazine) 영역은 멀티스레드 환경에서 메모리 할당 영역에 대한 오버헤드를 줄
이기 위해 스레드별로 메모리 관리하는 단위다. 지역(zone) 단위로 나눠서 처리
하던 기존 메모리 관리 방식을 개선한 것이다. TINY 단위는 특이하게 스레드와
상관없이 최상위 수준에서 생성하고 각기 스레드에 할당하는 구조로 동작한다.
이렇게 동작하는 이유는 대부분 오브젝티브-C 객체 인스턴스를 TINY 단위 크기
보다 작은 크기로 생성한다고 가정했기 때문이다. 따라서 객체를 설계할 때 1KB
보다 작은 TINY 영역이나 256Byte 이하 NANO 영역 내에 들어가도록 만드는 것
이 적당하다. 1KB보다 큰 객체의 경우는 그림 2-3에서 **NSData**처럼 처리한다.

그림 2-3에서 보는 것과 같이 힙 공간에는 객체 인스턴스만 존재하는 것이 아
니다. 이미지 리소스가 많은 앱이라면 ImageIO 영역에 비트맵 이미지가 캐싱되
기도 하고, 캐싱을 위해서 **CALayer** 데이터도 가상 메모리 상당 부분을 차지하게
된다. 레티나 디스플레이를 지원하는 기기들이 많아지면서 이미지 리소스가 차
지하는 비율은 점점 더 늘어나고 있다. 특히 **UIImage** 클래스의 +imageNamed: 메
서드로 이미지를 생성할 경우, 개발자가 의도하지 않더라도 시스템 내부에 이미
지를 캐싱하기 때문에 각별한 주의가 필요하다.

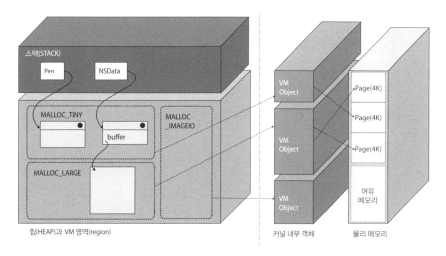

그림 2-3 힙과 가상 메모리 내부 구조

☑ **메모리 지역(zone)**

코코아 프레임워크에는 +allocWithZone: 메서드나 +copyWithZone: 메서드가 여전히
남아있다. 객체가 다른 객체를 생성할 때 같은 지역(zone)의 메모리 또는 같은 가상 메모리
(VM) 페이지에 할당하면, 지역성(locality)이 좋아져서 프로그램 성능이 향상되곤 했다. 오
브젝티브-C 2.0 이후 최신 런타임(modern runtime) 구조부터는 객체 속성이나 메서드조
차도 메모리 할당 단위의 같은 지역에 있다는 보장이 없으며, 앞서 설명한 VM 내부 영역 관
리만으로도 충분해서 지역(zone)을 관리할 필요가 없어졌다. NSObject에 대한 애플 개발
자 문서에도 +allocWithZone: 메서드처럼 지역(zone) 관련 메서드들은 더 이상 사용하
지 않는다(deprecated)고 명시되어 있다.

2.1.2 객체 인스턴스 소멸

객체가 생성될 때와 반대로 소멸자 메서드는 객체가 소멸되기 직전에 호출된다.
객체 내부에서 생성한 객체 인스턴스가 있다면 반드시 먼저 해제해주도록 도와
준다. 그래야 프로세스 메모리에 불필요한 객체 인스턴스들이 남지 않기 때문이
다. 오브젝티브-C에서는 객체 인스턴스에 −release 메시지를 보내면 프레임워
크가 해당 객체의 −dealloc 메서드를 호출하여 하위 객체들을 해제할 수 있도록
도와준다.

스위프트 객체에도 오브젝티브-C 객체와 동일하게 소멸을 도와주는 −deinit
메서드가 있다. 차이점이 있다면 오브젝티브-C 객체는 수동으로 메모리 관리 방
식으로 구현해서 소멸 시점을 명시할 수 있지만, 스위프트는 ARC 방식을 사용
하기 때문에 소멸 시점을 지정할 수 없다는 것이다.

2.1.3 요약

요즘 단말기기의 대부분은 커널에서 관리하는 가상 메모리 크기도 커지고 지역
(zone) 관리도 필요가 없어졌다. 따라서 프로그램 데이터 구조를 강제로 줄이
거나 조정해야 하는 제약 사항이 사라졌다. 그럼에도 객체 인스턴스를 메모리에
생성해서 소멸할 때까지의 과정을 메모리 관리 측면에서 이해하고 있으면 더 효
율적인 프로그램을 작성할 수 있다는 사실에는 변함없다. 객체 인스턴스가 아니
더라도 이미지나 데이터베이스 캐시(Cache)를 위해 내부적으로 할당하는 메모
리 공간에 대해 종합적으로 고려해야 한다.

📖 **메모리 성능 개선 가이드라인**

WWDC 2012 – Session 242 – iOS App Performance - Memory

Memory Usage Performance Guidelines

메모리 관리 오픈소스

*http://www.opensource.apple.com/source/Libc/Libc-594.1.4/gen/magazine_
malloc.c*

객체 초기화 관련 공식 개발자 문서

*https://developer.apple.com/library/ios/documentation/General/Conceptual/
CocoaEncyclopedia/Initialization/Initialization.html#//apple_ref/doc/uid/
TP40010810-CH6-SW56*

메모리 관리 공식 개발자 문서

*https://developer.apple.com/library/ios/documentation/Cocoa/Conceptual/
MemoryMgmt/Articles/mmPractical.html#//apple_ref/doc/uid/TP40004447-SW4*

2.2 참조 계산

객체 인스턴스가 메모리에 생성되고 소멸되기까지를 해당 객체의 생명주기라고
부른다. 어떤 객체는 객체가 필요할 때만 생성해서 쓰다가 버리는 방식이라 생
명주기가 짧다. 어떤 객체는 생성한 객체와 거의 동시에 만들고 나서 계속해서
사용하는 형태로, 생명주기가 길다. 이렇게 만들어진 객체는 처음에 필요해서
만든 객체가 아니라, 전혀 다른 객체가 메시지를 보내기 위해 참조하기도 한다.
특정 객체가 다른 객체를 참조하는 경우, 참조할 객체가 메모리에 존재하는지
아니면 사라졌는지 판단할 필요가 있다. 애플은 메모리에 존재하는 객체 인스턴
스를 확인하기 위해 '참조 계산(reference counting)' 방식을 제공한다.

코코아 프레임워크가 제공하는 모든 객체는 '참조 카운터' 공간이 있다. 참조 카운터는 해당 객체의 참조 횟수를 계산한 값을 기록하는 공간이다. 참조 카운터에 저장하는 참조 계산 규칙은 단순하다. 객체가 만들어질 때 참조 횟수는 초기 값 1로 설정되고, 그 객체를 참조하는 다른 객체가 있을 때마다 참조 횟수가 1씩 증가한다. 반대로 참조하던 객체가 더 이상 참조하지 않으면 1 감소한다. 그러면 어느 시점에서든지 특정 객체를 참조하는 개수를 확인할 수 있다. 참조하는 개수가 없다면 그 객체는 메모리에서 해제해도 안전하다고 판단할 수 있는 것이다.

> ✓ **가비지 컬렉션은 사라짐**
>
> OS X 10.8 이전까지는 자바 JVM처럼 가비지 컬렉션 방식도 지원됐지만, 10.8부터는 공식적으로 지원되지 않는다. 가비지 컬렉션 방식은 객체 그래프와 참조 횟수를 확인해서 어디에서도 참조하지 않는, 그래프에서 동떨어진 객체들을 찾아서 강제로 메모리를 해제한다. 가바지 컬렉션은 iOS에서는 애초부터 지원하지 않았고, OS X에서도 더 이상 지원하지 않기 때문에 여기까지만 설명한다.

2.2.1 객체 소유권

다른 객체를 참조한다는 것을 C 언어 스타일로 표현하면 다른 객체의 힙 메모리 주소를 포인터 변수에 담아 갖고 있는 것을 의미한다.

코드 2-2 객체 소유권 예시

```
Pen *aPen = [[Pen alloc] init];
Pen *bPen = aPen;
[aPen release];
bPen.color = [UIColor yellowColor];
```

이와 같은 코드에서 첫 번째 줄에서는 새로운 Pen 객체 인스턴스가 힙에 생성된다. 두 번째 줄에서는 bPen 포인터 변수에 aPen 포인터 변수와 동일한 객체 인스턴스를 할당한다. 세 번째 줄에서 aPen 객체에 release 메시지를 보내서 해제하면, 네 번째 줄에서 bPen으로 객체 인스턴스에 접근하려 할 때 오류가 발생한다. 왜냐하면 bPen 포인터 변수 객체는 이미 해제되서 메모리에 없기 때문이다. 이렇게 위험한 포인터(dangling pointer) 상태를 만들면 앱은 크래시가 나서 멈춘다.

이런 현상을 방지하기 위해서 객체 소유권(ownership)을 명시적으로 관리할 필요가 있다. 객체 소유권은 객체 A가 객체 B를 참조하는 동안만큼은 객체 B가 메모리에서 사라지지 않는다는 것을 명시적으로 보장해주는 방법이다.

객체 소유권 규칙

코코아에서 사용하는 일반적인 객체 소유권 규칙은 다음과 같다.

- 특정 객체를 새로 만드는 경우는 소유권을 갖는다.
- 다른 객체가 생성한 객체를 참조하기 전에 소유권을 요청해서 받아야 한다.
- 소유권을 얻는 객체를 더 이상 참조하지 않으면 소유권을 반환한다.
- 소유권을 갖고 있지 않는 객체를 반환하면 안 된다.

이와 같은 규칙을 코코아 프레임워크 용어로 다시 설명해보자. '소유권을 갖는다'는 표현은 앞서 설명한 참조 계산식에서 '참조 횟수를 1 증가한다'는 의미와 같다. 반대로 '소유권을 반환한다'는 '참조 횟수를 1만큼 감소한다'는 의미다. 객체 소유권을 갖는 형태로 작성한 안전한 코드(코드 2-3)와 시간 흐름에 따른 소유권 변화(그림 2-4)를 살펴보자.

코드 2-3 시간 흐름에 따른 객체 소유권 변화

```
Pen *aPen = [[Pen alloc] init];
Pen *bPen = [aPen retain];
Pen *cPen = [bPen copy];
[aPen release];
bPen.color = [UIColor yellowColor];
cPen.color = [UIColor redColor];
[cPen release];
[bPen release];
```

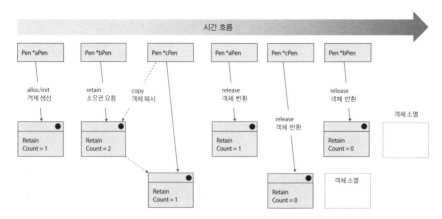

그림 2-4 시간 흐름에 따른 객체 소유권 변화

객체 메서드와 소유권 규칙

앞에서 설명한 객체 소유권 규칙을 코코아 프레임워크 메서드와 관련해서 풀어서 설명하면 다음과 같다.

❶ alloc, new, copy, mutableCopy 계열 메서드로 특정 객체를 생성하거나 복사하는 경우 새로운 객체 인스턴스를 만든다. 그리고 참조 횟수를 1로 설정하고 소유권을 갖는다.

❷ 다른 객체가 이미 만들어 놓은 객체 인스턴스를 참조하는 경우에는 retain 메서드를 사용해서 객체 소유권을 요청한다. 그리고 참조 횟수를 1 증가시키고 소유권을 갖는다.

❸ ❶과 ❷에서 소유권을 얻는 객체를 더 이상 참조하지 않는 경우, release 또는 autorelease 메서드를 사용해서 객체 소유권을 반환한다. 이때 참조 횟수를 1 감소시킨다.

❹ 소유권을 갖고 있지 않은 객체는 반환하면 안 된다. 객체가 ❶이나 ❷에서 설명한 메서드로 소유권을 요청한 적이 없거나 이미 소유권을 반환한 경우에는 release 또는 autorelease 메시지를 보내면 안 된다.

그림 2-5는 aPen 객체 인스턴스가 생겨서 소멸할 때까지 시간 흐름에 따른 참조 횟수 값이 변하는 과정을 나타낸다.

객체 인스턴스 동작	참조 횟수 변화
alloc	1
init	1
doAction	1
retain	2
copy	2
release	1
release	0
dealloc	

그림 2-5 생명주기와 참조 횟수 변화

2.2.2 자동 반환 목록

앞에서 객체 소유권을 반환할 때 release나 autorelease 메서드를 사용한다고 했다. 특정 객체에게 release 메시지를 보내면 참조 횟수가 1 감소하고, 0이 되면 그 즉시 dealloc 메서드를 호출하고 메모리를 반환한다.

어떤 객체는 생성하고 소유권이 없는 상태에서 다른 객체가 사용할 때까지 일정 시간 동안 메모리를 반환하지 않고 남아있어야 할 경우가 있다. 이런 경우를 대비해 자동 반환 목록 동작에 대해 알아보자. 자동 반환 목록은 일정 시간 뒤에 반환할 객체 목록을 만들어서 관리해준다.

오브젝티브-C 객체 인스턴스는 힙 메모리에 만들어지지만, 함수 범위나 문법적으로 특정 범위가 정해진 변수들은 C 언어처럼 자동 변수(automatic variables)로 스택에 생겼다가 사라진다. autorelease 메시지를 받은 객체도 범위가 정해진 자동 변수와 비슷하게 동작한다. 다음과 같이 NSAutoreleasePool 클래스를 활용하는 코드를 살펴보자.

코드 2-4 NSAutoreleasePool 클래스 사용 예시

```
NSAutoreleasePool *autoreleasePool = [[NSAutoreleasePool alloc] init];
Pen *temp = [[Pen alloc] init];
[temp autorelease];
// …다른 작업
[autoreleasePool drain];
```

temp 객체는 alloc, init 메서드로 만들어졌고 소유권 규칙에 따라 소유권을 갖고 있다. 당연히 temp 객체 메모리를 해제할 때 release 메시지를 보내야 한다. 하지만 release 메시지를 보내서 소유권을 즉시 반환하는 대신 autorelease 메시지를 보내면 자동 반환 목록에 객체를 등록할 수 있다. 특정 객체를 자동 반환 목록에 등록하면 autoreleasePool 개체가 소유권을 넘겨받는다. 그리고 주석 부분에 해당하는 다른 작업을 처리하고, autoreleasePool 개체가 drain 메서드를 처리하면서 자동 반환 대상인 객체를 차례대로 release를 시킨다. 이 예시에서 temp 객체의 소유권은 생성한 객체에서 autoreleasePool로 넘어가기 때문에 객체의 참조 횟수 값은 변하지 않고 유지된다.

간편한 메서드와 자동 반환 대상

코코아 프레임워크 객체 중에는 객체를 생성하면서 자동 반환 목록에 추가하는 객체가 존재한다. 객체 팩토리 메서드 중에서 객체를 생성하기에 편리하도록 준비된 특별한 메서드는 객체를 생성(allocation)하고 초기화(initialization)

한 다음 자동 반환 목록(autorelease)에 등록까지 해준다. 간편한 메서드 (convenience methods)의 클래스 이름 형태는 코코아 클래스 이름에서 NS 접두어가 없고 소문자로 시작한다. 예를 들어 NSString 클래스는 +string-형태로 시작하는 +stringWithFormat:, +stringWithString: 같은 메서드가 바로 간편한 메서드다. NSNumber 클래스 경우에는 +numberWith-로 시작하는 메서드가, NSArray 클래스의 경우는 +array-로 시작하는 메서드가 간편한 메서드다.

```
NSString* aString = [NSString stringWithFormat:@"%08d", myNumber];
```

위 코드는 다음과 같이 풀어쓸 수 있다. 동작은 동일하나 소유권이 aString 객체를 생성한 객체에 있는 것이 아니라 자동 반환 목록(AutoreleasePool)으로 넘어간다는 차이가 있다.

```
NSString* aString = [[[NSString alloc] initWithFormat:@"%08d", myNumber]
autorelease];
```

자동 반환 대상을 관리하는 AutoreleasePool 클래스에 대한 객체는 스레드마다 하나씩 생성해서 소유권을 갖고 있다가 스레드가 끝날 때 같이 소멸되도록 권장한다. Xcode에서 새 프로젝트를 만들면 main() 함수 내부에 AutoreleasePool 객체를 만드는 코드가 이미 들어있어서, 앱이 동작하는 메인 스레드에 대해서는 따로 만들지 않아도 된다. 메인 스레드 외에 추가로 새 스레드를 만들고 해당 스레드에서 자동 반환할 객체를 생성한다면 AutoreleasePool 객체를 추가로 만들어야 한다.

자동 반환 목록 사용 시 주의 사항

자동 반환 목록을 사용할 때 주의할 사항이 있다. AutoreleasePool 객체는 대부분 NSRunLoop 클래스와 함께 동작하는데, 코드 흐름상 반복해서 객체를 생성하는 경우에는 자동 반환 목록에 있는 객체를 반환하는 시점이 되기도 전에 목록에 너무 많이 쌓이는 현상이 생길 수 있다. 이런 경우 자동 반환 목록에 소유권이 있는 객체들이 일시적으로 너무 많아져서 메모리 반환이 되지 않고 계속해서 메모리 사용률이 높아진다. 코드 2-5처럼 반복문 안쪽에 AutoreleasePool 객체를 명시적으로 추가해서 강제로 반환할 객체들을 처리하는 방식이 필요하다. 특히 UIImage나 NSData처럼 바이너리 데이터를 다루는 큰 객체들인 경우에 더 유용하다.

코드 2-5 반복문 내 AutoreleasePool

```
for (nLoop=0; nLoop<MAX_LOOP; nLoop++)
{
    NSAutoreleasePool *autoreleasePool = [[NSAutoreleasePool alloc] init];
    // 임시 객체들 생성
    Pen *temp = [[Pen alloc] init];
    [temp autorelease];
    // ...생략
    [autoreleasePool drain];
}
```

NSAutoreleasePool 클래스에는 디버깅 전용 클래스 메서드인 +showPools 클래스 메서드가 있다. 이 클래스 메서드는 디버깅 도중 현재 스레드의 자동 반환 목록을 디버그 콘솔에 출력한다. 하지만 감춰진(private) API이기 때문에 앱 스토어에 배포할 때는 포함시키면 안 되므로 주의해서 사용해야 한다.

2.2.3 객체 그래프

객체 중심으로 프로그래밍을 하다 보면 자연스럽게 여러 객체 인스턴스가 만들어지고, 객체들끼리 참조 관계가 생긴다. 이런 객체끼리 관계를 네트워크 그래프로 정리해서 표현할 수 있다. 처음 생성되는 최상위 객체부터 소유권을 갖거나 직접 참조 관계가 있는 객체를 하위 트리 구조(tree graph)로 펼쳐서 그릴 수 있다. 반복적으로 만들어진 객체는 동등한 수준에서 옆으로 연결된 리스트 구조(list graph)로 이어질 수도 있다. 이런 객체 관계를 도식화해서 그린 그림을 '객체 그래프(object graph)'라고 한다.

예를 들어 배열(array)은 객체 그래프가 비교적 간단한 리스트 구조 형태가 되고, 앱 전체를 구성하는 객체를 모두 그려보면 객체 그래프가 넓고 복잡할 것이다. 뷰 컨트롤러는 하위에 뷰를 포함하고 있고, 그 뷰에는 서브뷰(subviews)가 배열 형태로 포함된다. 각각 뷰는 타이틀을 위한 문자열 객체를 비롯한 다양한 속성 객체까지 포함한다. 객체 그래프 예시는 그림 2-6을 참고하자.

2.2.4 순환 참조 문제

2.2.2 자동 반환 목록과 2.2.3 객체 그래프에서 설명한 객체 소유권 관계를 객체 그래프로 그려보면 포함 관계와 참조 관계가 명확하게 드러난다. 객체 그래프를 그려서 반드시 확인해야 하는 이유 중에 하나는 객체끼리 순환 참조가 있는지 여부를 확인하기 위해서다.

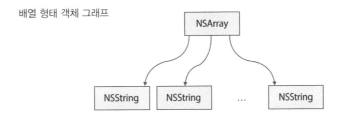

배열 형태 객체 그래프

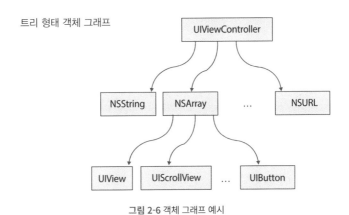

트리 형태 객체 그래프

그림 2-6 객체 그래프 예시

코드 2-6 PenHolder 클래스

```
#import <UIKit/UIKit.h>

@interface PenHolder : NSObject
{
    PenHolder *holder;
}

-(void)setHolder:(PenHolder*) otherHolder;

@end

@implementation PenHolder

-(void)setHolder:(PenHolder*)otherHolder
{
    holder = [otherHolder retain];
}
@end
```

코드 2-6과 같이 PenHolder 클래스가 있다고 가정하자. 그리고 다음과 같이 객체 인스턴스를 만들고 상호 참조가 발생하는 경우를 생각해보자.

코드 2-7 상호 참조가 발생하는 코드

```
PenHolder *holder1 = [[PenHolder alloc] init];
PenHolder *holder2 = [[PenHolder alloc] init];

[holder1 setHolder:holder2];
// ...holder1 객체가 holder2 객체 소유권을 요청
[holder2 setHolder:holder1];
// ...holder2 객체가 holder1 객체 소유권을 요청
// ...상호 참조 상태
[holder1 release];
[holder2 release];
```

상호 참조가 있는 코드를 객체 그래프로 그려보면 그림 2-7과 같다.

그림 2-7 상호 참조가 있는 객체 그래프

이 상태에서 holder1과 holder2 객체에 release 메시지를 보내서 객체 소유권을 반환하면 힙 메모리의 객체는 정상적으로 반환될까? 그렇지 않다.

두 객체 모두 alloc/init으로 객체를 생성했고 소유권을 갖고 있기 때문에 참조 횟수는 1부터 시작한다. 상호 참조를 하기 때문에 두 객체 모두 –setHolder: 메서드 내부에서 retain 동작을 처리하면서 참조 횟수가 1씩 증가해 2가 된다. 따라서 어느 객체든지 release 메시지를 보내서 객체 소유권을 반환하더라도 참조 횟수는 0이 아니라 1이 된다. 따라서 메모리가 해제되지 않는다. 메모리 누수(memory leak) 원인은 바로 상호 참조에 있다.

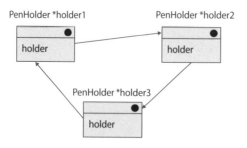

그림 2-8 삼각 순환 고리가 있는 객체 그래프

이런 상호 참조는 객체가 두 개일 경우에만 발생하는 것이 아니다. 객체가 하나일 경우에도, 자기 자신을 참조하면서 참조 횟수를 1 증가시키면 동일한 문제가

발생할 수 있다. 뿐만 아니라 3개 이상의 객체 사이에서도 객체 그래프를 그렸을 때, 순환 고리(cycle)가 생기면 동일한 문제가 생긴다. 다른 객체의 소유권을 갖고 있는 경우에는 객체 그래프를 그려서 순환 고리가 생기는지 반드시 확인해야 한다. 순환 고리가 생기면 고리를 끊기 위해서 적어도 어느 하나는 retain을 하지 않는 단순(또는 약한) 참조로 변경해야만 한다.

2.2.5 요약

특정 객체에 대한 참조 관계를 관리하기 위해 참조 횟수를 가감하여 계산하는 방식은 객체 포인터 변수를 참조할 때 위험 요소를 줄이는 좋은 방법이다. 메모리 관리를 위해 참조 계산을 실수 없이 처리하려면 객체 소유권 개념을 명확하게 이해해야 한다. 즉시 반환할 객체가 아니라면 자동 반환 목록을 관리하는 AutoreleasePool 방식을 활용하는 게 좋다. 객체 소유권은 객체 그래프로 그려서 확인할 수 있다. 참조 관계를 객체 그래프로 그려서 순환 고리가 있으면 메모리 누수가 발생할 수 있는 것이다.

2.3 객체 초기화

객체 인스턴스를 메모리에 할당한 직후, 객체 내부 변수를 초기 값으로 지정하기 위해서 초기화 메서드를 사용한다. NSObject에 구현된 -init 기본 초기화 메서드는 상속받아 만들어진 모든 객체에서 기본 초기화 메서드로 사용한다. -init 메서드는 다른 객체 중심 언어에서 '생성자' 함수로 지칭하는 것과 동일한 역할을 한다. 특정 객체가 포함하는 하위 객체는 상위 객체 인스턴스가 만들어지면서 동시에 만들어진다. 이렇게 소유권을 갖는 하위 객체는 대부분 초기화 메서드에서 만들어진다. 객체 내부 자원에 해당하는 인스턴스 변수를 준비한다는 측면에서 초기화 메서드는 역할이 중요하다. 오브젝티브-C에서 -init 초기화 메서드(혹은 init-으로 시작하는 메서드)를 명시적으로 구현하지 않으면 상속받은 상위 객체에 구현된 초기화 메서드를 호출한다.

2.3.1 여러 초기화 메서드

NSObject 클래스에 선언되어 있는 기본 초기화 메서드는 -(id)init 형태이다. 상속받아 만드는 클래스는 init 메서드를 다음과 같은 형태로 오버라이드해서 구현한다.

코드 2-8 init 메서드 오버라이드

```
-(id)init {
    self = [super init];
    if (self != nil) {
        // 인스턴스 변수 초기화
    }
    return self;
}
```

이와 같은 구현 패턴을 사용하는 이유가 있다. 기본 동작이 상속받은 부모 객체의 인스턴스 내부 변수와 리소스를 초기화하고, 자기 자신의 내부 리소스를 초기화하는 순서를 권장하기 때문이다. 초기화 메서드가 기본 값이 아닌 외부 데이터에 의존해서 초기 값을 설정해야 한다면, 추가적으로 인자 값을 받는 초기화 메서드를 추가해야 한다. 추가하는 초기화 메서드는 메서드 이름이 init-으로 시작하면 되고, 인자 값은 하나 이상으로 얼마든지 전달 가능하다.

```
- (id)initWithString:(NSString*)string; // NSString
- (id)initWithFrame:(CGRect)frame; // UIView
- (id)initWithArray:(NSArray*)array; // NSSet
```

이렇게 초기화 메서드 이름은 -init으로 시작한다. 그 뒤에는 WithString:이나 WithFrame:처럼 초기화에 필요한 주요 인자 값을 설명하는 키워드를 합친다.

✅ 인스턴스타입(instanceType)

id 타입은 오브젝티브-C에서 모든 객체를 표현할 수 있는 다이내믹 타입이다. id 타입으로 리턴받은 객체는 타입 정보가 부족해서 특정 메시지를 보낼 수 있는지 없는지 컴파일러가 판단하기 어렵다. 실제로 메시지를 보내면 리턴받은 객체가 해당 메시지를 받아서 처리할 수 없어 앱이 죽기도 한다. 그만큼 동적으로 객체를 할당해서 메시지를 보내는 방식은 장점이 되는 동시에 위험 요인이 된다. 오브젝티브-C 최신 런타임 구조에서는 이런 생성/초기화 관련 메서드 리턴 타입을 id 타입에서 instanceType 타입으로 변경했다. 앱을 좀 더 안정적으로 개발하기 위해서, 컴파일러는 '생성자에서 해당 클래스에 대한 인스턴스를 리턴한다'는 것을 명확하게 판단하고, 리턴한 클래스 타입에 특정 메서드 존재 유무를 미리 경고할 수 있도록 해준다. -init으로 시작하는 초기화 메서드에만 id 타입 대신 instanceType을 명시하도록 한 것은 아니다. +alloc, +new 계열 메서드도 리턴 타입으로 id 대신에 instanceType을 명시하도록 권장하고 있다. Xcode 개발 환경에서는 이와 관련한 마이그레이션 기능도 함께 제공하고 있다. instanceType과 관련한 보다 자세한 내용은 애플 개발자 문서 'Adopting Modern Objective-C'를 참고하자.

2.3.2 초기화 메서드 구현하기

코코아 프레임워크에서 −init 계열 메서드를 구현하기 위해 권장하는 가이드라인은 다음과 같다.

❶ 상속받은 슈퍼 클래스의 초기화 메서드를 먼저 호출한다.

❷ 슈퍼 클래스 초기화 메서드 리턴 값을 확인해서 nil이면 내부 리소스 초기화를 하지 않고 그대로 nil을 리턴한다.

❸ 내부 리소스를 초기화하면서 객체는 copy나 retain 메서드를 호출해서 소유권을 갖는다.

❹ 인스턴스 변수들을 적정한 값으로 초기화하고 나면 self를 리턴한다.

❺ 인스턴스 변수들 초기화 과정에서 오류가 발생한 경우에는 self를 해제 (release)하고 nil을 리턴한다.

❻ self가 아닌 객체 인스턴스를 리턴하는 경우라 하더라도 self를 해제 (release)해야 한다.

위의 규칙들을 염두에 두면서 다음 예시 코드를 살펴보면 이해가 빠를 것이다.

코드 2-9 -initWithUserId 초기화 메서드

```
- (id)initWithUserId:(NSString*)userId {
    self = [super init];
    if (self != nil) {
        if (userId==nil)
        {
            [self release];
            return nil;
        }
        UserModel* user_model = [_userModelDictionary objectForKey:userId];
        if (user_model) {
            [self release];
            return [user_model retain];
        }
        _lastUserId = [userId copy];
        [_userModelDictionary setObject:self forKey:userId];
        return self;
    }
    else {
        return nil;
    }
}
```

코드 2-9는 UserModel 클래스 인스턴스를 초기화하는 메서드로 userId가 동일한 기존 객체가 있으면 기존 객체 인스턴스를 넘겨주고 없으면 사전에 새 값을 넣

는다. 슈퍼 클래스부터 초기화하는데, 인자 값이 nil인지 확인해서 self를 해제
(release)하고 반환하는 예외 처리가 들어있다.

2.3.3 객체 초기화 관련한 문제

한번 −init 계열 메서드로 객체 인스턴스를 초기화한 후에 또다시 −init 계열 메
서드를 호출하면 안 된다. 이미 초기화했던 객체 인스턴스를 다시 초기화하려고
하면 예외(exception)가 발생할 것이다. 예를 들어 다음과 같은 코드는 두 번째
초기화 부분에서 NSInvalidArgumentException 예외가 발생한다.

```
NSString* aString = [[NSString alloc] initWithString:@"first-time"];
aString = [aString initWithString:@"second-time"];
```

초기화하는 객체가 +alloc 메서드를 통해 정상적으로 메모리에 생성한 객체가
아닌 경우도 조심해야 한다. 해당 객체 인스턴스가 하나만 존재해야 하는 싱클
톤(singleton) 인스턴스인 경우도 있고, 내부 인스턴스 변수 객체 중 싱클톤 형
태로 존재하는 경우도 있다. 이런 경우에는 싱클톤 인스턴스가 고유한 객체여야
하기 때문에 별도 초기화가 필요없다. 이렇게 이진에 초기화한 기존 객체를 그
대로 사용해야 하는 경우도 있다.

마지막으로 초기화 메서드가 실패할 경우를 대비해야만 한다. −initWith
String: 메서드에 인자 값 문자열이 nil인 경우도 있을 수 있고, −initWith
Array: 메서드에 인자 값이 NSArray 대신 NSDictionary일 수도 있다. 이렇게 인
자 값이 nil이거나 원하는 객체가 아닌 경우는 새로 할당한 객체는 반환하고, 반
드시 nil을 리턴해야 한다. 그리고 객체 초기화 메서드를 호출하는 코드에서도
객체 인스턴스가 nil인지 판단하는 보호 코드가 반드시 있어야만 한다.

2.3.4 요약

객체 중심 언어에서 객체 초기화 메서드나 생성자 메서드의 역할은 객체 내부
리소스를 초기화하는 데 매우 중요하다. 뿐만 아니라 객체 인스턴스가 메모리에
제대로 할당되었는지 검증하는 역할도 함께 한다. 내부 리소스가 제대로 준비되
지 않으면 객체 인스턴스 메모리를 반환하고 nil을 반환한다. 객체 초기화 메서
드는 안전한 객체를 만드는 첫 관문이다.

3장

C o c o a   I n t e r n a l s

자동 메모리 관리

2장에서 살펴본 메모리 관리는 문제가 자주 발생하는 곳이라 모든 개발자에게 늘 공부거리를 준다. 객체 인스턴스가 메모리에 만들어질 때부터 사라질 때까지, 객체의 내부 속성은 계속해서 변화한다. 이 과정을 안전하고 안정적으로 유지하려면 관리 기법을 활용해야 한다.

예전에는 컴파일러가 실행 시점에 발생할 메모리 관련 문제들을 정적 분석 기법(static analysis)으로 경고만 줄 뿐이었다. 요즘은 정적 분석 기법을 발전시켜 자동으로 메모리 관리를 도와주는 ARC라는 새로운 메모리 관리 방식을 제공한다. 이번 장에서는 ARC 기반 자동 메모리 관리 규칙과 구현 방식에 대해 알아보자.

3.1 ARC(자동 참조 계산)

애플은 2010년에 Xcode4를 소개하면서 LLVM 컴파일러 C 언어 계열 프런트엔드로 클랭(Clang)을 공개했다. 당시 클랭은 C 언어와 오브젝티브-C 언어로 작성한 소스 코드를 컴파일하기 위해서 만들어졌지만, 부가적으로 정적 분석 기능도 포함하고 있었다. Xcode4 통합 개발 환경에서 정적 분석을 실행하면, 클랭에서 소스 코드를 분석해서 실행 시점에 발생할 수 있는 이슈들을 찾아내 XML 파일 형태로 저장하고, 그림 3-1처럼 Xcode에서는 그 결과를 코드상에 시각적으로 표시해준다.

```
25  void leakError()
26  {
27    NSMutableString *aString = [NSMutableString stringWithCapacity:100];
28    [aString retain];
29    //..
30    NSMutableArray *aArray = [[NSMutableArray alloc] initWithCapacity:10];
         1. Method returns an Objective-C object with a +1 retain count (owning reference)
31    //...
32    [aArray removeAllObjects];
33    //release
34  }
35    2. Object allocated on line 30 and stored into 'aArray' is not referenced later in this execution path and has a retain count...
```

그림 3-1 Xcode 정적 분석 화면

그로부터 1년 뒤, 2011년 WWDC에서 오브젝티브-C 객체에 대한 자동 메모리 관리 방식인 ARC(Automatic Reference Counting)를 소개했다. ARC는 말 그대로 컴파일러가 개발자를 대신해 메모리 관리를 위한 코드를 자동으로 작성해주는 기술이다. ARC가 나올 수 있었던 배경에는 클랭 정적 분석 기술의 발전이 결정적인 역할을 했다.

3.1.1 수동 참조 계산 방식과 비교

ARC를 사용해서 자동으로 메모리를 관리한다고 해서 2장에서 설명한 참조 계산 방식이 다른 방식으로 새롭게 바뀐 것은 아니다. 앞으로 ARC(자동 참조 계산 방식)와 구분하기 위해서 2장에서 설명한 내용을 수동 참조 계산 방식이라고 부르겠다. ARC에서도 여전히 객체마다 참조 횟수가 있고, 객체 소유권에 대한 동일한 규칙을 기준으로 참조 계산을 진행한다. 수동 참조 계산 방식은 객체를 생성하면서 소유권을 가지며, 특정 객체를 참조하기 전에 소유권을 요청하고 참조한 이후에는 소유권을 반환한다. ARC에서도 참조 계산을 위한 규칙과 방식을 그대로 적용한다.

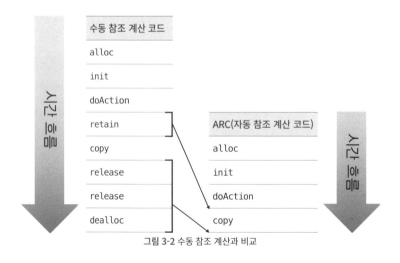

그림 3-2 수동 참조 계산과 비교

3.1.2 ARC 규칙

ARC 기준으로 새로운 규칙을 알아보자. 그림 3-2에서 보는 것처럼 ARC에서는 수동 참조 계산 코드에서 쓰는 retain, release 메서드를 보내는 코드가 필요 없다. 컴파일러가 컴파일을 하는 동안 객체 인스턴스별로 생명주기를 분석해서 자동으로 retain, release 메시지를 보내는 코드를 채워 넣어주기 때문이다. 실행하기 위해 최종적으로 만들어진 바이너리 코드로는 수동 참조 계산 방식으로 작성한 코드나 컴파일러에 의해서 관련 코드가 자동으로 추가된 코드와 거의 동일하다. ARC를 적용하기 위한 규칙은 다음과 같다.

❶ 메모리 관리 메서드를 구현하지 말라.
❷ 객체 생성을 위한 메서드 이름 규칙을 따르라.
❸ C 구조체 내부에 객체 포인터를 넣지말라.
❹ id와 void* 타입을 명시적으로 타입 변환하라.
❺ NSAutoreleasePool 대신 @autoreleasepool 블록 코드를 사용하라.
❻ 메모리 지역(zone)을 사용하지 마라.

규칙#1. 메모리 관리 메서드를 구현하지 말라

ARC 방식으로 작성하는 코드는 retain, release, retainCount, autorelease, dealloc 메서드를 구현해서도 안 되며, 이 메서드들을 호출해서도 안 된다. 객체 인스턴스를 명시적으로 소유하거나 직접 해제할 필요가 없다는 얘기다. 혹시라도 위 메서드를 작성하는 경우에는 Xcode 편집기에서 친절하게 경고를 표시해준다. 컴파일러 경고를 우회해서 @selector(retain), @selector(release) 형태로 접근해서도 안 된다. 그리고 ARC 기반에서는 retainCount 값은 쓸모없는 값이 들어있다고 생각하고 쓰지 말아야 한다.

생성했던 객체들을 해제하기 위해 구현하던 dealloc 메서드도 더 이상 직접 구현할 필요가 없다. 당연하게도 dealloc 메서드를 직접 호출하면 안 된다. 특별히 dealloc 메서드에서 옵저버를 제거한다거나 다른 동작을 해야 한다면 작성할 수 있다. 하지만 이 경우에도 [super dealloc] 코드를 넣지 않아야 한다.

단, Core Foundation 스타일 객체 관리를 위한 CFRetain, CFRelease 같은 함수들은 여전히 사용할 수 있다.

규칙#2. 객체 생성을 위한 메서드 이름 규칙을 따르라

ARC 기반으로 객체를 생성할 때 +alloc 메서드를 주로 사용한다. 참조 계산 규칙에 있는 소유권을 갖는 alloc/new/copy/mutableCopy로 시작하는 메서드는 ARC 기반에서도 소유권을 갖는 것을 원칙으로 한다. 그 외에도 객체 생성을 위한 메서드를 작성할 때는 이름 규칙을 따라야 한다.

init으로 시작하는 인스턴스 메서드는 특별하게 +alloc 메서드로 생성한 객체를 초기화해서 반환하는 용도로 사용해야만 한다. 객체 타입을 반환할 때는 id 타입 대신에, 최근 클랭 컴파일러를 위해 instancetype 타입을 사용하기를 권장한다.

```
- (instancetype)initWithString:(NSString*)aStr;
```

규칙#3. C 구조체 내부에 객체 포인터를 넣지마라

C 언어에서 사용하는 struct나 union 내부에 오브젝티브-C 객체 포인터를 넣으면 ARC에서 메모리 관리를 할 수 없기 때문에 코드 3-1처럼 컴파일러 오류가 발생한다.

코드 3-1 구조체에서 객체 참조 오류

```
struct ArrayWrapper {
    NSMutableArray* array;      // 구조체에서 오브젝티브-C 객체 사용하기 오류
}
```

ARC 기반에서는 컴파일러가 객체 생명주기를 추적할 수 있어야 하는데, C 구조체 내부에 있는 객체 포인터는 컴파일러가 관리할 수가 없어서 오류가 발생한다. ARC가 관리하지 않는다는 것을 강제로 명시하려면 * 앞에 __unsafe_unretained 수식어를 사용해야 한다. 그러나 __unsafe_unretained 수식어를 적용한 객체 포인터는 위험한 포인터(dangling pointer)에 접근할 위험이 있다. 따라서 이 수식어를 사용할 때 위험성은 개발자가 감수해야 한다.

규칙#4. id와 void* 타입을 명시적으로 타입 변환하라

기존의 오브젝티브-C에서는 id 타입과 void* 타입을 내부에서 당연하게 같은 타입으로 인식할 정도로 타입 변환해서 사용하는 데 제약 사항이 없었다. 다시 말해서 id 타입 객체에 메시지를 보내도 전혀 문제가 되지 않았다. ARC에서는 객체 생명주기를 관리하기 위해서 타입 변환할 때는 명시적으로 타입 변환 연산자를 사용해야만 한다. 타입 변환 관련된 상세한 내용은 3.1.4 '타입 연결'을 참고하자.

규칙#5. NSAutoreleasePool 대신 @autoreleasepool 블록을 사용하라

이제는 NSAutoreleasePool 대신 @autoreleasepool 블록 코드를 사용해야 한다.

ARC 환경이 아닌 수동 메모리 관리 방식으로 **NSAutoreleasePool** 클래스를 사용하는 코드 조각은 다음과 같다.

코드 3-2 **NSAutoreleasePool 클래스를 사용하는 경우**

```
NSAutoreleasePool *pool = [[NSAutoreleasePool alloc] init];
NSArray* array = [[NSArray alloc] init];
[array autorelease];
[pool drain];
```

위와 같은 코드를 @autoreleasepool로 처리하기 위해서 다음과 같이 변경해야 한다. @autoreleasepool 블록이 끝나고 범위를 벗어날 때 해당 풀(pool)에 소유권이 있는 객체들을 자동적으로 해제한다. 만약 **NSAutoreleasePool** 객체를 사용하려고 하면 컴파일러가 오류를 표시할 것이다.

코드 3-3 **@autoreleasepool 블록을 사용하는 경우**

```
@autoreleasepool {
    NSArray* __autoreleasing array = [[NSArray alloc] init];
}
```

규칙#6. 메모리 지역(zone)을 사용하지 마라

2장에서 설명한 것처럼 런타임 구조를 변경하면서 지역(zone)은 더 이상 사용하지 않는다. ARC 환경에서도 마찬가지다.

3.1.3 소유권 수식어

ARC 방식에서는 객체를 선언할 때 변수 앞에 붙이는 소유권 수식어를 다음과 같이 정의하고 있다.

- __strong
- __weak
- __unsafe_unretained
- __autoreleasing

__strong 수식어

__strong 수식어는 소유권 수식어를 아무것도 입력하지 않았을 때 적용되는 기본 수식어다. 따라서 다음의 두 줄 코드는 동일한 코드다.

```
NSString* aString = [[NSString alloc] init];
NSString* __strong aString = [[NSString alloc] init];
```

__strong 수식어의 의미는 해당 객체의 포인터를 (소유권을 갖고) 강하게 참조하고 있으므로 객체가 '살아있다'는 뜻이다. 수동 메모리 관리 방식에서 다른 객체에 대한 소유권을 갖고 있는 것과 동일하다. 앞으로 나올 '강한 참조'라는 단어는 __strong 수식어를 의미한다. 예시처럼 임의의 범위(scope) 내에서 강한 참조를 사용하는 경우를 살펴보자.

코드 3-4 강한 참조 코드

```
{
    NSString* __strong aString = [[NSString alloc] init];
    // …
    // [aString release]; ARC에서는 release 코드를 생략
}
```

범위 내에서 객체를 생성해서 소유권을 갖고 있다가도 범위를 벗어날 경우에는 소유권을 반환하기 위해서 release 메시지를 보내는 것이 원칙이다. 하지만 앞서 ARC 규칙을 설명했듯이, release 메시지를 보내는 작업은 생략해야만 한다. 그러면 컴파일러가 컴파일을 진행하면서 객체 생명주기를 해당 범위까지로 판단하고 범위가 끝나기 직전에 원래 있어야 했던 것과 동일하게 [aString release]; 코드를 추가한다.

__weak 수식어

__weak 수식어는 __strong과 반대로 참조하는 객체가 살아있다는 것을 보장하지 않는 '약한 참조'를 의미한다. 대신 해당 객체를 참조하는 곳이 없으면 객체는 즉시 사라지고 포인터는 nil이 되어버린다.

코드 3-5 약한 참조 코드

```
{
    NSString* __weak wString
        = [[NSString alloc] initWithFormat:@"It's %d o'clock", self.time];
}
NSLog(@"Time String: %@", wString);
```

이와 같은 코드 조각을 실행하면 wString 객체가 만들어지고 NSLog에서 wString 객체를 사용하기 전에 컴파일러가 추가하는 [wString release] 코드가 동작한다. 그러면 wString 객체는 사라지고, wString 포인터에는 nil 값으로 채워진다. 이렇게 약한 참조 형태 변수는 객체 참조가 없으면 객체가 즉시 해제된다는 것을 기억하자.

__autoreleasing 수식어

그렇다면 함수에서 객체를 전달해야 하는 경우에 객체가 사라지지 않도록 하기 위해서 약한 참조 대신에 강한 참조를 써야만 하는 것일까?

NSData 클래스를 사용해서 특정 URL에 있는 이미지 파일 같은 바이너리 데이터를 받을 때, 다음과 같은 클래스 메서드를 사용한다고 가정하자. 코코아 프레임워크 내부에서 만든 객체를 넘겨받을 때는 __autoreleasing 지시어를 사용해서 자동 해제될 대상이라고 명시한다.

```
+(NSData*) dataWithContentsOfURL:(NSURL*)aURL options:(NSDataReadingOptions)
error:(NSError *__autoreleasing *)errorPtr;
```

하지만 대부분 NSError 객체를 사용하는 코드는 다음과 같이 사용한다.

코드 3-6 수식어 없이 NSError 객체를 사용하는 경우

```
NSError* __strong error;
NSData* aData = [NSData dataWithContentsOfURL:serverURL
options:NSDataReadingMapped error:&error];
// aData 사용 코드
```

이 코드는 자세히 보면, error 객체는 __strong으로 선언한 강한 참조 관계라는 것을 알 수 있다. 그러나 NSData에서 넘겨받는 객체는 __autoreleasing이라 메모리 속성이 불일치한다. 이 경우 컴파일러가 알아서 다음과 같이 임시 변수를 추가해서 처리해주기 때문에 결과적으로는 크게 문제가 되지는 않는다. 물론 __strong 형태가 아니라 명시적으로 __autoreleaing 형태로 지정해주는 방식이 더 깔끔하긴 하다.

코드 3-7 __autoreleasing 수식어를 명시하는 경우

```
NSError* __strong error;
NSError* __autoreleasing tmp = error; // 컴파일러가 추가하는 내용
NSData* aData = [NSData dataWithContentsOfURL:serverURL
options:NSDataReadingMapped error:&tmp]; // 컴파일러가 tmp로 변경
error = tmp; // 컴파일러가 추가하는 내용
// aData 사용 코드
```

이렇게 NSError 객체의 경우처럼, 직접 객체를 생성해서 반환하는 메서드를 만드는 경우에는 메서드 인자 값을 명시할 때 __autoreleasing 수식어를 추가하는 것이 좋다.

__unsafe_unretained 수식어

마지막으로 남은 소유권 수식어 __unsafe_unretained를 알아보자.

__unsafe_unretained 방식은 __weak 수식어를 사용할 때와 마찬가지로 소유권을 갖지 않는 참조 관계는 비슷하다. 하지만 객체가 사라지면 nil로 바꿔주지도 않고 메모리 관리를 하지 않아서 안전하지도 않다. 따라서 ARC 기반에서 객체 포인터를 일시적으로 참조만 하는 경우에만 예외적으로 사용하기를 권한다.

앞서 __weak를 설명했던 코드 조각에서 __weak 대신 __unsafe_unretained로 바꿔서 작성하면 그림 3-3과 같은 경고가 나타난다.

```
NSString* __unsafe_unretained wString = [[NSString alloc]
        initWithFormat:@"It's %d o'clock", self.time];
        ⚠ Assigning retained object to unsafe_unretained variable; object will be released after assignment
```

그림 3-3 __unsafe_unretained 변수에 대한 경고

__weak와 마찬가지로 wString 객체는 강한 참조가 아니라 참조 소유권이 없으니 생성되자마자 메모리에서 사라진다. 그리고 __weak와 달리 ARC 기반 메모리 관리를 하지 않기 때문에 객체가 사라진 이후에도 wString 객체 포인터가 nil로 바뀌지 않는다. 이 경우 wString은 허상 포인터가 되고 객체가 사라진 이후 엉뚱한 메모리 주소를 그대로 담고 있다. 만약 코드 아래쪽에서 wString을 참조한다면 앱은 강제 종료가 될 것이다. 안전한지는 모르지만 참조하는 객체가 확실히 존재하는 경우나 참조할 객체가 약한 참조될 수 없는 경우에는 __unsafe_unretained 수식어를 쓴다. 하지만 이 경우를 제외하면, 대부분은 __weak를 쓰는 것이 더 안전하다.

3.1.4 타입 연결

오브젝티브-C로 만들어진 코코아 프레임워크 내부에는 C 언어로 만들어진 코어 파운데이션(core foundation)이라는 프레임워크가 있다. 프레임워크 이름도 파운데이션에 코어가 붙어있지 않은가. NSArray나 NSString와 같은 오브젝티브-C로 만든 객체도 내부에 구현한 코드는 코어 파운데이션 C 구조체를 사용하고 있다. 그래서 코어 파운데이션에 있는 CFArrayRef나 CFString 구조체는 오브젝티브-C 객체 포인터로 타입 연결(bridge)할 수 있다. 물론 반대로도 가능하다. 이렇게 코어 파운데이션 구조체와 오브젝티브-C 객체 사이 연결은 추가적인 비용이 발생하지 않는다고 해서, 무비용 연결(toll-free bridge)이라고 부른다.

코어 파운데이션 구조체 레퍼런스를 사용하는 경우가 아니더라도, 코어 그래픽스(core graphics)처럼 C 언어 수준 API를 사용하는 경우에는 C 구조체 포인터를 사용할 수밖에 없다. ARC 기반에서 C 구조체는 객체가 아니기 때문에 메모리 관리가 자동적으로 이뤄지지 않는다. 수동 메모리 관리 방식처럼 CFRetain()이나 CFRelease() 함수를 호출하는 방식으로 개발자가 직접 관리해야만 한다. 코어 파운데이션 구조체에 대한 메모리 관리 설명은 애플 개발자 문서 중에 'Memory Management Programming Guide for Core Foundation' 내용을 참고하면 된다.

오브젝티브-C 객체와 코어 파운데이션 구조체 사이를 연결하기 위한 방법은 두 가지가 있다. 하나는 오브젝티브-C 런타임에 구현되어 있는 객체 소유권 수식어를 사용하는 방법이고, 다른 하나는 코어 파운데이션 스타일의 매크로를 사용하는 방법이다.

방법#1. __bridge 방식

객체의 소유권을 넘기지 않고 타입 연결만 하는 경우에 사용한다.

코드 3-8 __bridge 방식 타입 변환

```
id aObcject = [[NSObject alloc] init];
void *pObject = (__bridge void*) aObject;
id otherObject = (__bridge id) pObject;
```

오브젝티브-C 객체를 코어 파운데이션 포인터로 연결하는 경우와 반대로 코어 파운데이션 포인터를 오브젝티브-C 객체로 연결하는 경우 모두 사용 가능하다. 이와 같은 __bridge를 사용하는 타입 연결은 허상 포인터가 생길 수 있기 때문에 매우 위험하다. 포인터에 대한 예외 처리를 꼭 해주고, 객체 소유권 관리를 신경 써줘야만 한다.

방법#2. __bridge_retained 또는 CFBridgingRetain 방식

오브젝티브-C 객체를 코어 파운데이션 포인터로 연결하면서 소유권도 주는 경우에 사용한다. 객체 소유권을 주기 때문에 객체 참조 횟수는 1 증가한다. 참조가 끝나면 CFRelease()와 같은 함수를 이용해서 소유권을 반환해야 한다.

코드 3-9 __bridge_retained 타입 변환

```
id aObcject = [[NSObject alloc] init];
void *pObject = (__bridge_retained void*) aObject;
```

이와 같은 코드 조각은 컴파일러에 의해서 다음과 같이 변환된다. 타입 변환 이

후 해당 객체를 retain하는 형태다. 최종적으로 컴파일러가 만들어낸 코드는
3-10과 같다.

코드 3-10 컴파일러가 변환한 코드

```
id aObcject = [[NSObject alloc] init];
void *pObject = aObject;
[(id)pObject retain]; // 컴파일러가 추가하는 코드
```

코드 3-9에서 __bridge_retained void* 대신 CFBridgingRetain() 매크로를 사
용해서 다음과 같이 써도 동일하게 동작한다.

```
id aObcject = [[NSObject alloc] init];
void *pObject = CFBridgingRetain(aObject);
```

방법#3. __bridge_transfer 또는 CFBridgingRelease 방식

__bridge_retained와는 반대로 코어 파운데이션 참조 포인터를 오브젝티브-C
객체로 연결하면서 소유권을 넘기는 경우에 사용한다.

코드 3-11 __bridge_transfer 타입 변환

```
id aObject = (__bridge_transfer id) pObject;
```

코드 3-11은 컴파일러에 의해서 코드 3-12와 같은 형태로 변환된다. aObject
는 묵시적으로 __strong 강한 참조라서 소유권을 갖도록 retain을 호출하고,
pObject는 소유권을 이전(transfer)했기 때문에 release를 호출한다.

코드 3-12 컴파일러가 변환한 코드

```
id aObject = (id)pObject;
[aObject retain];
[(id)pObject release];
```

코드 3-11에서 __bridge_transfer id 대신에 CFBridgingRelease() 매크로를 사
용해서 다음과 같이 써도 동작은 동일하다.

```
id aObject = CFBridgingRelease(pObject);
```

방법#4. 무비용 연결 타입

코어 파운데이션 구조체와 파운데이션 객체는 무비용 연결(toll-free bridge)이
가능하다고 설명했다. 이렇게 코어 파운데이션에 정의되어 있는 데이터 구조와
연결할 수 있는 객체 목록은 다음과 같다.

코어 파운데이션 구조체 타입	파운데이션 객체 타입
CFArrayRef	NSArray
CFAttributedStringRef	NSAttributedString
CFCalendarRef	NSCalendar
CFCharacterSetRef	NSCharacterSet
CFDataRef	NSData
CFDateRef	NSDate
CFDictionaryRef	NSDictionary
CFErrorRef	NSError
CFLocalRef	NSLocale
CFMutableArrayRef	NSMutableArray
CFMutableAttributedStringRef	NSMutableAttributedString
CFMutableCharacterSetRef	NSMutableCharacterSet
CFMutableDataRef	NSMutableData
CFMutableDictionaryRef	NSMutableDictionary
CFMutableSetRef	NSMutableSet
CFMutableStringRef	NSMutableString
CFNumberRef	NSNumber
CFReadStreamRef	NSInputStream
CFSetRef	NSTimer
CFStringRef	NSString
CFTimeZoneRef	NSTimeZone
CFURLRef	NSURL
CFWriteStreamRef	NSOutputStream

표 3-1 코어 파운데이션과 파운데이션 사이 연결 가능한 타입

참고로 이 외에는 CFRunLoop나 CFBundle처럼 각각 NSRunLoop와 NSBundle과 무비
용 연결이 불가능한 타입도 있다.

3.1.5 프로퍼티와 인스턴스 변수

클래스의 프로퍼티를 선언할 때 속성으로 지정하는 수식어와 ARC의 소유권 수
식어는 밀접한 관계를 가진다. 다음 표는 프로퍼티 수식어와 ARC 소유권 수식

어 관계를 보여준다. 특히 인스턴스 변수를 미리 선언하는 경우 인스턴스 변수의 소유권 수식어를 프로퍼티 속성과 동일하게 맞춰야만 한다. 그렇지 않으면 컴파일러가 오류를 표시할 것이다.

프로퍼티 수식어	ARC 소유권 수식어	특징
copy	__strong	새로운 객체가 복사되고 소유권을 가짐
assign	__unsafe_unretained	값만 그대로 할당됨
retain	__strong	소유권을 가짐
strong	__strong	소유권을 가짐
weak	__weak	약한 참조 (안전)
unsafe_unretained	__unsafe_unretained	약한 참조 (불안전)

표 3-2 프로퍼티 수식어와 ARC 소유권 수식어

3.1.6 요약

ARC를 사용하면 오브젝티브-C를 사용할 때 메모리를 자동으로 관리해주기 때문에 편리하다. 하지만 메모리 관리 코드를 개발자가 직접 작성하지 않을 뿐이지 내부에서 메모리 관리가 어떻게 동작하는지는 이해해야 한다. ARC 방식을 맹신하고 객체 생명주기를 관리하지 않으면, 메모리 반환이 안되는 경우나 허상 포인터가 발생해서 앱이 강제 종료되는 경우가 오히려 더 많아질 수 있다.

코어 파운데이션 C 구조체를 사용하지 않고 오브젝티브-C 객체만으로 개발할 수 있는 부분이 예전보다 많아졌지만, 소유권과 타입 연결에 대한 문제는 여전히 개발 과정에서 이슈가 되고 있다. 특히 스위프트와 C/C++ 코드를 연결하기 위해서는 오브젝티브-C 객체로 포장을 해야 하는 경우가 있다.

3.2 ARC 구현 방식

ARC 동작 방식은 컴파일러가 컴파일 과정에서 객체 생명주기를 판단해서 메모리 관리 코드를 자동으로 추가해주는 방식이라고 설명했다. 이렇게 컴파일러가 추가하는 코드는 오브젝티브-C 런타임 함수로 구성된다. ARC와 관련된 런타임 함수는 새로운 OS 버전이 나올 때마다 조금씩 구조가 바뀌거나 성능이 개선되고 있다. 이번 절에서는 OS X 10.10을 기준으로 런타임에 있는 ARC 관련 API 구현 방식을 살펴보자.

ARC 버전 정보

OS X 10.10.2에 포함되어 있는 objc4 647 버전을 기준으로 설명한다. 오브젝티브-C 런타임 관련 소스는 *http://opensource.apple.com/source/objc4/*에서 확인할 수 있다.

3.2.1 강한 참조

ARC 소유권 수식어 중에서 기본 값인 __strong을 선언했을 때 코드 조각부터 살펴보자.

코드 3-13 강한 참조 예시

```
{
    NSString __strong *aString = [[NSString alloc] init];
}
```

컴파일러가 실제로 만들어내는 어셈블리 코드는 그림 3-4처럼 사람이 읽기 힘들기 때문에, 앞으로는 편의상 런타임 API에 있는 C 함수로만 간략하게 정리해서 설명하도록 하겠다.

```
LBB0_3:
    .loc    18 37 9             ## /Users/godrm/Desktop/Chapter3/Chapter3/ViewController.m:37:9
    movq    L_OBJC_CLASSLIST_REFERENCES_$_(%rip), %rax
    movq    L_OBJC_SELECTOR_REFERENCES_2(%rip), %rsi
    movq    %rax, %rdi
    callq   _objc_msgSend
    movq    L_OBJC_SELECTOR_REFERENCES_12(%rip), %rsi
    movq    %rax, %rdi
    callq   _objc_msgSend
    xorl    %ecx, %ecx
    movl    %ecx, %esi
    leaq    -48(%rbp), %rdi
    movq    %rax, -48(%rbp)
    .loc    18 38 5             ## /Users/godrm/Desktop/Chapter3/Chapter3/ViewController.m:38:5
    callq   _objc_storeStrong
Ltmp6:
    .loc    18 39 1             ## /Users/godrm/Desktop/Chapter3/Chapter3/ViewController.m:39:1
    addq    $80, %rsp
    popq    %rbp
    retq
```

그림 3-4 Xcode 디스어셈블리 화면

컴파일러가 바꾼 코드를 런타임 C 함수로 재구성하면 코드 3-14와 같이 정리할 수 있다.

코드 3-14 강한 참조 : 컴파일러가 변환한 코드

```
id tmp = objc_msgSend(NSString, @selector(alloc));
objc_msgSend(tmp, @selector(init));
NSString* aString;
objc_storeStrong(&aString, tmp);
```

어셈블리 코드에 보이는 L_OBJC_SELECTOR_REFERENCES_2는 +alloc 메서드에 대한 고정 위치를 나타내는 인덱스 매크로이며, L_OBJC_SELECTOR_REFERENCES_12

는 –init 메서드 인덱스 매크로다. alloc과 init을 처리를 위해 objc_msgSend를 한 번씩 호출한다. 마지막 부분에서 앞서 만든 객체 인스턴스(tmp)를 aString 포인터에 강한 참조로 저장하기 위해서 objc_storeStrong() 함수를 호출한다.

objc_storeStrong() 함수는 NSobject.mm 파일에 코드 3-15처럼 구현되어 있다. 새로운 location 포인터에 obj를 참조하도록 넣으면서 objc_retain() 함수로 소유권을 갖고, 기존에 location 포인터에 있던 객체는 objc_release() 함수로 소유권을 반환한다.

코드 3-15 objc_storeStrong() 함수

```
void objc_storeStrong(id *location, id obj)
{
    id prev = *location;
    if (obj == prev) {
        return;
    }
    objc_retain(obj);
    *location = obj;
    objc_release(prev);
}
```

강한 참조 방식으로 선언한 변수는 ARC 기반에서 objc_retain() 함수를 사용해서 소유권을 갖는다는 것을 기억하자.

다음은 객체를 만들어서 반환하는 경우에 대해 알아보겠다.

3.2.2 자동 반환용 리턴 값

객체 인스턴스를 만들 때, 오브젝티브-C에서는 객체를 생성하고 초기화하는 두 단계를 거쳐서 만든다. 첫 번째 단계에서는 객체 인스턴스를 힙 공간에 생성한다. 두 번째 단계에서는 할당한 메모리 공간을 초기 값으로 채워넣는다. 이런 방식을 '두 단계 생성 패턴'이라고 부른다. 이와 관련된 상세한 내용은 7.1.1 '두 단계 초기화 패턴'을 참고하자.

특정 클래스는 객체 인스턴스를 생성한 이후에 사용하는 초기화(initializer) 메서드를 여러 형태로 제공하기도 한다. 앞서 수동 메모리 관리 부분에서 설명했듯이, 객체 생성 메서드 중에 '두 단계 초기화 패턴'을 한꺼번에 처리해주는 간편한 메서드(Convinience Method)로 객체를 만드는 경우에는 만들어진 객체가 자동 해제 대상이다. 코코아 프레임워크에서 제공하는 간편한 메서드는 **NSArray** 클래스가 제공하는 **+arrayWithObjects:** 메서드처럼 클래스명에서 접두어를 뺀 단어로 시작한다. 간편한 메서드로 객체를 만들어보자.

코드 3-16 자동 반환용 리턴 값(Autoreleased Return Value) 예시

```
{
    NSDictionary __strong *dictionary = [NSDictionary dictionary];
}
```

이렇게 간편한 메서드로 객체를 생성하면 자동 반환 대상으로 자동 반환 목록 (AutoreleasePool)에 등록한 객체를 반환한다. ARC 기반에서 이 코드는 컴파일 러가 코드 3-17과 같이 번역한다.

코드 3-17 컴파일러가 변환한 코드

```
id tmp = objc_msgSend(NSDictionary, @selector(dictionary));
objc_retainAutoreleasedReturnValue(tmp);
NSDictionary *dictionary;
objc_storeStrong(&dictionary, tmp);
```

수동 메모리 관리에 대해 설명한 2.2절과 달리 objc_retainAutoreleased ReturnValue() 함수가 한 줄 추가됐다. 이 함수의 역할은 자동 반환 목록에 등록 되고 리턴받은 객체(tmp)에 대해 소유권(retain)을 갖는 것이다. 런타임 코드를 좀 더 깊이 살펴보면, 이 함수는 성능 최적화를 위해서 무조건 소유권(retain)을 가져오지는 않는다. 이 함수에는 해당 객체가 생성됐는지 확인하기 위해 스레드 TLS 영역에 정보를 저장하는 최적화 루틴을 포함한다. 런타임 내부에서는 이 과 정을 빠른 자동 반환(Fast Autorelease for Return) 방식이라고 칭한다.

objc_retainAutoreleasedReturnValue() 함수가 빠른 자동 반환 방식을 어떻 게 검사하는지 이해하기 위해서 바로 직전에 호출하는 +dictionary 메서드를 살 펴볼 필요가 있다. NSDictionary 클래스 +dictionary 간편한 메서드 내부 코드 는 다음과 같다.

코드 3-18 +dictionary 내부 구현

```
+ (instancetype) dictionary
{
    instancetype tmp = objc_msgSend(NSDictionary, @selector(alloc));
    objc_msgSend(tmp, @selector(init));
    return objc_autoreleaseReturnValue(tmp);
}
```

이처럼 간편한 메서드는 (ARC환경이 아니라고 가정하면) alloc, init, auto release 메서드를 차례대로 불러준 것과 동일하다. autorelease 메서드에 대한 런타임 함수가 objc_autoreleaseReturnValue() 함수이다.

최신 런타임에서는 스레드 TLS 영역을 활용하는 최적화를 위해 SUPPORT_
RETURN_AUTORELEASE 컴파일 옵션을 제공한다. 객체를 자동 반환 목록
(AutoreleasePool)에 항상 등록하지는 않고, TLS 영역에 객체 생성 여부를 기록
한다. 이 과정을 그림 3-5로 확인할 수 있다. 특히 iOS에서는 자동 반환 목록을
처리하는 비용이 커서 내부적으로 최적화한다.

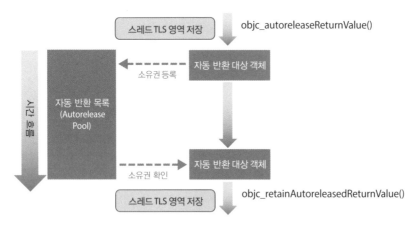

그림 3-5 자동 반환 대상 객체 최적화

3.2.3 약한 참조

__weak 소유권 수식어로 선언하는 약한 참조 방식에 대한 내부 구현을 알아
보자.

코드 3-19 약한 참조 예시

```
{
    NSString __weak *aString = [[NSString alloc] init];
}
```

강한 참조를 설명했던 방식과 마찬가지로, 컴파일러가 바꾼 코드를 런타임 C 함
수들로 재구성하면 코드 3-20과 같이 정리할 수 있다.

코드 3-20 컴파일러가 변환한 코드

```
id tmp = objc_msgSend(NSString, @selector(alloc));
objc_msgSend(tmp, @selector(init));
NSString* aString;
objc_initWeak(&aString, tmp);
objc_release(tmp);
objc_destroyWeak(&aString);
```

약한 참조를 위해서도 객체 인스턴스를 두 단계에 걸쳐서 alloc, init 메서드를 호출해서 생성하는 것까지는 흐름이 동일하다.

objc_initWeak() 함수는 NSObject.mm 파일에 코드 3-21처럼 구현되어 있다.

코드 3-21 objc_initWeak() 함수

```
id objc_initWeak(id *addr, id val)
{
    *addr = 0;
    if (!val) return nil;
    return objc_storeWeak(addr, val);
}
```

객체 포인터 값을 0으로 지정하고 objc_storeWeak() 함수를 호출한다. objc_storeWeak() 함수는 addr 포인터에 있는 이전 객체와 val 객체에 대한 약한 참조 목록을 저장하는 일종의 해시 테이블을 구현하고 있다. 이전 객체가 있으면 기존의 약한 참조는 해지하고, 새로운 객체에는 약한 참조를 등록하는 방식으로 동작한다.

objc_destroyWeak() 함수는 코드 3-22와 같이 구현되어 있는데, objc_destroyWeak_slow() 함수를 호출하고 있다.

코드 3-22 objc_destroyWeak_slow() 함수

```
void objc_destroyWeak(id *addr)
{
    if (!*addr) return;
    return objc_destroyWeak_slow(addr);
}
```

objc_destroyWeak_slow() 함수는 앞서 설명한 objc_storeWeak() 함수로 등록한 약한 참조 목록에 대한 해시 테이블에서 해당 객체의 약한 참조를 해지한다. objc_storeWeak() 함수와 objc_destroyWeak_slow() 함수보다 낮은 레벨에서 약한 참조에 대한 해시 테이블 구현은 objc-weak.mm 파일에 있다. OS X과 iOS 버전이 올라갈 때마다 런타임 성능 최적화를 위해 구현 방식이 조금씩 바뀌기도 한다. 상세한 내용은 objc-weak.mm 파일을 참고하자.

약한 참조 중인 객체가 사라질 때 nil로 바꿔주는 동작(zeroing)은 객체가 소멸될 때 한꺼번에 처리된다. 런타임에서 객체가 소멸될 때 dealloc 메서드를 호출한 후에 object_dispose() 함수를 호출한다. 그리고 objc_destructInstance() 함수에서 C++ 객체인 경우 소멸자(destructor)를 호출하고, 인스턴스와 관련된 객체(associated object)를 제거한다. 마지막으로 objc_clear_deallocating() 함수에서 객체에 대한 약한 참조 포인터를 모두 nil로 바꿔준다.

약한 참조 불가능 객체

objc-weak.mm 파일에 있는 코드에는 개발자 문서에도 언급되지 않는 내용이 있다. __weak 수식어와 관련된 숨겨진 -(BOOL)allowsWeakReference와 -(BOOL)retainWeakReference 메서드를 사용하는 '약한 참조 불가능한 객체'가 그것이다. 약한 참조 불가능 객체에 대해 알아보자.

objc_storeWeak() 함수를 통해 약한 참조 객체를 등록하는 과정에서 객체에 -allowsWeakReference 메서드를 호출한다. 만약 리턴 값이 NO이면, 해당 객체는 이미 메모리가 해제된 상태에서 중복 해제됐다고 가정한다. 그리고 다음과 같이 에러를 표시하고 앱은 멈춘다.

```
_objc_fatal("Cannot form weak reference to instance (%p) of "
            "class %s. It is possible that this object was "
            "over-released, or is in the process of deallocation.",
            (void*)referent, object_getClassName((id)referent));
```

-retainWeakReference 메서드는 약한 참조로 선언한 변수를 참조할 때 호출하는 objc_loadWeak() 함수 내부에서 사용한다. -retainWeakReference 메서드 자체가 구현되어 있지 않거나, 해당 객체에 메시지를 보내서 NO를 반환하면 objc_loadWeak() 함수는 nil을 반환한다. YES가 넘어와야만 해당 객체 참조 포인터를 반환하는 것이다. 따라서 약한 참조가 가능한 객체는 반드시 -retainWeakReference 메서드에서 YES를 반환해야 한다.

런타임 헤더 파일에는 ARC 방식을 지원하지 않는 특이한(?) 클래스를 위한 매크로가 정의되어 있다. OS X 커널용 NSPort.h 헤더 파일에는 __wcak 참조를 허용하지 않기 위해 NS_AUTOMATED_REFCOUNT_WEAK_UNAVAILABLE로 선언한 클래스가 있다. 하지만 iOS에는 이런 클래스가 존재하지 않는다.

3.2.4 자동 반환 방식

객체 참조 변수에 __autoreleasing 소유권 수식어를 명시적으로 지정하는 자동 반환 방식에 대해 알아보자. ARC 방식이 아닌 수동 메모리 관리 규칙에서 NSAutoreleasePool 클래스를 사용하는 것과 참조 방식이 동일하다. 자동 반환 객체를 생성하는 코드를 살펴보자.

코드 3-23 자동 반환 예시

```
@autoreleasepool {
    NSDictionary __autoreleasing *dictionary = [[NSDictionary alloc] init];
}
```

컴파일러가 바꾼 코드를 런타임 C 함수들로 재구성하면 코드 3-24와 같이 정리할 수 있다.

코드 3-24 컴파일러가 바꾼 코드

```
id pool = objc_autoreleasePoolPush();
id tmp = objc_msgSend(NSDictionary, @selector(alloc));
objc_msgSend(tmp, @selector(init));
NSDictionary *dictionary = tmp;
objc_autorelease(dictionary);
objc_autoreleasePoolPop(pool);
```

이 코드를 보면 우선 자동 반환 목록(pool) 객체를 준비하고, 객체를 두 단계로 생성한다는 것을 알 수 있다. objc_autorelease() 함수를 호출해서 해당 객체를 자동 반환 목록에 등록한다.

다음으로 편리한 메서드를 사용해서 객체를 만드는 경우와 비교해보자.

코드 3-25 편리한 메서드와 자동 반환 예시

```
@autoreleasepool {
    NSDictionary __autoreleasing *dictionary = [NSDictionary dictionary];
}
```

코드 3-26 컴파일러가 변환한 코드

```
id tmp = objc_msgSend(NSDictionary, @selector(alloc));
objc_msgSend(tmp, @selector(init));
NSDictionary *dictionary = tmp;
objc_retainAutoreleasedReturnValue(dictionary);
objc_autorelease(dictionary);
objc_autoreleasePoolPop(pool);
```

3.2.3 '약한 참조'에서 설명한 것처럼 자동 반환용 리턴 값을 이용해서 성능 최적화를 하는 objc_retainAutoreleasedReturnValue() 함수를 사용한다. 그리고 대상 객체에 따라 자동 반환 대상인지 판단하는 코드가 동작한다.

3.2.5 요약

ARC 구현 방식을 알아보기 위해서 오브젝티브-C 런타임 API 동작 방식까지 살펴봤다. 강한 참조로 객체 소유권을 갖고 처리하는 방식부터 약한 참조나 자동 반환 참조 구현 방식까지 이해하면, ARC 환경에서 나타나는 메모리 문제를 해결하는 데 도움이 될 것이다.

ARC 구현 방식은 새로운 운영체제 버전이 나올 때마다 개선된다. OS X 10.9까지는 약한 참조로 객체를 참조할 때마다 자동 반환 목록에 등록하던 방식으로 동작했었지만, OS X 10.10부터는 더 이상 자동 반환 목록에 등록하지 않는다. ARC 환경에서도 객체 인스턴스에 대한 메모리 관리는 신경 써야만 한다.

4장

객체 복사

2장 메모리 관리에서 객체 인스턴스를 메모리에 만들고, 객체를 포인터 변수로 참조하면서 소유권을 갖거나, 소유권 없이 참조하는 방식에 대해 설명했다. 3장 자동 메모리 관리에서는 ARC 방식을 기준으로 자동 참조 계산과 참조 방식에 따라 다른 구현 방식에 대해 설명했다. 이번에는 만들어진 객체 인스턴스를 참조하는 경우와 달리, 객체 인스턴스 데이터를 새로운 객체 인스턴스로 복사해야 하는 경우 필요한 프로토콜을 살펴본다. 그리고 얕은 복사가 아닌 깊은 복사를 위한 아카이브 방식에 대해 알아보자.

4.1 NSCopying 계열 프로토콜

코코아 프레임워크에서는 객체를 복사하기 위한 방법으로 <NSCopying> 또는 <NSMutableCopying> 프로토콜을 지정해서 필요한 메서드를 구현하는 방법을 권장한다. <NSCopying> 프로토콜은 객체를 복사하기 위해 클래스에 미리 구현해야 하는 복사용 메서드 목록을 지정해놓은 프로토콜이다. 애플이 만든 코코아 객체는 이미 <NSCopying> 프로토콜을 기반으로 만들어져 있어서 객체를 복사하기 쉽다. <NSMutableCopying> 프로토콜과 <NSCopying> 프로토콜 차이는 복사한 객체가 변경 가능한(Mutable) 객체인지 아닌지에 따라 달라진다.

4.1.1 복사만 가능한 객체

<NSCopying> 프로토콜은 구현해야 할 메서드가 딱 하나뿐이다. 내가 만든 객체가 복사 가능한 객체여야 한다면 <NSCopying> 프로토콜을 선언하고 다음 메서드

를 구현하면 된다.

```
-(id)copyWithZone:(NSZone*)zone;
```

이 메서드 인자 값은 **NSZone** 타입을 가진 객체 포인터인데 앞서 2장에서 설명했
듯이 더 이상 메모리 영역을 지역(zone)으로 나눠서 사용하지 않는다. 이제 모
든 앱은 단일 지역을 가지기 때문에 인자 값은 nil로 넘겨도 된다.

복사할 객체에 copy 메시지를 보내면 최상위 클래스 **NSObject**에 구현된 copy
메서드가 호출되고, 그 이후 하위 클래스의 −copyWithZone: 메서드를 호출한다.
따라서 <NSCopying> 프로토콜을 선언하고 다음과 같이 copyWithZone: 메서드를
구현해야 한다.

코드 4-1 Pen 객체와 <NSCopying> 프로토콜

```
#import <Foundation/Foundation.h>

@interface Pen : NSObject <NSCopying>
@property (nonatomic, copy, readonly) NSString* name;
@property (nonatomic, copy, readonly) NSString* brand;

-(id)initWithName:(NSString*)name
    brandName:(NSString*)brand;
@end


@implementation Pen

-(id)copyWithZone:(NSZone*)zone {
    Pen *copiedPen = [[[self class] alloc] initWithName:_name brandName:_brand];
    return copiedPen;
}
// 이하 생략
@end
```

이 코드에서는 객체를 복사하기 위해 초기화 메서드를 사용했다. 이렇게 초기화
메서드에서 새로운 객체를 만들고 객체 내부 데이터를 복사하는 방식으로만 다
른 객체를 복사할 수 있는 것은 아니다. 1장에서 객체 등가성을 설명했던 메모
리 구조를 떠올려보자. 예를 들어 aPen 객체 인스턴스를 복사하면 새로운 메모
리 영역에 bPen 객체 인스턴스가 생성되고 aPen과 bPen 내부 데이터가 모두 동일
해야 한다.

객체 인스턴스의 내부 속성 데이터를 복사할 때, 내부 데이터를 한꺼번에 인자
값으로 전달할 수 있는 초기화 메서드가 있으면 새 객체 인스턴스에 자신의 데

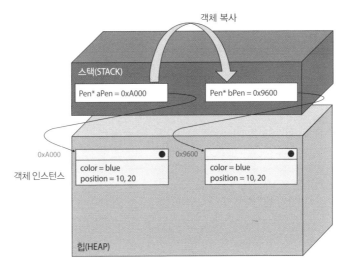

그림 4-1 객체 복사

이터를 복사하기 쉽다. 내부 데이터 전체를 한꺼번에 초기화할 수 없으면, 각 속성에 대한 접근자(setter) 메서드를 이용해 개별적으로 내부 데이터를 채워 넣어야 한다. 특히 내부 데이터가 객체 인스턴스라면 내부 객체의 데이터를 복사하기 위해서 할 일은 더 많아진다.

4.1.2 복사와 수정이 가능한 객체

<NSCopying> 프로토콜을 구현하는 것은 기존과 동일한 객체 인스턴스를 새로 생성하고 내부 데이터를 복사하도록 구현하는 것이다. 코코아 프레임워크에서 −copy 메서드로 복사하는 객체는 불변(immutable) 객체라고 가정한다. NSString 객체 인스턴스를 복사하면 내부 문자열 데이터를 복사해서 새로운 NSString 객체 인스턴스를 만들지만, 이 문자열 객체의 내용을 바꿀 수는 없다. 만약 수정 가능한 가변(mutable) 객체로 복사하려면 −mutableCopy 메서드로 복사해야 한다. 복사하려는 객체가 가변 객체 형태를 지원하면서, 가변 객체로 복사 가능하도록 만들고 싶다면 <NSMutableCopying> 프로토콜을 구현하면 된다. 객체를 복사하는 과정에서 복사할 원래 객체가 가변인지 불변인지는 상관없다. 새로 만들 객체가 가변이냐 불변이냐로 <NSCopying> 프로토콜이냐 <NSMutableCopying> 프로토콜이냐를 구분하면 된다.

 −copy 메서드와 마찬가지로 −mutableCopy 메서드도 NSObject에 구현되어 있다. 따라서 객체에 mutableCopy 메시지를 보내면 자동적으로 −mutableCopy WithZone: 메서드를 호출한다.

다시 Pen 클래스에 <NSMutableCopying> 프로토콜을 추가하고 —mutableCopy
WithZone: 메서드를 추가적으로 구현해보자.

코드 4-2 <NSMutableCopying> 프로토콜까지 추가한 경우

```
#import <Foundation/Foundation.h>

@interface Pen : NSObject <NSCopying, NSMutableCopying>
@property (nonatomic, copy, readonly) NSString* name;
@property (nonatomic, copy, readonly) NSString* brand;

-(id)initWithName:(NSString*)name
    brandName:(NSString*)brand;
@end

@implementation Pen

-(id)copyWithZone:(NSZone*)zone {
    Pen *copiedPen = [[[self class] alloc]
        initWithName:_name brandName:_brand];
    return copiedPen;
}

-(id)muableCopyWithZone:(NSZone*)zone {
    Pen *mutablePen = [[[self class] alloc]
        initWithName:_name brandName:_brand];
    return mutablePen;
}
// 이하 생략
@end
```

코드 4-2에서 Pen 객체는 프로퍼티를 변경할 수 있는 가변 객체가 아니기 때문에
—mutableCopyWithZone: 메서드 구현 부분은 달라져야 한다. MutablePen 클래스
가 별도로 있고 MutablePen 클래스에서는 name과 brand 프로퍼티를 바꿀 수 있
다면 —mutableCopyWithZone: 메서드에서 Pen 객체 대신에 MutablePen 객체를 생
성해서 반환하는 게 옳다. 가변 객체에 대해서는 다음 장에서 좀 더 자세히 알아
보자.

4.1.3 요약

애플 프레임워크에 포함된 클래스는 대부분 <NSCopying>과 <NSMutable
Copying> 프로토콜을 구현하고 있다. 직접 개발한 클래스도 복사 가능한 객체라
면 애플이 만든 클래스와 마찬가지로 직접 구현을 해야만 한다. 가변 객체와 불
변 객체 형태를 모두 지원한다면 <NSCopying>과 <NSMutableCopying> 프로토콜
메서드를 모두 구현해야 한다.

4.2 얕은 복사 vs. 깊은 복사

NSArray처럼 내부에 다른 객체를 포함하는 경우에는 객체를 복사할 때 주의해야할 사항이 있다. 객체가 객체를 포함하고 있다는 것도 메모리 참조 관점에서 보면 참조하는 대상 객체의 메모리 주소를 포인터 변수로 접근하는 것일 뿐이다. 참조 포인터 변수를 복사해서 포인터에 있는 힙 공간 주소 값을 복사한다고 해서, 참조하던 객체와 동일한 복사본이 하나 더 생기는 것이 아니다. 포인터 변수만 하나 더 생길 뿐이다. 이렇게 참조하는 포인터에 있는 주소 값만 복사하는 방식을 '얕은 복사'라고 한다.

4.2.1 얕은 복사

코드 4-3과 같이 여러 Pen 객체를 참조하는 PenHolder 객체를 복사 가능하도록 <NSCopying> 프로토콜을 구현한 경우를 살펴보자. 참고로 선언 부분과 구현 부분을 한꺼번에 설명을 하기 위해서, 헤더와 구현 부분을 구분하지 않고 한꺼번에 표시했다.

코드 4-3 PenHolder 클래스와 <NSCopying> 프로토콜

```
#import <UIKit/UIKit.h>
#import "Pen.h"

@interface PenHolder : NSObject <NSCopying>
{
    NSMutableArray *_pens;
}
-(void)addPen:(Pen*)pen;
-(void)removePen:(Pen*)pen;

@end

@implementation PenHolder

- (instancetype)init
{
    self = [super init];
    if (self) {
        _pens = [[NSMutableArray alloc] initWithCapacity:5];
    }
    return self;
}

-(void)addPen:(Pen*)pen {
    [_pens addObject:pen];
}
```

```
-(void)removePen:(Pen*)pen {
    [_pens removeObject:pen];
}

-(id)copyWithZone:(NSZone *)zone {
    PenHolder *copiedHolder = [[[self class] alloc] init];
    copiedHolder->_pens = [_pens mutableCopy];
    return copiedHolder;
}
@end
```

PenHolder 클래스는 Pen 객체를 참조하는 가변 배열 컬렉션 NSMutableArray 객체를 포함한다. PenHolder 객체를 복사하는 -copyWithZone: 메서드는 새로운 PenHolder 객체 인스턴스 copiedHolder를 만들고, 자신의 _pens 배열을 복사해서 copiedHolder 객체 _pens 변수에 설정한다.

> ### ✅ 화살표 연산자
>
> copiedHolder->_pens가 -> 화살표 연산자(operator)를 사용했다는 점을 기억하자. 화살표 연산자를 이용하면 @property로 선언하지도 않고 접근자 메서드를 사용하지 않은 채 객체 인스턴스 변수에 접근할 수 있다. 사실 이 방식은 오브젝티브-C 클래스가 C의 구조체 포인터에 접근하는 문법을 그대로 활용하기 때문에 가능한 문법이나. 컴파일러가 볼 때 copiedHolder 객체 포인터가 구조체 포인터와 동일하기 때문에 _pens 인스턴스 변수에 접근이 가능한 것이다.

위의 코드에서 copiedHolder->_pens 포인터에 _pens 포인터 값을 그대로 할당해도, 이것이 새로운 객체를 만드는 것은 아니다. 새 복사본을 참조해야 하는 copiedHolder는 그림 4-2처럼 기존 _pens 배열과 동일한 배열을 참조하게 된다.

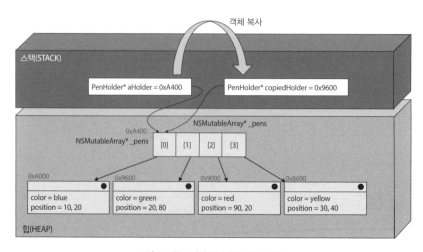

그림 4-2 참조 객체 포인터만 복사한 경우

그러므로 [_pens mutableCopy] 메시지를 보내서 새로운 _pens 배열을 만들고 내부 데이터를 복사해야 한다. 그러나 이렇게 새로운 가변 배열을 복사해서 만들더라도 여전히 문제가 생긴다. 왜냐하면 NSMutableArray를 포함해서 파운데이션 프레임워크에 있는 모든 클래스는 '얕은 복사(Shallow Copy)' 형태로 구현되어 있기 때문이다. NSMutableArray를 가변 복사(mutableCopy)하면 그림 4-3처럼 집합 내부에서 참조하는 Pen 객체를 복사해서 새로운 객체를 만드는 것이 아니라, 참조 포인터만 복사한다. 이 상태에서 copiedHolder 인스턴스 내 _pens 집합에 있는 Pen 객체 내부 값을 변경하면, 기존 aHolder 내 _pens 집합에 있는 동일한 Pen 객체 내용도 바뀌게 된다. 엄밀히 말하자면 복사한 게 아니다.

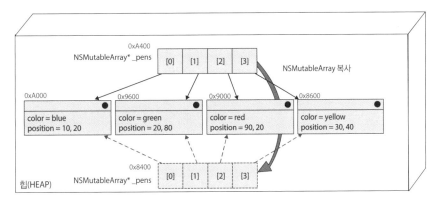

그림 4-3 얕은 복사

이렇게 가변 배열 내부에 있는 Pen 객체들까지 복사하고 싶으면 깊은 복사 방식을 지원해야 한다. 다행히 배열 계열 컬렉션 클래스에는 –initWithArray: copyItems: 메서드가 있다. 집합이나 사전, 다른 컬렉션 클래스에도 비슷하게 copyItems:로 끝나는 초기화 메서드가 있다. 두 번째 인자 값에 YES를 넘기면 컬렉션 내부에서 참조하는 객체에 자동적으로 –copyWithZone: 메시지를 보내서 복사한다. 하지만 초기화 메서드 외에 깊은 복사를 위한 <NSDeepCopying> 프로토콜 같은 것은 존재하지 않는다. 깊은 복사에 대해서는 다음 절에서 상세하게 알아보자.

4.2.2 깊은 복사

앞서 설명한 것처럼 NSArray 계열 컬렉션 클래스의 경우 –initWithArray: Copy Items: 초기화 메서드를 활용해서 생성할 때만 깊은 복사를 할 수 있다. 깊은 복사를 하면 그림 4-4처럼 집합 내부에 있는 Pen 객체들도 모두 새로운 객체가 만들어진다. 따라서 완전히 새로운 배열이 하나 더 생긴다.

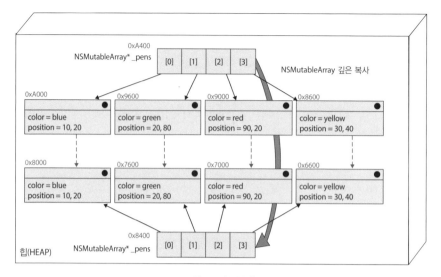

그림 4-4 깊은 복사

깊은 복사(Deep Copy)는 복사하는 객체 내부에서 다른 객체를 참조하는 경우에 꼭 고민해야 할 문제다. 얕은 복사만 해도 문제가 없는지, 아니면 깊은 복사를 해서 모두 새로운 객체로 만들어야 하는지 판단을 내려야 한다. 그림 4-4에서 배열 내부 Pen 객체들을 복사하더라도, Pen 객체 내부에 참조하는 객체가 또다시 복사되지 않으면 진정한 의미의 깊은 복사가 아니다.

만약 Pen 객체 내부에도 다른 객체를 참조하고 있으면 어떻게 해야 할까. 그 객체가 또 다른 객체를 참조하고 있다고 가정하면 자연스럽게 트리 형태의 객체 그래프(object graph)가 떠오른다. 복사하려는 객체를 뿌리(root)로, 하위에 참조하는 객체들을 하위 노드로 가정하고 전체 노드를 탐색하는 방식을 고민해야 한다. 깊이 우선 탐색(depth-first-search) 방식으로 하위 노드들부터 탐색해서 새로운 객체를 만들어서 복사하고, 이어서 다른 노드를 반복 탐색하다 보면 모든 객체를 복사할 수 있다.

다만 객체 그래프를 따라서 깊이 우선 탐색(DFS) 방식으로 깊은 복사를 하더라도 객체 참조 관계가 기존 객체와 항상 완벽하게 동일하다고는 할 수 없다. 탐색을 하다 보면 어떤 객체는 중간에 여러 객체에서 여러 번 참조가 될 수도 있고, 특정 객체들은 순환 참조 문제가 있을 수도 있다. 약한 참조를 갖고 있으면 해당 객체를 복사하고 약한 참조로 지정해야만 한다. 객체 관계를 완벽하게 복원하려면, 깊은 복사가 어떤 형태의 객체 그래프로 그려지는지 확인한 뒤 참조 관계에 따라서 복사 방식을 결정해야 한다.

4.2.3 요약

코코아 프레임워크의 클래스는 객체를 복사할 경우 얕은 복사 형태로 참조 관계를 유지한다. 특히 **NSArray**나 **NSSet** 같은 컬렉션 객체나 다른 객체를 참조하는 객체를 복사해야 하는 경우 깊은 복사 방식을 고민해봐야 한다. 객체 그래프가 복잡한 경우에는 단지 깊은 복사만으로 하위 객체들 참조 관계가 완벽하게 복사되지 않는다는 점을 주의해야 한다.

4.3 아카이브

코코아 프레임워크에서는 객체 그래프를 탐색해서 깊은 복사를 구현하기 위해 두 가지 방식을 제공한다. 첫 번째는 코어 데이터(core data)를 활용하는 방식이다. 대부분 코어 개발자가 데이터를 iOS에서 ORM처럼 활용해서 데이터베이스에 손쉽게 접근하기 위한 방식으로 이해하고 있지만, 사실 코어 데이터는 객체 그래프를 저장하기 위한 프레임워크다. 코어 데이터를 활용하는 방법은 너무 광범위해서 이 책에서 다루지 않는다. 애플 개발자 가이드 문서나 *Core Data for iOS*, Tim Isted, Tom Harrington, Addison-Wesley, 2011을 참고하자. 두 번째는 <**NSCoding**> 프로토콜과 이름 있는 아카이브(Keyed-Archive) 클래스를 활용해서 객체를 인코딩하는 것이다. 이번 절에서는 아카이브 방식에 대해 알아본다.

4.3.1 객체 직렬화와 아카이브의 차이

아카이브를 설명하기 전에 객체 직렬화(serializations)와 아카이브의 차이점을 먼저 짚고 넘어가자. 코코아 프레임워크에서 객체 직렬화는 아카이브와 마찬가지로 객체 그래프를 따라 객체의 데이터 내용을 저장하는 방식이다. 하지만 차이점은 있다. 직렬화는 주로 문자열, 배열이나 사전 컬렉션에 담겨 있는 계층 구조와 참조하는 객체 데이터만 직접적으로 저장한다. 만약 여러 곳에서 하나의 객체를 다중 참조하고 있으면, 참조마다 동일한 내용의 객체를 여러 개 저장한다. 결과적으로 다시 객체화하면(deserialized) 동일한 객체를 다중 참조하는 것이 아니라 각기 다른 객체가 만들어진다. 더구나 데이터 값만 저장하기 때문에, 다시 객체화할 때 가변 객체 **NSMutableArray**인지 불변 객체 **NSArray**인지 판단해서 복원할 수 없다.

객체 직렬화와 직접적으로 관련이 있는 클래스에는 **NSPropertyList Seriali**

zation이 있다. 이 클래스는 파운데이션 객체 중에서 NSDictionary, NSArray, NSString, NSDate, NSData, NSNumber 타입으로 저장되어 있는 데이터 구조만 XML 기반 프로퍼티 목록(property list, plist) 파일로 직렬화해서 저장한다. 사용자 설정을 저장하는 용도로 NSUserDefaults 클래스를 사용해 본 경험이 있다면 이미 직렬화를 사용한 것이다. NSUserDefaults는 내부적으로 NSPropertyListSerialization를 사용하기 때문에 직렬화를 지원하는 객체 클래스가 제한적이다. UIColor나 NSFont 같은 클래스를 직렬화하려면 NSData를 사용해서 바이너리로 바꿔야만 한다.

데이터 타입	XML 요소	코코아 클래스	코어 파운데이션 타입
배열	<array>	NSArray	CFArray
사전	<dict>	NSDictionary	CFDictionary
문자열	<string>	NSString	CFString
바이너리	<data>	NSData	CFData
날짜	<date>	NSDate	CFDate
정수	<integer>	NSNumber (intValue)	CFNumber (integer)
실수	<real>	NSNumber (floatValue)	CFNumber (float-point)
불	<true/> 또는 </false>	NSNumber (boolValue)	CFBoolean

표 4-1 프로퍼티 목록 내부의 표현 방식과 클래스

plist를 활용한 객체 직렬화 방식에 대한 상세한 내용은 애플 개발자 문서 중에 'Property List Programming Guide'를 참고하자.

4.3.2 <NSCoding> 프로토콜

앞서 설명한 XML 기반의 프로퍼티 목록 구조는 단순하고 작은 규모의 객체끼리의 객체 그래프를 저장하는 데 적합하다. 객체 관계가 복잡하거나 일정 규모 이상으로 커지면 plist 방식을 사용하기에 부적합하다. 그리고 plist는 클래스 타입을 모두 지원하지 않으며, 가변 객체나 다중 참조 관계도 원래대로 복원하지 못한다. 이런 제약 사항을 지원해야 하는 경우라면, 프로퍼티 목록 대신 <NSCoding> 프로토콜을 사용해야 한다.

<NSCoding> 프로토콜은 다음과 같이 객체 인스턴스를 인코딩하거나 다시 객체로 디코딩하기 위한 메서드 두 개만 있는 프로토콜이다.

```
-(void)encodeWithcoder:(NSCoder *)encoder;
-(id)initWithCoder:(NSCoder *)decoder;
```

-encodeWithCoder: 메서드는 해당 객체의 인스턴스 변수를 인코딩하고,
-initWithCoder: 메서드는 인자 값으로 넘겨지는 decoder 객체에서 데이터를 찾
아서 새로운 객체를 초기화한다.

<NSCoding> 프로토콜 메서드 선언부에서 인자 값으로 사용하는 NSCoder 클
래스에 대해 알아보자. NSCoder 클래스는 메모리상에 있는 객체 인스턴스 변수
를 다른 형태로 변환하기 위한 인터페이스를 선언한 추상화 클래스로, 일부 제
한된 기능만 구현되어 있다. 실제로는 NSKeyedArchiver, NSKeyedUnarchiver,
NSPortCoder 같은 하위 클래스 구현체를 사용한다.

객체 그래프와 아카이브

그림 4-5와 같이 간단한 iOS 앱 객체 그래프가 있다고 가정하고 아카이브 동작
에 대해 알아보자.

NSCoder에서는 객체 그래프를 보다 정확하게 저장하고 복원하기 위해서 뿌리
객체(root object)와 조건부 객체(conditional objects)라는 두 가지 개념을 사용
한다.

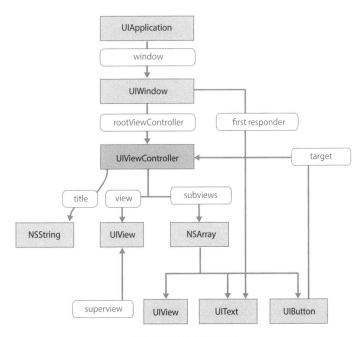

그림 4-5 iOS 앱 객체 그래프

뿌리 객체는 객체 그래프에 대한 탐색을 위한 시작점을 의미한다. 해당 객체가 그림 4-5처럼 트리 구조의 뿌리인 UIApplication 객체일 필요는 없으며, 단지 아카이브를 시작하는 시점이 될 뿐이다. 뿌리 객체부터 탐색을 시작해서 기존에 인코딩했던 객체를 다시 참조하는 경우에는 새로운 객체로 인코딩하는 것이 아니라 인코딩한 기존 객체를 참조한다. NSCoder 클래스의 encodeRootObject: 메서드를 사용해서 처리한다.

'조건부 객체(conditional object)'는 객체 그래프에서 반드시 아카이브하지 않아도 되는 참조 객체를 의미한다. 다른 표현으로는 소유권 관계가 명확해서 어느 시점에 반드시 인코딩이 되는 특정한 객체를 참조하기 때문에 다시 인코딩할 필요는 없는 객체를 말한다. encodeConditionalObject:forKey: 메서드를 사용해서 '조건부 객체'를 인코딩하면 된다. 만약 아카이빙하는 동안 '무조건 객체(unconditional object)'가 전혀 없이 '조건부 객체'만 인코딩이 할 경우, 다시 디코딩해서 복원할 때 해당 객체는 참조할 수 없고 nil을 반환한다. '무조건 객체'가 인코딩되어 있을 경우에는 그 객체에 대한 참조 포인터를 반환한다. 따라서 '조건부 객체'는 약한 참조 형태로 인코딩한다고 이해하면 된다.

✅ **이름 있는 아카이브 클래스**

NSCoder 구현 클래스 중에는 OS X 초기부터 지원하는 NSArchiver와 NSUnarchiver 클래스가 있고, OS X 10.2 이후에 추가된 NSKeyedArchiver와 NSKeyedUnarchiver 클래스가 있다. NSArchiver와 NSUnarchiver 클래스를 사용하는 경우, 객체 인스턴스 변수를 디코딩할 때 인코딩한 순서와 동일하게 맞춰야만 해서, 인스턴스 변수가 바뀌거나 삭제된 변경 사항이 있으면 디코딩하지 못하는 경우도 있다. 그래서 NSArchiver와 NSUnarchiver를 사용하는 것은 더 이상 권장하지 않는다. 인코딩/디코딩 시점에 이름을 키 값으로 사용할 수 있는 NSKeyedArchiver와 NSKeyedUnarchiver 클래스를 사용하도록 권장하고 있다.

4.3.3 이름 있는 아카이브

이름 있는 아카이브(Keyed Archives) 방식으로 객체를 인코딩할 때 NSKeyed Archiver 클래스를 사용한다. 인스턴스 변수를 인코딩할 때 사전 타입처럼 변수에 대한 키 값을 이름으로 지정해서 인코딩할 수 있다. 디코딩할 때는 반대로 NSKeyedUnarchiver 클래스를 이용하여 키 값으로 저장한 값을 찾아서 복원한다.

이름 있는 아카이브 방식을 사용할 때는 고유한 키 값을 지정하기 위해 키 값 규칙을 정해야 한다. 코코아 프레임워크에서 이미 사용하는 NS, UI 같은 클래스

명과 비슷한 접두어는 피한다. 프레임워크 내부에서 $ 접두어도 붙이기 때문에 $ 접두어를 사용하지 말 것을 권장한다.

    디코딩을 할 때 반드시 고려해야 하는 사항이 있다. 해당하는 키 값에 대한 데이터가 없을 수도 있다는 것이다. 만약 해당 키 값에 해당하는 데이터를 찾을 수 없으면 객체에 대해 nil이나 NO, 0.0 같은 기본 값을 반환한다. 반환값 대신 키 값에 대한 데이터가 존재하는지 여부만 판단하고 싶다면 −containsValueForKey: 메서드 리턴 값이 YES인지 확인한다. 디코딩하는 클래스에 대한 버전 정보를 기록했다가 비교하는 방식을 사용하는 방법도 있는데, NSCoder 클래스가 버전 정보를 별도로 관리해주지 않기 때문에 버전 정보를 직접 저장해야만 한다.

아카이브 델리게이트

NSKeyedArchiver나 NSKeyedUnarchiver 클래스는 델리게이트를 지정해서 각 객체를 인코딩 또는 디코딩하는 시점에 알림을 받을 수 있다. 델리게이터 메서드에 대해서는 각각 <NSKeyedArchiverDelegate> 프로토콜과 <NSKeyed Unarchiver Delegate> 프로토콜로 정의되어 있다. 예를 들어 <NSKeyedArchiver Delegate> 프로토콜은 객체를 인코딩하기 직전이나 직후에 알려줘서 원한다면 다른 객체로 대체할 수도 있다. 프로토콜에는 모든 인코딩이 끝날 때 마무리 작업을 할 수 있는 메서드도 선언되어 있다.

4.3.4 아카이브 만들기

객체 그래프를 아카이브하는 간단한 방법은 NSKeyedArchiver 클래스에 있는 +archivedDataWithRootObject:toFile: 클래스 메서드나 +archivedDataWithRootObject: 클래스 메서드를 사용해서 뿌리 객체부터 아카이브를 만드는 것이다. 코드 4-4는 aPen 객체를 /tmp/apen-archived 파일로 아카이브한다.

코드 4-4 뿌리 객체를 사용한 아카이브

```
Pen *aPen = [[Pen alloc] init];
NSString *filePath = @"/tmp/apen-archived";
BOOL success = [NSKeyedArchiver archiveRootObject:aPen toFile:filePath];
```

뿌리 객체로 접근하는 방식을 이용하지 않고, 직접 원하는 객체를 아카이브하려면 클래스 메서드 대신 −initForWritingWithMutableData: 메서드를 활용해서 NSKeyedArchiver 객체 인스턴스를 먼저 생성하고 초기화해야만 한다. 그 이후 개별적으로 −encodeObject:forkey: 메서드로 직접 인코딩을 하고, 마지막에 −finishEncoding 메서드로 인코딩 작업이 끝났다고 알려줘야 한다. 이와 같은 흐름을 예시 코드로 살펴보면 코드 4-5와 같다.

코드 4-5 직접 아카이브하는 방식

```
Pen *aPen = [[Pen alloc] init];
NSString *filePath = @"/tmp/apen-archived";
NSMutableData *data = [NSMutableData data];
NSKeyedArchiver *archiver
    = [[NSKeyedArchiver alloc] initForWritingWithMutableData:data];
[archiver encodeObject:aPen forKey:@"apen-unique-key"];
[arhciver finishEncoding];
BOOL result = [data writeToFile:filePath atomically:YES];
```

4.3.5 아카이브 해제하기

아카이브해놓은 파일이나 바이너리 데이터를 해제해서 다시 객체화하는 과정도 아카이브에서 사용했던 메서드와 이름만 다를 뿐 방식은 유사하다. 클래스 메서드를 사용해서 뿌리 객체로 아카이브한 경우에는 마찬가지로 NSKeyedUnarchiver 클래스에 구현되어 있는, 뿌리 객체부터 해제하는 +unarchiveObjectWithFile: 또는 unarchiveObjectWithData: 클래스 메서드를 사용하면 된다.

코드 4-6 뿌리 객체를 사용한 아카이브 해제

```
NSString *filePath = @"/tmp/apen-archived";
Pen *aPen = [NSKeyedUnarchiver unarchiveObjectWithFile:filePath];
```

아카이브 해제 과정을 직접 처리하려면 아카이브 객체와 마찬가지로 아카이브 해제용 객체 인스턴스를 먼저 생성해야 한다. NSKeyedUnarchiver 클래스는 −initForReadingWithData: 초기화 메서드를 사용해서 인스턴스를 초기화해야 한다. 그 이후에 −decodeObjectForKey: 메서드로 직접 디코딩을 하고, 마지막에 −finishDecoding 메서드로 작업이 끝났다는 것을 알려줘야 한다. 이와 같은 흐름을 예시 코드로 살펴보면 코드 4-7과 같다.

코드 4-7 직접 아카이브 해제하기

```
NSString *filePath = @"/tmp/apen-archived";
NSData *data = [NSData dataWithContentsOfFile:filePath];
NSKeyedUnarchiver *unarchiver = [[NSKeyedUnarchiver alloc]
initForReadingWithData:data];
Pen *aPen = [unarchiver decodeObjectForKey:@"apen-unique-key"];
[unarchiver finishDecoding];
```

디코딩 팁

만약 아카이브할 때 뿌리 객체부터 인코딩 작업을 한 아카이브를 –decodeObjectForKey: 메서드를 사용해서 디코딩하고 싶을 경우에는 키 값으로 "root"를 사용하면 된다.

4.3.6 객체 인코딩과 디코딩

NSKeyedArchiver와 NSKeyedUnarchiver는 객체 타입뿐만 아니라 저장해야 하는 데이터 타입마다 인코딩, 디코딩하는 개별 메서드를 제공한다. 이 메서드가 선언된 곳은 NSCoder 클래스고, NSCoder 서브 클래스 각각에 별도로 구현되어 있다. 이 메서드들을 사용해서 <NSCoding> 프로토콜 메서드를 구현해보자.

특정 객체를 인코딩할 때 –encodeObject:forKey: 메서드를 호출하면 <NSCoding> 프로토콜로 정의한 –encodeWithCoder: 메서드를 호출한다. 이 메서드 내부에서 코드 4-8처럼 객체 인스턴스 변수를 인코딩하면 된다.

코드 4-8 객체 인스턴스 변수 인코딩하기

```
- (void)encodeWithCoder:(NSCoder *)coder {
    [super encodeWithCoder:coder]; //상위 클래스가 <NSCoding>프로토콜을 선언한 경우만 사용
    [coder encodeObject:self.color forKey:@"pen-color-object-key"];
    [coder encodeFloat:self.position.x forKey:@"pen-position-x-key"];
    [coder encodeFloat:self.position.y forKey:@"pen-position-y-key"];
}
```

인코딩한 객체를 디코딩할 때 –decodeObjectForKey: 메서드를 호출하면 객체를 복원하기 위해서 –initWithCoder: 메서드를 호출한다. 이 메서드 내부에서 코드 4-9처럼 객체 인스턴스 변수를 디코딩하면 된다.

코드 4-9 객체 인스턴스 변수 디코딩하기

```
-(id)initWithCoder:(NSCoder *)coder {
    self = [user initWithCoder:coder];
    //상위 클래스가 <NSCoding>프로토콜을 선언한 경우만 사용
    if (self) {
        _color = [coder decodeObjectForKey:@"pen-color-object-key"];
        _position.x = [coder decodeFloatForKey:@"pen-position-x-key"];
        _position.y = [coder decodeFloatForKey:@"pen-position-y-key"];
    }
}
```

4.3.7 <NSSercureCoding> 프로토콜

<NSSecureCoding> 프로토콜은 iOS 6와 OS X 마운틴 라이언부터 지원하며, 기존 <NSCoding> 프로토콜에 보안성을 강화한 확장판이다. +supportsSecureCoding 클래스 메서드로 안전한 인코딩 방식 지원여부를 판단한다. —decodeObjectForKey: 메서드 대신 —decodeObjectOfClass:forKey: 메서드를 사용해서 아카이브한 파일 내부 클래스를 대체하는 공격 방식에 대비할 수 있다. 아카이브한 바이너리 데이터를 네트워크상으로 주고 받는 경우에 해킹 위험이 있어서 보안성을 강화한 버전이다. 특히 XPC(eXtra inter-Process Communication) 방식으로 객체를 아카이브해서 주고 받을 때는 <NSSecureCoding> 프로토콜을 반드시 구현해야만 하도록 강제하고 있다.

4.3.8 요약

객체 그래프를 탐색하며 깊은 복사를 구현하기 위해서는 객체 직렬화 방식이나 아카이브 방식을 고려하면 된다. 객체 직렬화 방식은 직렬화할 수 있는 객체 타입에 제약이 있고, 복잡한 관계를 가진 객체 그래프는 다시 복원되지 않는다. 아카이브 방식은 <NSCoding> 프로토콜을 구현한 객체에서 모두 깊은 복사가 가능하고, 객체 그래프도 완벽하게 복원이 된다. 아카이브 방식에 대한 더 상세한 설명은 애플 개발자 문서 'Archives and Serializations Programming Guide'를 참고하자.

5장

불변 객체와 가변 객체

코코아 프레임워크 객체는 크게 두 가지로 분류할 수 있다. 하나는 객체를 초기화한 이후에는 내부 데이터를 변경할 수 없는 불변 객체이며, 다른 하나는 변경이 가능한 가변 객체다. 그림 5-1처럼 문자열을 다루는 NSString 클래스는 문자열을 바꿀 수 있는 인터페이스가 없는 불변 객체다. 가변 객체를 사용하려면 NSMutableString 클래스로 객체 인스턴스를 생성해야 한다. 이번 장에서는 불변 객체와 가변 객체를 두루 살펴보자.

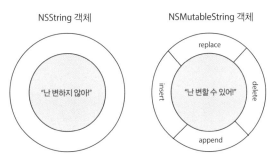

그림 5-1 문자열 불변 객체와 가변 객체

5.1 불변 객체

5.1.1 불변 객체의 특징

불변(immutable) 객체들은 다음과 같은 특징을 가진다.

* 초기화 이후 객체 내부의 값이나 상태가 변하지 않는다.
* 불변 속성 때문에 여러 객체에서, 여러 스레드에서 참조해도 안전하다.

- 값이 바뀌는 상황을 고민하지 않기 때문에 설계가 쉽고 구현하기 수월하다.
- 객체 내부에 모순된 상태가 줄어들어 부작용이 적다.

이런 불변 객체의 특징 때문에 함수 중심 언어에서는 불변 객체를 더 많이 쓴다. 심지어 불변 객체만으로 구현하도록 권장하기도 한다. 객체의 값이나 상태가 변할 수 있는 가능성은 그 객체를 참조하는 다른 객체와의 관계에 따라서 의도하지 않은 부작용을 가져올 가능성을 높인다. 불변 객체만을 사용하는 방식으로 구현하면 객체들 사이의 참조 관계가 비교적 단순해진다. 불변 객체를 사용할 경우의 단점은 값이 다르면 새로운 객체를 만들어야 한다는 점이다.

불변 객체 인스턴스 개수가 많아질 경우를 대비해 메모리를 효율적으로 사용하기 위한 최적화 과정을 두기도 한다. 불변 객체 중에 정체성이 동일한 객체가 이미 있는지 우선 확인하고, 중복된 불변 객체를 만들지 않도록 최적화한다. 특히 NSString 클래스 리터럴 문자열은 불변 객체로, 1.2절에서 설명한 것처럼 프로세스 메모리 영역에 문자열을 할당해서 중복 생성을 줄인다.

5.1.2 불변 객체 클래스

불변 객체는 가변 객체와 비교해서 구현하기도 사용하기도 쉽다. 불변 객체는 초기화 메서드로 객체의 초기 값을 지정한 이후에는 객체 상태를 변경할 수 있는 메서드를 제공하지 않는다. 대부분 객체 내부의 인스턴스 변수는 감춰지거나 (private) 보이더라도 읽기만 가능하다.

코코아 프레임워크에 불변 객체 클래스가 많이 있지만, 자주 사용하는 클래스들은 다음과 같다.

- 타입별 데이터 구조를 다루는 클래스: NSNumber, NSValue, NSData
- 규격에 맞춰 데이터를 다루는 클래스: NSString, NSDate, NSURL
- 다른 객체를 참조하는 클래스: NSArray, NSDictionary
- 다른 객체를 꾸며주는 클래스: NSFont, NSColor

이 클래스 중 일부는 동일한 역할을 하면서 데이터를 변경할 수 있는 동등한 수준의 가변 객체 클래스가 존재하기도 한다. 반면에 가변 객체 없이 값만 저장하는 클래스도 있다. 예를 들어 NSString이나 NSData는 동등한 수준의 NSMutableString과 NSMutableData 클래스가 있지만, NSNumber나 NSColors는 가변 객체 클래스가 존재하지 않는다. 만약 가변 객체 클래스가 존재한다면, 객체를 복사할 때 –mutableCopy로 가변 객체를 복사할 수 있는지도 확인해야 한다.

5.1.3 불변 객체 구현하기

앞서 설명한 불변 객체 클래스처럼 불변 객체를 구현할 때 고려해야 할 사항은
다음과 같다.

- 초기화 이후 내부 값이나 상태를 재정의하는 메서드가 없어야 한다.
- 내부 전용 인스턴스 변수는 감추고 접근하지 못하도록 한다.
- 인스턴스 변수들은 상속이 불가능하도록 private 속성을 갖도록 하고, 읽기
  전용 접근자만 허용한다.
- 내부 데이터를 바꾸는 게 아니라 새로운 값을 반환하도록 구현한다.
- 내부에서만 사용하는 가변 객체가 있다면, 외부에서 내부 가변 객체를 반환
  하거나 수정할 수 있는 인터페이스가 없어야 한다.

하지만 다음의 경우라면 불변 객체로 설계하기보다는 다른 방법을 고민해봐야
한다. 가변 객체로 설계를 바꾸고 변동 가능성이 최대한 낮아지도록 구현하는
것이 좋다.

- 내부 데이터 크기가 너무 커서 복사하기 부담스러운 경우
- 초기 생성자에서 모든 값을 정할 수 없고 나중에(lazy) 혹은 점진적으로 데이
  터를 정해야 하는 경우
- 클래스 내부에 구조체를 포함하고, 그 구조체 내부에 변경 가능한 하위 요소
  가 있을 경우
- 상태를 공유하는 공용 컨테이너로 동작하는 경우

5.1.4 요약

불변 객체 클래스를 직접 만들거나 코코아 프레임워크에 있는 불변 객체를 사용
하면 참조 관계가 단순해져서 복잡도를 낮출 수 있다. 가변 객체를 반드시 사용
해야 하는 이유가 없다면, 불변 객체를 사용하자. 부작용이 발생할 수 있는 잠재
적인 위험을 줄일 수 있다. 최근 블록을 활용한 핸들러 코드나 비동기 프로그래
밍 방식에서도 불변 객체가 안전하다. 다중 스레드상에서 동시에 접근하더라도
가변 객체보다는 불변 객체를 쓰는 것이 더 안전하다. 때문에 전보다도 불변 객
체가 더 강조되고 있는 추세다.

5.2 가변 객체

5.2.1 가변 객체의 특징

가변(mutable) 객체들은 다음과 같은 특징을 가진다.

- 초기화 이후에도 객체 내부 값이나 상태를 추가, 삭제, 변경할 수 있다.
- 여러 객체나 여러 스레드에서 참조하기 위해서는 동시 접근에 대한 예외 처리가 필요하다.
- 성능 특성을 고려해야 한다. 불변 객체보다 설계가 복잡하고 구현하기 어렵다.
- 어느 시점이든 값이 변경되서 부작용이 생길 수 있다.

가변 객체의 특징은 불변 객체와 정확히 반대 요소를 갖고 있다. 가변 객체는 내부 데이터를 변경할 수 있기 때문에 변경하는 값이 유효한지 판단해야 하고, 참조하는 객체들은 변경 여부를 판단해야 하고, 부작용이 없도록 예외 처리를 해야 한다.

5.2.2 가변 객체 클래스

불변 객체를 사용하는 것이 장점이 많기는 하지만 가변 객체가 필요한 경우도 많고 그 이유도 다양하다. 객체를 초기화하는 과정에서 모든 데이터를 넘길 수 없을 수도 있고, 점진적으로 값을 변경해서 최종 값과 상태를 사용하는 경우도 있다. 코코아 프레임워크가 이런 경우를 위해서 제공하는 가변 객체 클래스 중에서 자주 사용하는 클래스는 다음과 같다.

- 다른 객체를 참조하는 클래스: `NSMutableArray`, `NSMutableDictionary`, `NSMutableSet`
- 특정 타입을 집합으로 다루는 클래스: `NSMutableIndexSet`, `NSMutableCharacterSet`
- 문자열을 다루는 클래스: `NSMutableString`, `NSMutableAttributedString`
- 특정 데이터 구조를 클래스: `NSMutableData`, `NSMutableURLRequest`

불변 객체와 달리 접두어 바로 다음에 'Mutable' 단어를 넣어서 동등한 역할을 하는 불변 객체와 구분하고 있다. 이런 부류의 가변 클래스는 기존 불변 클래스를 상속받고, 추가로 데이터 변경을 위한 메서드를 제공한다. 예를 들어

NSMutableArray는 NSArray에서 상속받아 −insertObject:atIndex:나 −remove Object:atIndex: 메서드처럼 배열 내용을 바꾸는 메서드를 제공한다. 초기화 메서드나 편리한 메서드로 초기 값을 지정하지 않고 빈 공간을 미리 확보하는 +arrayWithCapacity: 메서드도 제공한다.

5.2.3 가변 객체 참조 사례1 : 가변 모델 객체와 뷰 객체

가변 객체를 참조하는 경우는 참조하는 객체 내용이 변경되면 그 변화에 따른 일련의 추가 작업이 필요하다. 코드 5-1처럼 가변 객체를 참조하는 경우를 살펴보자. ViewController에는 UITableView가 있어서 모델에 해당하는 PenHolder 내부 펜 목록을 테이블 뷰에 표시하는 코드 예시다.

코드 5-1 가변 객체를 참조하는 코드 예시

```objc
#import "ViewController.h"
#import "PenHolder.h"

@interface ViewController () <UITableViewDataSource>
@property (weak, nonatomic) IBOutlet UITableView *tableView;
@property (nonatomic) NSArray* tableItems;
@end

@implementation ViewController

- (void)viewDidLoad {
    [super viewDidLoad];

    PenHolder* penHolder = [[PenHolder alloc] init];
    // PenHolder.pens 에는 20개의 Pen이 포함되어 있다고 가정 ❶
    self.tableItems = penHolder.pens;                         ❷
}

#pragma mark - TableView DataSource

-(NSInteger)tableView:(UITableView *)tableView numberOfRowsInSection:(NSInteger)
section {
    return self.tableItems.count;              ❸
}

// …이하 생략

@end
```

❶ PenHolder.pens에는 이미 20개의 Pen 객체가 가변 배열(NSMutableArray)에 포함되어 있다.

❷ 내부 인스턴스 변수인 tableItems 배열에 penHolder.pens 가변 배열을 참조

하도록 설정한다.

❸ <UITableViewDataSource> 프로토콜에 해당하는 -tableView:numberOfRowsIn
Section: 메서드에서 tableItems.count를 리턴해서 테이블 뷰는 20개의 셀을
그린다.

데이터 변경

만약 테이블 뷰가 그려진 이후에 penHolder.pens 가변 배열의 데이터가 삭제되
거나 새로운 Pen 객체를 추가하면 어떻게 될까. 물론 tableItems는 참조하고 있
어서 함께 바뀌겠지만, 테이블 뷰는 데이터 소스가 바뀐 것을 모르고 여전히 기
존 데이터만 그대로 보여주고 있을 것이다. 이처럼 가변 객체를 참조하는 경우
에는 테이블 뷰 갱신 문제처럼, 모델에 바뀐 데이터를 화면에 반영하기 위해 키-
값 감시(KVO)를 하거나 NSNotificationCenter 같은 옵저버 패턴을 활용하기도
한다. 결국 가변 데이터의 흐름을 따라서 컨트롤러와 뷰까지 영향을 주는 코드
가 이어지게 된다.

PenHolder 클래스의 pens 가변 배열을 외부에서 직접 바꿀 수 없도록 불변 객
체로 만들더라도 기술적으로 완벽한 불변 개체가 아니다. 왜냐하면 키-값 코딩
(KVC)을 사용해서 -setValue:forKey: 같은 메서드로 우회적으로 pens 프로퍼
티를 변경할 수 있기 때문이다. 그래서 읽기 전용 프로퍼티로 객체 외부에 노출
하기보다 감추는 것이 좋다. 객체를 감추는 방법은 구현부에서 클래스 확장 카
테고리로 확장하거나, 내부를 변경하는 인터페이스를 제공하고 인터페이스에서
데이터 흐름에 따라 다른 코드로 이어지도록 만들기를 권장한다.

5.2.4 가변 객체 참조 사례2 : NSMutableSet와 가변 객체

가변 객체를 참조하는 또 다른 사례를 살펴보자. NSMutableSet 클래스는 내부에
여러 타입의 객체를 담을 수는 있지만, 동일한 객체 인스턴스를 중복해서 추가
하지 못한다. 수학에서 중복되지 않는 집합 개념을 상상하면 된다. 하지만 가변
객체를 참조할 때 일시적으로 동일한 객체 인스턴스를 포함할 수도 있다. 코드
5-2를 살펴보자.

코드 5-2 가변 집합에서 가변 문자열 객체 참조 예시

```
NSMutableSet* variableSet = [NSMutableSet set];
[variableSet addObject:@"unique-key"];          ❶
NSLog(@"variableSet = %@", variableSet);
// 결과: variableSet = {("unique-key")}
```

```
[variableSet addObject:@"unique-key"];                    ❷
NSLog(@"variableSet = %@", variableSet);
// 결과: variableSet = {("unique-key")}

NSMutableString* varibleString = [NSMutableString stringWithFormat:@"unique"];
[variableSet addObject:varibleString];                    ❸
NSLog(@"variableSet = %@", variableSet);
// 결과: variableSet = {("unique", "unique-key")}
[varibleString appendString:@"-key"];                     ❹
NSLog(@"variableSet = %@", variableSet);
// 결과: variableSet = {("unique-key","unique-key")}

NSSet *copySet = [variableSet copy];                      ❺
NSLog(@"copySet = %@", copySet);
// 결과: variableSet = {("unique-key")}
```

❶ variableSet 가변 집합을 만들어서 "unique-key" 문자열을 추가한다.

❷ 동일한 내용 문자열을 추가할 수 없다. 집합 개념이 적용된다.

❸ 다시 "unique"라는 가변 문자열 객체를 추가하면 값이 동일하지 않기 때문에 정상적으로 추가된다.

❹ ❸에서 추가한 가변 문자열 객체에 "-key"를 덧붙이면 실제로는 동일한 내용의 문자열이 집합 내부에 존재하게 된다.

❺ 이런 조건에서 가변 집합 variableSet를 복사하면, 복사본을 만들면서 집합 내부 객체를 다시 비교하기 때문에 동일한 값을 가진 객체는 중복해서 만들어지지 않는다.

결국 5번 집합은 4번 집합을 단지 복사한 것이지만, 5번 집합 요소를 보면 4번 집합과는 다른 집합이 되어 버린다. 어떤 방식을 의도해서 구현하느냐에 따라 원하는 결과가 다를 수 있지만, 4번과 5번 집합은 서로 달라진다. 중복 객체가 생길 수 있는 4번 상황까지는 일시적으로 정상이라면, 복사한 5번 객체가 부작용의 결과일 수 있다. 혹은 반대로 5번처럼 늘 중복되지 않아야 하는 상황에서는 4번 상황이 의도하지 않은 버그일 수도 있다. 이처럼 가변 객체를 참조하는 경우에는 의도하지 않은 예외 상황에 대해 대비해야만 한다.

> ✓ **객체 중복성 검사**
>
> NSSet이나 NSDictionary처럼 키 값을 사용하는 컬렉션은 내부적으로 객체 중복성을 검사할 때, 객체의 −hash와 −isEqual: 메서드가 중요한 역할을 담당한다. 반면에 정렬한 배열처럼 순서가 중요한 컬렉션은, 순서를 정하기 위한 비교 메서드가 중요한 역할을 담당한다.

5.2.5 요약

가변 객체를 사용하는 경우에는 가변 객체의 내부 값이 바뀌기 때문에 생기는 부작용에 대비해야 한다. 그러기 위해서 가변 객체를 변경하는 메서드가 배타적으로 동작해야 한다. 데이터 내용이 바뀌는 시점에 따라 데이터 흐름을 처리하는 코드가 있다면, 변화를 감지하기 위한 디자인 패턴을 적용하는 게 좋다. 가변 객체를 참조하는 경우는 의도하지 않은 변화에 대비해서 동작 방식을 정확하게 이해하고 있어야 한다.

6장

C o c o a   I n t e r n a l s

컬렉션 클래스

코코아 프레임워크를 구성하는 여러 키트(kit) 중에 다른 클래스의 뿌리를 이루는 파운데이션 키트에는 공통적으로 사용할 클래스가 여럿 포함되어 있다. 그 중에서 여러 객체를 저장하거나 객체를 묶음 단위로 관리하고 싶을 때 사용하는 기초적인 클래스를 '컬렉션 클래스'라고 한다. 다른 언어에서도 많이 사용하는 순서대로 저장하는 배열 형태, 고유한 키 값으로 접근하는 사전 형태, 순서 없이 골라 담는 집합 형태와 배열을 변형한 형태까지 다양한 컬렉션 방식을 지원한다. 이번 장에서는 배열과 집합을 포함한 여러 컬렉션 클래스에 대해 알아보자.

6.1 순서가 있는 배열 컬렉션

배열은 참조하는 객체들을 일정한 기준으로 순서를 정해 접근하는 컬렉션을 제공한다. 그림 6-1은 순서대로 담겨있는 Pen 객체 인스턴스를 표현한 것이다. 그림에서 NSArray가 아니라 NSMutableArray 가변 객체라면 새로운 Pen 객체를 추가할 수 있다. 코코아 프레임워크의 배열 컬렉션은 NSObject에서 상속받은 객체이기만 하면, 동일한 클래스가 아니더라도 배열에 객체에 대한 레퍼런스를 저장할 수 있다. 만약 배열에 비어 있는 상태를 표현하려면 [NSNull null] 형태로 빈 객체 인스턴스를 배열에 넣으면 된다.

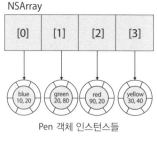

Pen 객체 인스턴스들

그림 6-1 배열 컬렉션

불변 배열과 가변 배열

NSArray는 불변 배열 객체로 초기화하면서 참조할 객체를 지정한 이후에는 객체를 추가하거나 삭제하는 등의 변경은 일체 불가능하다. 하지만 참조하는 객체 자체가 가변 객체라면 그 객체는 수정 가능하기 때문에, 불변 배열을 사용하더라도 주의가 필요하다.

NSMutableArray는 가변 배열 객체로 참조 객체 목록에 새로운 객체를 추가할 수도 있고, 참조하던 객체를 제거할 수도 있다. NSArray를 상속하고 있기 때문에, NSArray 기본 기능을 모두 그대로 사용할 수 있다. 계속해서 참조 목록을 변경하는 경우에는 당연히 NSMutableArray를 써야 하지만, 참조할 객체가 너무 많아 배열이 큰 경우에도 NSMutableArray를 사용하는 게 NSArray보다 성능면에서 더 좋다.

불변 배열이든 가변 배열이든 참조 객체는 해당 객체를 복사하는 것이 아니라 강한 참조로 소유권을 갖는 형태다. ARC가 아닌 환경에서는 −retain 메서드를 사용해서 소유권을 갖는다.

탐색, 정렬, 필터링

배열 객체를 탐색하는 방식은 순서가 있기 때문에 index를 0부터 증가시켜서 탐색하는 반복문을 사용하기 적합하다. 프레임워크가 발전하면서 배열을 탐색하는 방식이 한 가지만 있는 것은 아니다. while 반복문 내부에서 NSEnumerator로 이터레이션 반복을 사용하는 방식은 더 이상 권장되지 않는다. 대신 for…in 구문을 사용하는 빠른 탐색(fast enumeration) 방식을 추천한다. 최근에 추가된 −enumerateObjectUsingBlock: 블록 기반 메서드도 코드 6-1처럼 활용할 만하다.

코드 6-1 탐색 코드

```
NSMutableArray *array
    = [NSMutableArray arrayWithObjects:@"Google", @"Facebook",
        @"Box", @"Apple", @"Ebay", @"CocaCola", @"Dropbox", nil];
// 빠른 탐색 방식
for (NSString* element in array) {
    NSLog(@"element: %@", element);
}
// 블록 기반 탐색
NSString* findString = @"apple";
[array enumerateObjectsUsingBlock:
    ^(id obj, NSUInteger index, BOOL *stop){
        if ([obj localizedCaseInsensitiveCompare:findString] == NSOrderedSame) {
            NSLog(@"객체 찾기:[%ld]번째 - %@",index, obj);
            *stop = YES;
        }
    }
];
// 결과: 객체 찾기:[3]번째 - Apple
```

배열에 동일한 클래스 객체만 참조하는 경우에는, 배열을 원하는 기준으로 정렬하거나 특정 조건에 맞는 객체만 필터링해서 골라내기 위해 활용할 수 있다. 예를 들어 주소록처럼 사람들 이름을 저장하는 배열이라면, 가나다 글자순으로 정렬하기 위해 정렬 설명서(sort descriptors)를 정의해서 사용한다. 동일한 기능을 –sortedArrayUsingComparator: 같은 블록 기반 메서드로 편리하게 쓸 수 있다.

코드 6-2 블록 방식 정렬 코드

```
NSMutableArray *array
    = [NSMutableArray arrayWithObjects:@"Google", @"Facebook",
        @"Box", @"Apple", @"Ebay", @"CocaCola", @"Dropbox", nil];
NSArray *sortedArray = [array sortedArrayUsingComparator: ^(id obj1, id obj2) {
    return [obj1 compare:obj2 options:NSLiteralSearch];
}];
NSLog(@"sorted-array=%@", sortedArray);
```

필터링은 NSPredicate라는 클래스를 활용해서 골라내기 위한 비교 조건을 만들고, –filteredArrayUsingPredicate: 메서드를 사용하면 필터링한 결과가 새로운 배열로 만들어진다. 가변 배열인 경우에 한해서 –filterUsingPredicate: 메서드를 사용하면 직접 배열 자신을 필터링할 수도 있다.

코드 6-3 필터링 코드

```
NSMutableArray *array
    = [NSMutableArray arrayWithObjects:@"Google", @"Facebook",
        @"Box", @"Apple", @"Ebay", @"CocaCola", @"Dropbox", nil];
NSPredicate *bPredicate = [NSPredicate predicateWithFormat:@"SELF beginswith[c]
```

```
'b'"];
NSArray *resultB = [array filteredArrayUsingPredicate:bPredicate];
NSLog(@"resultB = %@", resultB);
// resultB = ( "Box" )
NSPredicate *sPredicate = [NSPredicate predicateWithFormat:@"SELF contains[c] 'e'"];
[array filterUsingPredicate:sPredicate];
NSLog(@"array = %@", array);
// array = ( "Google", "Facebook", "Apple", "Ebay" )
```

널가능성과 제네릭

OS X 10.11과 iOS 9부터는 파운데이션 프레임워크의 컬렉션 클래스가 제네릭
(Generics) 타입을 지원하기 시작했다. 그리고 스위프트와 호환성을 높이기 위
해 객체나 타입 변수가 nil 값을 가질 수 있는지 여부를 표시하는 널가능성 지시
어도 추가했다.

널가능성(Nullability) 지시어는 다음과 같이 네 가지 경우로 분류한다.

- _Nonnull
- _Nullable
- _Null_resettable
- _Null_unspecified

우선 Nonnull은 절대 nil이 될 수 없다는 의미로 사용하고, Nullable은 반대로
nil 값을 가질 수 있다는 의미로 사용한다. Nullable로 선언하면 스위프트에서
옵셔널 타입으로 마지막에 '?'를 붙이는 경우와 동일하다. Null_resettable은 값
을 nil로 설정할 수는 있지만 명시적으로 nil 값은 절대 되지 않는다는 의미로,
스위프트에서 마지막에 '!'를 붙이는 경우와 같다. 마지막으로 Null_unspecified
는 nil 여부를 판단하지 않는다는 의미다. 일반적으로 코코아 프레임워크에서
객체 인스턴스 대신 nil을 실징하거나 리턴하면 비정상적인 상태라고 판단할 수
있다. NSText 클래스 backgroundColor 속성은 값이 nil인 경우에 '배경색이 없이
투명'하게 처리한다. 따라서 객체 속성을 nil로 설정하려는 경우 개발자 문서를
상세하게 확인해보길 바란다.

NSArray 편리한 생성자 중에 +arrayWithArray: 메서드 선언 방식이 널가능성
지시어를 도입하기 전까지 다음과 같은 형태였다.

```
+ (instancetype)arrayWithArray:(NSArray *)anArray
```

이제 다음과 같이 리턴 값과 인자 값에 대해 _Notnull 지시어를 포함한 형태로
바뀌었다.

```
+ (instancetype _Nonnull)arrayWithArray:(NSArray<ObjectType> * _Nonnull)anArray
```

특정 파일의 내용으로 배열을 생성하는 −initWithContentsOfFile: 메서드는 파일이 없으면 리턴 값에 배열이 없을 수 있다는 의미로 다음과 같이 _Nullable 지시어를 추가했다.

```
- (NSArray<ObjectType> * _Nullable)initWithContentsOfFile:
                            (NSString * _Nonnull)aPath
```

리턴 값에 대한 데이터 타입도 기존 **NSArray***에서 **NSArray<ObjectType>*** 형태로 제네릭 타입으로 선언했다.

　NSArray는 참조할 클래스 타입이 id 타입으로 되어 있어서, 타입이 다른 객체들을 얼마든지 넣을 수 있었다. OS X 10.11과 iOS 9부터는 id 타입 대신에 스위프트도 호환 가능한 ObjectType 타입을 사용하기 권장한다. 기존에는 특정한 데이터 타입만 참조하도록 명시적으로 선언할 수 없었지만, 이제 제네릭을 지원하기 때문에 특정 클래스만 담는 컬렉션으로 활용할 수 있다. 예를 들어, **NSArray<NSString*>** *stringParams로 선언한 프로퍼티가 있다면 [stringParams containsObject:someData]처럼 NSString 객체가 아닌 **NSData** 객체를 넘기면 컴파일에서 경고를 표시한다. 다만 **UIView**나 **NSView**처럼 상속을 받아 사용하는 하위 클래스를 포함해서 제네릭으로 선언하고 싶으면, **NSArray<__kindof UIView*>** *subviews 형태로 __kindof라는 지시어를 사용해야 한다.

✅ **제네릭 지원 컬렉션 클래스**
　NSArray 외에도 제네릭 형태를 지원하는 파운데이션 컬렉션 클래스는 다음과 같다.

- 기본 컬렉션 : NSArray, NSDictionary, NSSet
- 변형 컬렉션 : NSOrderedSet, NSHashTable, NSMapTable
- 기타 : NSCache, NSEnumerator

6.1.1 배열 성능 특성

앞서 파운데이션 **NSArray** 객체는 코어 파운데이션 **CFArray** 객체와 무비용 연결이 가능한 사실상 동일한 객체라고 설명했다. 파운데이션에서 **NSArray** 객체를 만들더라도 내부적으로는 **CFArray** 객체를 생성한다. 하지만 컴파일러가 각 객체를 다루는 API 최적화 방식이 다르기 때문에 실제 성능에서도 조금은 다른 특성이 나타난다.

✓ **코어 파운데이션**

코어 파운데이션 객체들은 오픈소스로 애플 개발자 사이트(*http://www.opensource. apple.com/source/CF*)에 공개되어 있다. OS X 10.7 이전까지는(정확히 CF-550.x 버전 까지) NSArray는 CFArray와 CFStorage라는 두 가지 객체로 구현되어 있었다. 배열 항목 개수가 대략 26만개 정도까지는 CFStorage 객체를 사용해서 O(logN) 성능 복잡도를 가지도록 하고, 그것보다 클 경우 CFArray 객체를 사용해서 내부적으로 처리했다.

64비트 환경이 본격적으로 사용되기 시작한 OS X 10.7 이후 CF-635 버전부터는 더 이상 CFStorage 객체를 사용하지 않고, CFArray 객체만을 사용해서 일반적으로 O(N) 형태의 선형적인 성능 복잡도를 갖고 있다. CFArray.h 헤더 파일에는 추가나 삭제의 경우 최악의 경우에는 O(N * logN) 복잡도를 가지도록 구현했다.

CFArray와 NSArray 계열에 대한 성능 특성을 살펴보자. 두 배열 객체 모두 가변형으로 생성하고, 문자열 객체를 추가하고, 탐색해서 문자열 길이를 확인하도록 작성했다. 객체 단위를 1,000,000 단위씩 늘리면서 반복해서 평균 동작 시간을 측정했다.

코드 6-4는 CFArray 성능 측정을 위한 코드다. 예시를 만드는 중에 우선 CFStringRef 객체를 만들기 위해서 CFStringCreateWithCString() 함수를 이용해서 문자열을 생성했는데, 오버헤드가 커서 고정형 NSString 객체를 만들고 CFBridingRetain() 형 변환 함수를 이용했다. 결과적으로 이 부분에서 일부 성능에 차이가 나는 것으로 유추할 수 있다.

코드 6-4 CFArray 가변 배열 성능 측정

```
CFMutableArrayRef array = CFArrayCreateMutable(kCFAllocatorDefault,
                                               arraySize,
                                               &kCFTypeArrayCallBacks);
for (int i=0;i<arraySize;i++) {
    CFStringRef string = CFBridgingRetain(@"가나다라마바사아자차카타파하");
    CFArrayAppendValue(array, string);
    CFRelease(string);
}

CFIndex count = CFArrayGetCount(array);
for (int i=0;i<count;i++) {
    CFStringRef string = CFArrayGetValueAtIndex(array, i);
    CFIndex len = CFStringGetLength(string);
}
CFRelease(array);
```

코드 6-5는 NSArray 성능 측정을 위한 코드로 코드 6-4와 마찬가지로 문자열 객체를 생성해서 추가한다. 배열 내부를 처음부터 탐색해서 객체를 참조하고 길이를 구한다.

코드 6-5 NSArray 가변 배열 성능 측정

```
NSMutableArray *array = [[NSMutableArray alloc] initWithCapacity:arraySize];
for (int i=0;i<arraySize;i++) {
    NSString *string = @"가나다라마바사아자차카타파하";
    [array addObject:string];
}

CFIndex count = [array count];
for (int i=0;i<count;i++) {
    NSString *string = array[i];
    int len = string.length;
};
```

그림 6-2는 코드 6-4와 코드 6-5에서 arraySize를 1,000,000 단위로 변경하면서
실행 시간을 측정한 결과를 표시한 것이다. 세 번째 그래프는 코드 6-5에서 배
열 내부 문자열을 탐색하는 방식을 빠른 탐색(fast enumeration) 방식으로 변경
한 결과다. 배열 인덱스를 참조하는 방식보다 좀 더 효율적인 것을 알 수 있다.
특히 빠른 탐색 방식을 사용하면, CFArray 방식보다 두 배에 가까운 성능을 보인
다. objectAtIndex: 메서드(또는 subscription 방식)로 접근하는 것보다는 20%
정도 성능이 향상된다는 점을 기억하자.

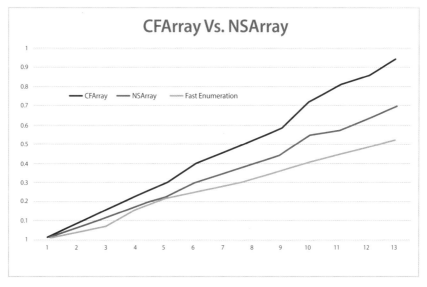

그림 6-2 배열 성능 특성 그래프

6.1.2 포인터 배열

포인터 배열은 NSMutableArray와 비슷하게 참조할 객체를 추가할 수 있으면서, nil 값을 가질 수 있는 배열이다. 옵션을 지정해서 참조 객체에 대한 메모리 관리 방식을 고를 수 있다. 그림 6-3은 포인터 배열을 이용해서 참조 객체를 약한 참조로 접근하는 상황을 설명하고 있다. 메모리 관리 선택 사항으로 객체를 약한 참조로 접근할 수도 있고, 강한 참조로 접근할 수도 있다. 그림 6-3의 경우처럼 약한 참조로 접근할 경우, 다른 객체에서 강한 참조가 없어진 객체는 곧바로 메모리에서 해제된다.

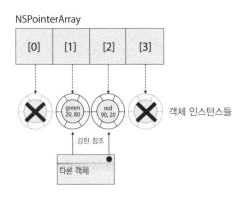

그림 6-3 포인터 배열

포인터 배열을 생성하는 방법은 다음과 같이 두 가지가 있다. 이미 정의되어 있는 메모리 관리 방식과 포인터 특성에 대한 선택 사항을 고르거나, 포인터 함수를 직접 지정하는 방법이다. 각 사용 방법에 대해 알아보자.

```
-initWithOptions:(NSPointerFunctionsOptions)options;
-initWithPointerFunctions:(NSPointerFunctions *)functions;
```

방법#1. 정해진 옵션 지정하기

미리 정해진 선택 사항을 지정하려면 NSPointFuntionsOptions 선택 사항 상수 중에서 고른다. NSPointFuntionsOptions 선택 사항은 표 6-1과 같이 참조 객체 메모리 관리 방식(memory)에 관한 것과 표 6-2처럼 포인터의 특성(personality)에 관한 것으로 구분된다. 포인터 특성은 등가성 판단 방식과 객체를 추가할 때 메모리를 복사할 것인지에 관한 CopyIn 항목을 포함하고 있다.

선택 사항	설명
NSPointerFunctionsStrongMemory	기본 메모리 동작. 객체인 경우 강한 참조, 객체가 아닌 경우 NSPointerFunctionsMallocMemory와 동일하게 동작함
NSPointerFunctionsOpaqueMemory	참조를 제거할 때 아무 동작도 안 함
NSPointerFunctionsMallocMemory	참조를 추가할 때는 calloc()으로 복사하고, 제거할 때 free()로 동작
NSPointerFunctionsMachVirtualMemory	마하 커널 메모리를 사용함
NSPointerFunctionsWeakMemory	약한 참조로 동작함

표 6-1 메모리 관리 방식

선택 사항	설명
NSPointerFunctionsObjectPersonality	기본 특성 동작. NSObject 상속받은 객체라고 판단하고 –hash, –isEqual, –description 메서드를 호출하며, 강한 참조 메모리 방식과 함께 사용하면 –retain, –release 메서드도 사용함
NSPointerFunctionsOpaquePersonality	포인터 값을 시프트하는 방식으로 hash를 판단하고 등가성을 판단함
NSPointerFunctionsObjectPointerPersonality	포인터 값을 시프트하는 방식으로 hash를 판단하고 등가성을 판단하지만, 객체의 –description 메서드는 사용함
NSPointerFunctionsCStringPersonality	C 문자열로 판단하고 문자열 hash와 strcmp 비교 함수로 등가성 판단하고, '%s' 스타일로 description을 생성함
NSPointerFunctionsStructPersonality	구조체로 판단해서 메모리 hash와 memcmp로 등가성을 판단함
NSPointerFunctionsIntegerPersonality	정수로 판단해서 값을 비교해서 등가성을 판단함
NSPointerFunctionsCopyIn	객체를 추가할 때 acquireFunction으로 메모리 할당해서 복사함

표 6-2 포인터 특성

예를 들어 강한 참조 방식으로 객체 특성을 사용하면서 객체를 복사하는 경우라면, `NSPointerFunctionsStrongMemory | NSPointerFunctionsObjectPersonality | NSPointerFunctionsCopyIn` 값을 선택하면 된다.

약한 참조로 복사를 하지 않고 객체 특성만 사용하는 경우라면, `NSPointerFunctionsWeakMemory | NSPointerFunctionsObjectPersonality` 값을 선택하면

된다. C 문자열 특성으로 malloc 기반 메모리 관리를 하면서 추가할 때 문자열을 복사하고 싶으면 NSPointerFunctionsMallocMemory | NSPointerFunctions CStringPersonality | NSPointerFunctionsCopyIn 값을 선택하면 된다.

코드 6-6 NSPointerFunctionsOptions를 이용한 포인터 배열

```
static double my_pi = 3.1415926535;
static double my_e = 2.7182818284;

NSPointerFunctionsOptions options = NSPointerFunctionsOpaqueMemory |
                                    NSPointerFunctionsOpaquePersonality;

NSPointerArray *pointerArray = [[NSPointerArray alloc] initWithOptions:options];
[pointerArray addPointer:&my_pi];
[pointerArray addPointer:&my_e];
[pointerArray addPointer:nil];

NSLog(@"pointer[0] = %f", *(double*)[pointerArray pointerAtIndex:0]);
NSLog(@"pointer[1] = %f", *(double*)[pointerArray pointerAtIndex:1]);
NSLog(@"pointer array count=%ld", pointerArray.count);
```

코드 6-6은 NSPointerFunctionsOptions 설정을 이용해서 포인터 배열을 초기화하고 double형 변수의 포인터를 포인터 배열에 지정하는 예시다. 포인터 값은 nil이 될 수 있으며, nil 값도 배열의 전체 개수에 포함된다.

 포인터 배열과 스택 변수

포인터 배열에 넣을 포인터 변수가 범위(scope)에 포함된 지역 변수처럼 스택에 생기는 포인터인 경우는 메모리를 꼭 복사해야만 한다. 메모리를 복사하지 않은 경우, 포인터 배열로 참조하더라도 해당 범위를 벗어나면 참조할 수가 없다는 사실을 꼭 기억하자.

방법#2. 함수 포인터 지정 방식

미리 지정한 설정이 아니라면, NSPointerFunctions를 활용해서 포인터에 있는 데이터를 다룰 함수 포인터들을 지정하는 방식을 사용한다. 데이터를 다루기 위한 함수들은 등가성을 판단하기 위한 Hash()와 IsEqual(), 설명을 위한 Description(), 메모리 할당을 위한 Acquire()와 해제를 위한 Relinquish() 함수 등이 있다.

코드 6-7은 다섯 가지 함수를 미리 선언하고, 각 함수 포인터를 설정해서 배열 포인터를 사용하는 방법을 보여주는 예시다. double형에 대한 Hash(), IsEqual(), Description(), Acquire(), Relinquish() C 함수들을 앞부분에 선언하고, pointerArray를 만들면서 함수 포인터를 지정하면 된다.

코드 6-7 함수 포인터 지정한 배열 포인터 예

```
static NSUInteger Hash(const void *item, NSUInteger (*size)(const void *item))
{
    return *(const double *)item;
}

static BOOL IsEqual(const void *item1, const void *item2,
 NSUInteger (*size)(const void *item))
{
    return *(const double *)item1 == *(const double *)item2;
}

static NSString *Description(const void *item)
{
    return [NSString stringWithFormat: @"%f", *(const double *)item];
}

static void Relinquish(const void *item, NSUInteger (*size)(const void *item))
{
    free((void *)item);
}

static void *Acquire(const void *src, NSUInteger (*size)(const void *item),
BOOL shouldCopy)
{
    double *newPtr = malloc(sizeof(double));
    *newPtr = *(const double *)src;
    return newPtr;
}

NSPointerFunctions *functions = [[NSPointerFunctions alloc] init];
[functions setHashFunction: Hash];
[functions setIsEqualFunction: IsEqual];
[functions setDescriptionFunction: Description];
[functions setRelinquishFunction: Relinquish];
[functions setAcquireFunction: Acquire];

NSPointerArray *pointerArray
    = [NSPointerArray pointerArrayWithPointerFunctions: functions];

double my_pi      = 3.1415926535;
double my_e       = 2.7182818284;
double my_square2 = 1.4142135623;
[pointerArray addPointer: &my_pi];
[pointerArray addPointer: &my_e];
[pointerArray addPointer: &my_square2];

NSLog(@"pointer[0] = %f", *(double*)[pointerArray pointerAtIndex:0]);
NSLog(@"pointer[1] = %f", *(double*)[pointerArray pointerAtIndex:1]);
NSLog(@"pointer[2] = %f", *(double*)[pointerArray pointerAtIndex:2]);
```

6.1.3 중첩된 배열 접근하기

그림 6-4처럼 중첩된 배열의 참조 인덱스를 따라가야 하는 경우에는 NSIndex Path 객체를 사용하면 된다. 이 경우 인덱스 경로는 2.3.4가 되고 결과적으로 트리 형태 노드를 참조하는 경로로 활용할 수 있다.

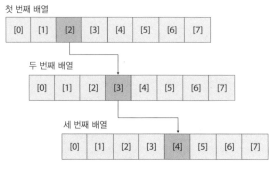

그림 6-4 중첩된 배열

NSIndexPath를 활용해서 인덱스 경로를 한꺼번에 배열로 넘겨서 하나씩 참조하는 방법은 코드 6-8의 예시와 같다. −initWithIndex: 메서드로 첫 번째 배열의 인덱스만 넘겨서 초기화할 수도 있다. −indexPathByRemovingLastIndex 메서드는 마지막 인덱스만 지워서 새로운 인덱스 경로 객체를 만든다. −indexPath ByAddingIndex: 메서드는 마지막에 새로운 인덱스를 추가해서 새로운 인덱스 경로 객체를 반환한다.

코드 6-8 인덱스 경로 객체 다루기 예시

```
NSUInteger arrayLength = 3;
NSUInteger indexArray[] = {2, 3, 4};

NSIndexPath *indexPath = [[NSIndexPath alloc] initWithIndexes:indexArray
                                length:arrayLength];
for (int nLoop=0; nLoop<indexPath.length; nLoop++) {
    NSLog(@"index[%d]=%ld", nLoop, [indexPath indexAtPosition:nLoop]);
}
NSIndexPath *otherPath = [indexPath indexPathByRemovingLastIndex];
otherPath = [otherPath indexPathByAddingIndex:5];
for (int nLoop=0; nLoop<otherPath.length; nLoop++) {
    NSLog(@"index[%d]=%ld", nLoop, [otherPath indexAtPosition:nLoop]);
}
```

☑ **iOS와 NSIndexPath**

iOS에서는 UITableView 셀에 접근하기 위한 row와 section을 참조할 때 NSIndex
Path를 많이 쓴다. NSIndexPath 클래스에는 section과 row 정보가 전혀 없으며, 코드
6-9처럼 UITableView.h 헤더 파일에 카테고리로 확장해서 사용한다.

✔ 코드 6-9 NSIndexPath에 대한 UITableView 카테고리 확장

```
@interface NSIndexPath (UITableView)

+ (instancetype)indexPathForRow:(NSInteger)row inSection:(NSInteger)section;

@property (nonatomic, readonly) NSInteger section;
@property (nonatomic, readonly) NSInteger row;

@end
```

6.1.4 스위프트 배열

스위프트 배열은 많이 사용하는 대표적인 컬렉션 타입이다. 기본 형태는 스위
프트 표준 라이브러리에 구조체 타입(struct)으로 되어 있고, 여러 프로토콜
로 확장 구현하고 있다. 스위프트 배열은 구현 방식에 따라서 Array<Element>,
ContiguousArray<Element>, ArraySlice<Element> 세 가지 형태로 나뉜다.
ContiguousArray는 C 배열처럼 배열 요소가 연속해있다고 가정하는 방식이고,
Array는 NSArray와 유사한 구현 방식이다. ArraySlice는 어떤 배열 타입이든지
잘라서 일부 요소만 표현할 수 있도록 도와준다.

Array와 ContiguousArray는 내부 요소가 클래스가 아니고 @objc 프로토콜
을 구현하는 객체 형태가 아니면 동일한 성능 특성을 보인다. Array는 클래
스나 오브젝티브-C 객체일 경우 호환성을 위해서 NSArray와 연결할 수 있지
만, ContiguousArray의 경우 동작 방식이 달라 연결이 안 된다. 대신 성능은
ContiguousArray가 조금 더 낫다. ArraySlice는 내부에서 ContiguousArray 방식
을 사용하기 때문에 NSArray와 연결이 불가능하다.

스위프트 배열은 값을 직접 포함하는 '의미 있는 값(value sematics)' 형태를
지원한다. 가변 배열은 물론이고 let 바인딩 경우에도 배열의 모든 요소 값은
독립적으로 존재한다. 다만 배열 요소에 클래스 타입을 포함하는 경우에는, 오
브젝티브-C 객체와 호환성을 유지하기 위해서 '의미 있는 레퍼런스(reference
semanctics)' 형태로 바뀐다.

다음과 같이 배열 객체를 복사하는 경우에도 각 배열이 의미 있는 값으로 독
립적으로 구분된다.

```
var wwdc = [2011, 2014, 2015, 2016]
var badges = wwdc
badges[0] = 2010
print("\(wwdc) , \(badges)")
// 실행결과 [2011, 2014, 2015, 2016] , [2010, 2014, 2015, 2016]
```

스위프트 배열은 의미 있는 값을 유지하면서 성능을 유지하기 위해서 쓰기 직전 복사(copy-on-write) 방식을 구현했다. 복사한 여러 배열의 요소들과 메모리 저장 공간은 일시적으로 같은 메모리를 참조해서 값을 유지하다가, 배열의 한 곳을 변경하는 시점에야 실제로 복사가 이뤄진다. 그래서 복사 이후에 처음 배열의 값을 바꾸는 동작은 배열 전체 길이만큼 영향을 주므로 복잡도는 O(N)이 된다.

스위프트 배열 타입은 성능 저하를 최소화하면서 오브젝티브-C 배열 객체와 연결할 수 있도록 만들어졌다. Array<Elemenet> 배열은 요소 항목이 클래스이 거나 @objc 프로토콜을 지원하는 타입인 경우에, 배열은 내부 NSArray에 저장한 다. 그래서 다른 NSArray로 연결하는 경우에는 복잡도가 O(1)이 된다. 하지만 ContiguousArray나 ArraySlice의 경우는 각 항목별로 복사하고 연결해야 하기 때문에 복잡도가 O(N)이 된다.

6.1.5 요약

이미 많이 쓰고 있는 배열이지만, 가변 배열과 불변 배열을 선택하는 나름의 기준을 정할 필요가 있다. 널가능성이나 제네릭 형태도 배열을 다루는 데 빠질 수 없는 기본 선택사항이다. 특히 배열 객체의 성능 특성을 알고 시스템 자원을 효과적으로 사용하는 것은 무척 중요하다. 배열 객체와 함께 포인터 배열의 특징을 이해하고 있다면 적합한 상황에 이들을 골라서 쓸 수 있다.

6.2 고유한 키 값으로 접근하는 사전 컬렉션

사전(Dictionary) 컬렉션은 고유한 키와 키에 매칭하는 값을 가지는 자료 타입으로, 코코아에서는 서로 매칭되는 키와 값을 짝지어 하나의 개체(entity)라고 부른다. 그래서 사전에서 키가 되는 단어의 의미를 찾듯이 키로 값을 찾는 데이터 구조로 활용한다. 사전 컬렉션 객체 내부에는 동일한 키 값이 존재할 수 없다. 그래서 키 값으로 사용하는 객체는 hash와 isEqual 메서드를 구현하고 있어야만 등가성을 판단할 수 있고, 내부에 복사를 위한 <NSCopying> 프로토콜을 지원해야 한다.

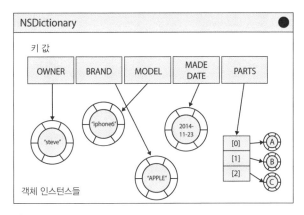

그림 6-5 사전 컬렉션

6.2.1 사전 활용 방법

불변 사전과 가변 사전

NSDictionary는 불변 사전 객체로 초기화할 때 참조할 객체를 지정한 이후에는 개체 추가, 개체 삭제, 키에 대한 값 변경 등의 수정이 불가능하다. 하지만 참조하는 객체 자체가 가변 객체라면 그 객체는 수정이 가능하기 때문에, 불변 사전을 사용하더라도 참조하는 객체 속성이 바뀔 수 있다는 것을 주의해야 한다.

　NSMutableDictionary는 가변 사전 객체로 내부의 고유한 키 값이 겹치지 않으면 새로운 개체를 추가할 수 있고, 키에 매칭되는 객체를 삭제할 수도 있다. NSDictionary를 상속하고 있어서, 기본적인 NSDictionary 기능을 그대로 사용할 수 있다. 객체 생성 이후에 개체를 반복적으로 추가하거나 변경하는 경우에는 당연히 NSMutableDictionary를 써야 한다. 참조할 객체가 너무 많아서 컬렉션 자체가 큰 경우에도 NSMutableDictionary를 쓰는 것이 메모리 관리에 유리하다.

　불변 사전이든 가변 사전이든 참조 객체를 추가하면, 해당 객체를 복사하는 것이 아니라 강한 참조로 소유권을 갖는다. ARC가 아닌 환경에서는 -retain 메서드를 사용해서 소유권을 갖는다. 만약 참조할 객체를 복사하려면 -initWithDictionary:copyItems: 메서드를 활용해서 복사하도록 해야 한다.

나만의 키 객체

특히 사전에서 키 값은 참조하는 객체에 대한 키 값인지 찾기 위해서 내부에 저장되고, 그 값을 비교하기 위해서 해시 방식을 지원해야 한다. 특히 키 값으로 사용하는 자신만의 객체를 만든 경우라면, -hash와 -isEqual: 메서드를 꼭 구현해야 한다. 키 객체의 해시 함수 결과가 충돌하지 않고 안전한 함수라면, 개체 (entity) 탐색, 추가, 삭제 동작 모두 일정한 O(N) 복잡도를 가질 수 있다. 일반적으로는 NSString을 키 값으로 활용하기 때문에, 안정적인 NSString 해시 함수를 사용하게 된다.

키 객체는 반드시 <NSCopying> 프로토콜을 구현해야 한다. 왜냐하면 키와 값을 포함하는 하나의 개체가 사전에 추가되고 나면, 키 값은 변경하면 안 되기 때문이다. 내부적으로 복사가 이루어져야만 한다. 다른 사전으로 복사하는 경우에도 키 값은 그대로 복사를 한다.

사전 데이터 정렬

사전 내부 개체를 정렬하는 방식은 다음과 같이 세 가지 메서드를 사용할 수 있다. 세 메서드 모두 정렬한 결과 키 값은 NSArray 배열 객체로 반환한다.

```
- (NSArray<KeyType> * _Nonnull)keysSortedByValueUsingSelector:
                                        (SEL _Nonnull)comparator
- (NSArray<KeyType> * _Nonnull)keysSortedByValueUsingComparator:
                                    (NSComparator _Nonnull)cmptr
- (NSArray<KeyType> *  Nonnull)keysSortedByValueWithOptions:(NSSortOptions)opts
                    usingComparator:(NSComparator _Nonnull)cmptr
```

첫 번째 메서드는 SEL 타입으로 정렬 비교용 메서드를 만들어서 넘기는 방식이고, 두 번째와 세 번째 메서드는 NSComparator 타입 블록을 넘겨서 키 값을 정렬하는 방식이다. NSArray 배열에서 설명했던 비교용 블록 타입과 동일하다.

오브젝티브-C 블록 스타일 NSComparator 선언은 다음과 같다.

```
typedef NSComparisonResult (^NSComparator)(id obj1, id obj2);
```

스위프트 클로저 스타일 NSComparator 선언은 다음과 같다.

```
typealias NSComparator = (AnyObject, AnyObject) -> NSComparisonResult
```

사전 데이터 필터링

특정 조건을 만족하는 필터링 방식도 다음과 같은 메서드에 대한 키 값을 기준으로 동작한다. passingTest 조건 판단을 위해 predicate 블록을 인자로 넘겨서 조건이 참인 키 값만 집합으로 반환한다.

```
- (NSSet<KeyType> * _Nonnull)keysOfEntriesPassingTest:
    (BOOL (^ _Nonnull)(KeyType _Nonnull key,
                    ObjectType _Nonnull obj,
                    BOOL * _Nonnull stop))predicate
```

```
— (NSSet<KeyType> * _Nonnull)keysOfEntriesWithOptions:(NSEnumerationOptions)opts
      passingTest:(BOOL (^ _Nonnull)(KeyType _Nonnull key,
                                     ObjectType _Nonnull obj,
                                     BOOL * _Nonnull stop))predicate
```

6.2.2 포인터 사전

배열 컬렉션에도 포인터를 배열 형태로 저장하기 위한 NSPointerArray 클래스가 있었던 것처럼, 사전 컬렉션에도 키 객체와 포인터 값을 사전 형태로 매칭해서 저장하기 위한 NSMapTable 클래스가 존재한다. 그림 6-6은 포인터 사전을 활용해서 약한 참조로 객체를 매칭하는 방식에 대한 예시이다. 그림 6-6처럼 약한 참조를 하고 싶은 경우나 값에 객체가 아닌 포인터를 참조하고 싶은 경우 혹은 키 값도 포인터를 참조하고 싶은 경우에 사용할 수 있다.

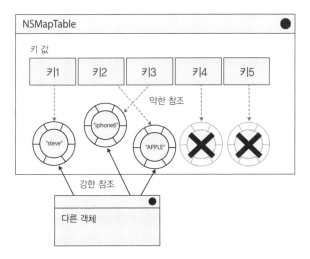

그림 6-6 포인터 사전 예시

포인터 사전을 생성하는 방법은 두 가지가 있다. 그 중에서도 우선 정해진 메모리 관리 방식을 사용하는 메서드를 살펴보자.

```
— (instancetype _Nonnull)initWithKeyOptions:(NSPointerFunctionsOptions)keys
                 valueOptions:(NSPointerFunctionsOptions)values
                 capacity:(NSUInteger)capacity
```

NSMapTable 설정 옵션 지정

NSMapTable 클래스도 초기화할 때 포인터 배열에서 설명했던 것과 동일하게 NSPointerFunctionsOption 설정 값을 지정해야만 한다. NSMapTable은 초기화할 때 키와 값에 대해 각각 다른 옵션을 설정할 수 있다. 옵션의 내용은 표 6-1과 표 6-2를 참고하자.

코드 6-10은 값을 double 타입 포인터로 지정하고 키와 값을 매칭하는 예시다. 키 또는 값이 객체가 아닌 포인터인 경우에는 특이하게 NSMapInsert()라는 C 함수를 사용해서 포인터 값을 추가할 수 있다.

NSMapInsert() 함수는 NSMapTable.h 헤더에 선언되어 있지만, 컴파일러 지시자로 OS X과 WIN32 버전에서만 동작한다. iOS나 watchOS에서는 동작이 막혀 있다. 다시 말해서 iOS나 watchOS에서는 NSMapTable을 쓰더라도 −setObject: ForKey: 메서드로 객체 키와 객체 값만 지정할 수 있고, 키나 값에 포인터를 지정할 수 없다는 것이다.

코드 6-10 NSMapTable에 NSPointerFunctionsOptions 설정하는 포인터 값 예 (OS X 전용)

```
static double my_pi = 3.1415926535;
static double my_e = 2.7182818284;

NSPointerFunctionsOptions keyOptions = NSPointerFunctionsStrongMemory |
            NSPointerFunctionsObjectPersonality | NSPointerFunctionsCopyIn;
NSPointerFunctionsOptions valueOptions = NSPointerFunctionsOpaqueMemory |
                      NSPointerFunctionsOpaquePersonality;

NSMapTable *pointerMap = [[NSMapTable alloc] initWithKeyOptions:keyOptions
valueOptions:valueOptions capacity:10];
NSMapInsert(pointerMap, CFBridgingRetain(@"PI"), &my_pi);
NSMapInsert(pointerMap, CFBridgingRetain(@"E"), &my_e);
NSMapInsert(pointerMap, CFBridgingRetain(@"NULL"), nil);

NSLog(@"pointer[0] = %f", *(double*)NSMapGet(pointerMap,
CFBridgingRetain(@"PI")));
NSLog(@"pointer[1] = %f", *(double*)NSMapGet(pointerMap,
CFBridgingRetain(@"E")));
NSLog(@"pointer array count=%ld", NSCountMapTable(pointerMap));
```

표 6-3에는 NSMapTable을 다루는 C 언어 API 목록을 정리했다. 이 함수에 대한 상세한 설명은 애플 개발자 문서 중에서 'Foundation Function Reference' 문서를 참고하면 된다.

API 선언	설명
void NSFreeMapTable(NSMapTable *table);	맵 테이블을 메모리에서 해제한다.
void NSResetMapTable(NSMapTable *table);	맵 테이블을 초기화한다.
BOOL NSCompareMapTables(NSMapTable *table1, NSMapTable *table2);	맵 테이블 두 개를 비교한다.

NSMapTable *NSCopyMapTableWithZone(NSMapTable *table, NSZone *zone);	맵 테이블을 복사한다.
BOOL NSMapMember(NSMapTable *table, const void *key, void **originalKey, void **value);	맵 테이블에 특정 키 값이 존재하는지 판단한다.
void *NSMapGet(NSMapTable *table, const void *key);	특정 키에 대한 값을 가져온다.
void NSMapInsert(NSMapTable *table, const void *key, const void *value);	특정 키에 대한 값을 추가한다.
void NSMapInsertKnownAbsent(NSMapTable *table, const void *key, const void *value);	특정 키가 기존에 없을 경우만 값을 추가하고, 있으면 예외를 발생한다.
void *NSMapInsertIfAbsent(NSMapTable *table, const void *key, const void *value);	특정 키가 기존에 없을 경우만 값을 추가한다.
void NSMapRemove(NSMapTable *table, const void *key);	특정 키와 값을 삭제한다.
NSMapEnumerator NSEnumerateMapTable(NSMapTable *table);	맵 테이블에 대한 탐색을 시작한다.
BOOL NSNextMapEnumeratorPair(NSMapEnumerator *enumerator, void **key, void **value);	맵 테이블의 개체를 탐색해서 있으면 YES를 반환하고 키와 값을 넘겨주고, 없으면 NO를 반환한다.
void NSEndMapTableEnumeration(NSMapEnumerator *enumerator);	맵 테이블에 대한 탐색을 종료한다.
NSUInteger NSCountMapTable(NSMapTable *table);	맵 테이블의 길이를 확인한다.
NSString *NSStringFromMapTable(NSMapTable *table);	맵 테이블의 설명(description) 문자열을 만든다.
NSArray *NSAllMapTableKeys(NSMapTable *table);	맵 테이블의 모든 키를 배열로 만든다.
NSArray *NSAllMapTableValues(NSMapTable *table);	맵 테이블의 모든 값을 배열로 만든다.

표 6-3 NSMapTable C 수준 API 목록 (OS X 전용)

✅ **함수 포인터 방식**

함수 포인터를 지정하는 방식은 포인터 배열 **NSPointerArray** 방식과 동일하다. 차이점이 있다면 **NSPointerArray**는 참조할 객체에 대한 함수 포인터만 정의하면 되고, **NSMapTable**의 경우는 키에 대한 함수 포인터와 값에 대한 함수 포인터를 따로 지정해야한다는 것이다. 이에 대해서는 따로 설명하지 않는다.

```
- (instancetype _Nonnull)initWithKeyPointerFunctions:
                    (NSPointerFunctions * _Nonnull)keyFunctions
    valuePointerFunctions:(NSPointerFunctions * _Nonnull)valueFunctions
            capacity:(NSUInteger)initialCapacity
```

6.2.3 사전 성능 특성

NSDictionary는 무비용 연결로 CFDictionary와 동일한 구현 객체이며, 부가적인 객체 참조 방식에서 약간의 과부하가 있을 뿐 성능 특성도 동일한 복잡도를 가진다. 무비용 연결이 없는 NSMapTable과는 어떤 차이가 있는지 성능을 비교해보자. 코드 6-11에서는 NSMapTable에 키와 값 모두 문자열 객체를 추가하고 참조하는 동작을 십만(100,000) 단위로 횟수를 증가하면서 성능 처리를 비교했다.

코드 6-11 NSMapTable 객체 대 객체 매칭 성능 측정

```
NSPointerFunctionsOptions keyOptions = NSPointerFunctionsStrongMemory |
    NSPointerFunctionsObjectPersonality | NSPointerFunctionsCopyIn;
NSPointerFunctionsOptions valueOptions = NSPointerFunctionsStrongMemory |
    NSPointerFunctionsObjectPersonality;

NSMapTable *mapTable = [[NSMapTable alloc] initWithKeyOptions:keyOptions
                                                 valueOptions:valueOptions
                                                     capacity:dictionarySize];
for (long nLoop=0; nLoop<dictionarySize; nLoop++)
{
    [mapTable setObject:@"가나다라마바사아자차카타파하"
        forKey:[NSString stringWithFormat:@"key%10ld", nLoop]];
}

for (long nLoop=0; nLoop<dictionarySize; nLoop++)
{
    NSString* value = (NSString*)[mapTable objectForKey:
        [NSString stringWithFormat:@"key%10ld", nLoop]];
    int len = value.length;
}
```

코드 6-12에서는 가변 사전 NSMutableDictionary 객체를 사용해서 NSMapTable과 마찬가지로 키와 값 모두 문자열 객체를 100,000 단위로 횟수를 증가시키면서 실행 시간을 측정했다.

코드 6-12 NSMutableDictionary로 객체 대 객체 매칭

```
NSMutableDictionary *dictionary
    = [[NSMutableDictionary alloc] initWithCapacity:dictionarySize];
for (long nLoop=0; nLoop<dictionarySize; nLoop++)
{
    [dictionary setObject:@"가나다라마바사아자차카타파하"
            forKey:[NSString stringWithFormat:@"key%10ld", nLoop]];
}

for (long nLoop=0; nLoop<dictionarySize; nLoop++)
{
    NSString* value
        = (NSString*)[dictionary objectForKey:
```

```
        [NSString stringWithFormat:@"key%10ld", nLoop]];
    int len = value.length;
}
```

그림 6-15 성능 특성 그래프는 코드 6-11과 코드 6-12에서 dictionarySize를 변경하면서 실행 시간을 측정한 결과를 표시한 것이다. NSMapTable을 사용한 경우와 NSMutableDictionary를 사용한 결과는 크게 차이가 나지 않는 것을 알 수 있다. 반면에 코드 6-12를 빠른 탐색(fast enumeration) 방식으로 for(NSString* value in dictionary) 변경한 경우에는 2배 가까운 성능 차이가 발생했다. 이것은 키 값을 위한 문자열을 생성하지 않고, 사전 내부에 있는 키 값을 빠른 탐색 방식으로 접근하기 때문이다. NSArray 성능 특성과 마찬가지로 사전 전체를 탐색해야 한다면 빠른 탐색이 좀 더 효과적이라고 할 수 있다. 참고로 빠른 탐색 대신 –enumerateKeysAndObjectsUsingBlock: 메서드를 사용해도 빠른 탐색과 비슷한 성능을 보여준다.

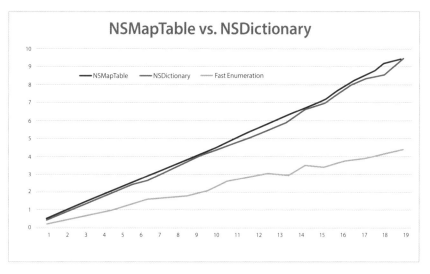

그림 6-7 사전 객체 성능 특성 그래프

6.2.4 스위프트 사전

스위프트 사전은 배열과 마찬가지로 스위프트 표준 라이브러리에 구조체 타입(struct)으로 구현되어 있다. 사전은 저장 방식에 따라서 네이티브 저장 방식과 코코아 저장 방식을 모두 구현하고 있다.

스위프트 오픈소스 자료에 의하면, 스위프트 3를 기준으로 네이티브 사전 저장 방식은 그림 6-8과 같이 구현되어 있다. 사전 내부에는 여러 종류 타입의 값을 저장하기 위한 _VariantDictionaryStorage 데이터가 _Native DictionaryStorageOwner 클래스를 참조한다. _NativeDictionaryStorage Owner 클래스는 스위프트 네이티브 타입을 저장할 때는 _NativeDictionary StorageImpl 클래스를 참조하도록 내부 저장 구조를 바꿔버린다. 그래서 NativeDictionaryStorageOwner 클래스는 오브젝티브-C 객체를 저장하기 위해 NSDictionary 클래스와 연결가능하도록 NSDictionary에서 상속받아 만들어졌다.

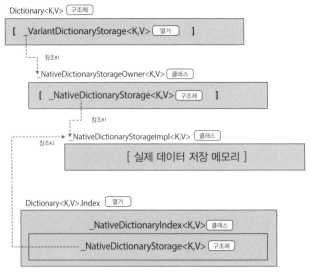

그림 6-8 네이티브 사전 저장 구조

그림 6-9는 코코아 오브젝티브-C 객체와 같이 사용할 경우 NSDictionary를 연결한 저장 구조를 보여준다. 그림 6-8과 비교해보면 _CocoaDictionaryStorage라는 구조체에서 내부적으로 NSDictionary를 참조하는 것을 알 수 있다. 이런 구조를 갖고 있어서 NSDictionary와 연결할 때는 메모리를 추가적으로 할당하지 않으므로 복잡하지 않게 연결할 수 있다.

네이티브 타입을 저장하는 경우와 다르게, 네이티브 사전을 NSDictionary에 연결하려면 먼저 키와 값 모두 연결된 상태에서만 가능하다. 그렇지 않으면 런타임에 예외가 발생하기 때문에 사용하는 데 주의해야 한다. 이렇게 NSDictionary와 연결해서 사용할 경우는 모든 키와 값은 연결된 NSDictionary에서 참조하며 새로운 객체를 만들지 않는다. 동일한 요소를 여러 번 참조하더라도 동일한 메모리 주소를 반환한다.

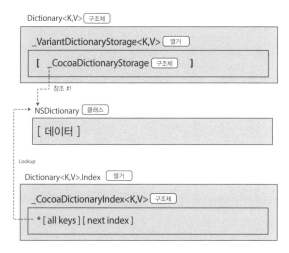

그림 6-9 코코아 연결 저장 구조

앞에서 설명한 그림 6-8과 그림 6-9에서처럼 네이티브 사전과 코코아 사전에서 서로 구현 방식은 다르지만 색인(index) 접근은 가능하다는 것을 알 수 있다. 사전은 순서가 없는 컨테이너 구조지만, `Dictionary<K,V>.Index` 형태로 메모리 버퍼에 접근할 수 있다. 이렇게 색인을 사용하면 바로 이전/다음 요소를 추가할 때 메모리를 재할당하지 않고 곧바로 저장할 수 있다. 색인 접근 방식은 여러 스레드에서 하나의 사전에 동시 접근하는 경우나 사전 메모리 버퍼에 대한 경계 검사(bounds-checked)를 하는 경우는 메모리 접근성 측면에서 그리 좋은 방법이 아니다. 따라서 색인 접근 방식을 사용할 때는 메모리 접근성을 고려해야만 한다.

6.2.5 요약

`NSDictionary` 계열 사전 컬렉션도 키와 값을 짝지어서 다루는 데이터 구조로 많이 사용하는 편이다. 키 값은 고유해야 하기 때문에, 키로 사용하기 위한 객체의 조건을 잘 이해하고 있어야 한다. 키와 값을 객체가 아닌 포인터 타입으로 지정하고 싶으면 `NSMapTable`을 고려해 볼 수 있다. 하지만 아쉽게도 현재까지는 iOS와 watchOS에서는 키나 값에 객체가 아닌 포인터를 지정할 수 없다. 하지만 `NSMapTable`의 활용법을 익혀두는 것은 좋은 경험이 될 것이다.

6.3 순서가 없는 집합 컬렉션

집합(set) 컬렉션은 수학에서 집합과 동일한 개념으로, 참조하는 객체들을 순서 없이 담고 있는 컬렉션이다. 집합은 특정 객체가 내부에 담고 있는 객체 중에 있는지를 확인해서 동일한 객체를 중복 참조하지 않도록 한다. 대부분 컬렉션 내부 참조 객체의 존재 여부를 확인하는 경우는 배열형보다 집합형을 사용하는 것이 성능에 더 좋다.

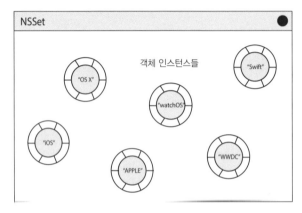

그림 6-10 순서가 없는 집합 컬렉션

6.3.1 집합 활용 방법

집합형 컬렉션에는 종류가 세 가지가 있다. 한번 만들고 나면 변경할 수 없는 불변 집합(NSSet)과 추가나 삭제가 가능한 가변 집합(NSMutableSet), 그리고 집합에 동일한 객체가 중복해서 들어갈 수 있는 NSCountedSet이다. 각 객체는 그림 6-11처럼 CFSetRef와 CFMutableSetRef, CFBagRef 코어 파운데이션 객체와 무비용 연결이 가능하다.

가변 집합과 불변 집합

NSSet는 불변 집합 객체로 초기화할 때 참조할 객체를 지정한 이후에는 객체의 추가, 삭제가 불가능하다. 하지만 참조하는 객체 자체가 가변 객체라면 그 객체는 수정이 가능하기 때문에, 불변 사전을 사용하더라도 주의를 해야 한다.

NSMutableSet는 가변 집합 객체로 내부에 있는 객체 중에 -hash와 -isEqual: 메서드로 비교해서 동일한 객체가 아니면 객체를 추가하거나 삭제할 수 있다. NSSet를 상속하고 있어서, NSSet의 기본적인 기능을 그대로 사용할 수 있다. 집합 객체 생성 이후에 참조할 객체를 반복적으로 추가하거나 변경하는 경우는 당

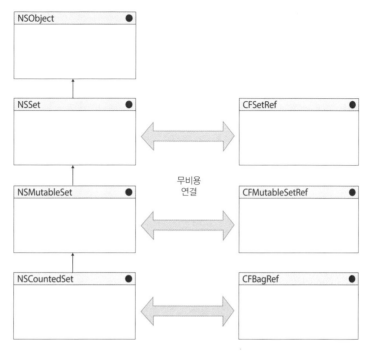

그림 6-11 집합형 컬렉션과 무비용 연결 객체

연히 NSMutableSet를 써야 한다. 참조할 객체가 너무 많아서 컬렉션 자체가 큰 경우에도 NSMutableSet를 쓰는 것이 메모리 관리에 유리하다. 집합 내부에 동일한 객체를 여러 번 참조하도록 하기 위해서는 NSCountedSet를 쓰는 것이 좋다.

집합 컬렉션에 참조 객체를 추가하면, 기본적으로는 해당 객체를 복사하는 것이 아니라 강한 참조로 소유권을 갖는 형태로 참조한다. ARC가 아닌 환경에서는 –retain 메서드를 사용해서 소유권을 갖는다. 따라서 참조할 객체를 복사하려면 –initWithSet:copyItems: 메서드를 활용해서 복사해야 한다.

집합 연산과 중복 가능 집합(NSCountedSet)

NSMutableSet 가변 집합 컬렉션에는 집합 연산을 위한 특별한 메서드를 제공한다. 합집합을 구하려면 –unionSet: 메서드를 사용하고, 차집합을 구하려면 –minusSet: 메서드를 사용하면 된다. 교집합을 구하려면 –intersectSet: 메서드를 사용한다.

NSCountedSet 경우에는 조금 다르게 동작한다. 그 이유는 NSCountedSet는 집합에 중복해서 담는 게 가능하기 때문이다. 합집합의 경우는 코드 6-13처럼 중복된 항목이 있을 경우 참고 객체의 내부 카운트가 2가 된다.

코드 6-13 NSCountedSet 합집합 예

```
NSCountedSet *countedSet = [[NSCountedSet alloc] initWithCapacity:10];
NSSet* otherSet = [NSSet setWithArray:@[ @3.14, @2.71, @1.414 ]];
[countedSet addObject:@3.14];
[countedSet addObject:@0.123];

[countedSet unionSet:otherSet];
NSLog(@"unionSet = %@", countedSet);
// 결과 unionSet = (0.123 [1], 3.14 [2], 2.71 [1], 1.414 [1])
```

교집합의 경우는 양쪽에 적어도 하나만 있으면 교집합에 추가되고, 양쪽 모두에 중복해서 여러 개 있을 경우에만 내부 카운트가 올라간다. 코드 6-14처럼 양쪽 집합이 모두 NSCountedSet이고 @3.14처럼 양쪽 집합에 모두 중복해서 있을 경우에만 카운트가 올라간다.

코드 6-14 NSCountedSet 교집합 예시

```
NSCountedSet *countedSet = [[NSCountedSet alloc] initWithCapacity:10];
NSCountedSet* otherSet
    = [NSCountedSet setWithArray:@[ @3.14, @3.14, @2.71, @1.414 ]];
[countedSet addObject:@3.14];
[countedSet addObject:@3.14];
[countedSet addObject:@0.123];
[countedSet intersectSet:otherSet];
NSLog(@"intersectSet = %@", countedSet);
// 결과 intersectSet = (3.14 [2])
```

반대로 차집합의 경우에는 집합 내부 카운트끼리 빼기가 돼서 1보다 큰 경우만 집합에 남는다. 코드 6-15의 예시처럼 @3.14는 기존에 두 개의 카운트에서 1번만 카운트가 줄어 들어 차집합에 [1] 값으로 남게 된다.

코드 6-15 NSCountedSet 차집합 예시

```
NSCountedSet *countedSet = [[NSCountedSet alloc] initWithCapacity:10];
NSSet* otherSet = [NSSet setWithArray:@[ @3.14, @2.71, @1.414 ]];
[countedSet addObject:@3.14];
[countedSet addObject:@3.14];
[countedSet addObject:@0.123];
[countedSet minusSet:otherSet];
NSLog(@"minusSet = %@", countedSet);
// 결과 minusSet = (3.14 [1], 0.123 [1])
```

6.3.2 포인터 집합

앞서 설명한 NSPointerArray와 NSMapTable 경우처럼, 집합 컬렉션에도 포인터 값을 집합 형태로 저장하기 위한 NSHashTable 클래스가 존재한다. 그림 6-12는 포인터 집합을 활용해서 약한 참조로 객체를 매칭하는 방식에 대한 예시이다. 그림에서 NSHashTable 내부에 있는 객체들은 약한 참조를 하고 있어서 외부에서 다른 객체가 소유권을 갖고 강한 참조를 하고 있지 않으면 객체는 사라진다. 이처럼 약한 참조를 하고 싶은 경우나 객체가 아닌 포인터를 참조하고 싶은 경우에 NSHashTable을 사용할 수 있다.

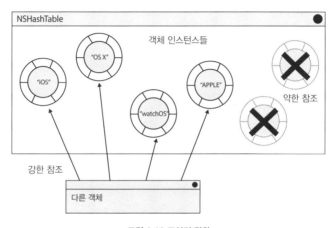

그림 6-12 포인터 집합

포인터 집합을 생성하는 방법은 포인터 배열이나 포인터 사전과 동일하게 두 가지가 있다. 그 중에서 이미 정해진 메모리 관리 방식을 지정하는 메서드를 살펴보자. 함수 포인터 지정 방식은 생략한다.

```
- (instancetype _Nonnull)initWithKeyOptions:(NSPointerFunctionsOptions)keys
                valueOptions:(NSPointerFunctionsOptions)values
                capacity:(NSUInteger)capacity
```

설정 옵션 지정

NSHashTable 클래스도 초기화할 때 포인터 배열에서 설명했던 것과 동일하게 NSPointerFunctionsOption 설정 값을 지정해야만 한다. 코드 6-16은 포인터 집합에 double 타입 포인터로 값을 저장하는 예시이다. 포인터 사전(NSMapTable)과 마찬가지로 값이 포인터인 경우에는 NSHashInsert()라는 C 함수를 사용해야 포인터 값을 추가할 수 있다. 이 NSHashInsert() 함수는 NSHashTable.h 헤더에 선언되는데, 컴파일러 지시자로 OS X과 WIN32 버전에서만 동작하고 iOS나 watchOS에서는 막혀 있다. iOS나 watchOS에서는 NSHashTable을 쓰더라도 - addObject: 메서드로 객체만 추가할 수 있고, -containsObject: 메서드로 객체가 있는지 판단할 수 있다. 포인터 배열(NSPointerArray)과는 다르게 nil 포인터는 추가할 수 없다.

코드 6-16 NSHashTable에 NSPointerFunctionsOptions 설정하는 포인터 값 예 (OS X 전용)

```
static double my_pi = 3.1415926535;
static double my_e = 2.7182818284;

NSPointerFunctionsOptions hashOptions = NSPointerFunctionsOpaqueMemory |
    NSPointerFunctionsOpaquePersonality;
NSHashTable *hashTable
    = [[NSHashTable alloc] initWithOptions:hashOptions capacity:10];

NSHashInsert(hashTable, &my_pi);
NSHashInsert(hashTable, &my_e);
NSLog(@"pointer[0] = %f", *(double*)NSHashGet(hashTable, &my_pi));
NSLog(@"pointer[1] = %f", *(double*)NSHashGet(hashTable, &my_e));
```

6.3.3 사전 성능 특성

NSSet는 무비용 연결로 CFSetRef와 동일한 구현 객체이며, 부가적인 객체 참조 방식에서 약간의 과부하가 있을 뿐 성능 특성도 동일한 복잡도를 가진다. 사전 컬렉션(NSArray)과 내부에 포함한 객체를 찾아내는 –containsObject: 메서드에 대한 성능을 비교해보자. 코드 6-17에서 보는 것처럼 NSMutableArray에 고유한 문자열 객체를 추가했다. 그리고 –containsObject: 메서드로 객체를 찾는 동작을 반복적으로 2,000 단위씩 객체 개수와 함께 증가시키면서 전체 실행 시간을 측정했다.

코드 6-17 NSMutableArray 객체 포함 여부 판단 성능 측정

```
NSMutableArray *array = [[NSMutableArray alloc] initWithCapacity:arraySize];
for (long i=0;i<arraySize;i++) {
    NSString *string = [NSString stringWithFormat:@"unique-item-%10ld", i];
    [array addObject:string];
}

CFIndex count = 0;
for (long i=0;i<arraySize;i++) {
    if
    ([array containsObject:[NSString stringWithFormat:@"unique-item-%10ld", i]])
        count++;
};
```

코드 6-18에서는 가변 집합형 NSMutableSet 객체를 사용했다. 코드 6-17과 동일하게 문자열 객체를 2,000 단위로 setSize 횟수를 증가시키면서, –contains Object: 메서드로 객체를 찾을 때까지 실행 시간을 측정해서 성능을 비교했다.

-addObject: 메서드의 경우에는 NSArray가 NSSet보다 좀 더 빠르다고 알려져 있다. 전체적으로는 결과가 어떤지 확인해보자.

코드 6-18 NSMutableSet 객체 포함 여부 판단 성능 측정

```
NSMutableSet *set = [[NSMutableSet alloc] initWithCapacity:setSize];
for (long i=0;i<setSize;i++) {
NSString *string = [NSString stringWithFormat:@"unique-item-%10ld", i];
    [set addObject:string];
}

CFIndex count = 0;
for (long i=0;i<setSize;i++) {
if ([set containsObject:[NSString stringWithFormat:@"unique-item-%10ld", i]])
    count++;
};
```

그림 6-13 집합 객체 성능 특성 그래프는 코드 6-17과 코드 6-18에서 각각 arraySize와 setSize를 2,000 단위로 변경하면서 실행 시간을 측정한 결과를 표시한 것이다. NSMutableArray를 사용한 경우와 NSMutableSet를 사용한 경우에 성능 차이가 상당하다는 것을 알 수 있다. NSMutableArray에서는 복잡도가 $O(N^2)$ 복잡도라서 전체 항목 개수가 많을수록 성능이 급격하게 떨어진다. 반면에 NSMutableSet에서는 개수가 늘어나더라도 거의 일정하게 낮은 값의 $O(N)$복잡도를 보여준다. 따라서 객체 포함 여부를 판단하는 경우에는 집합 계열 컬렉션을 쓰는 것이 적합하다.

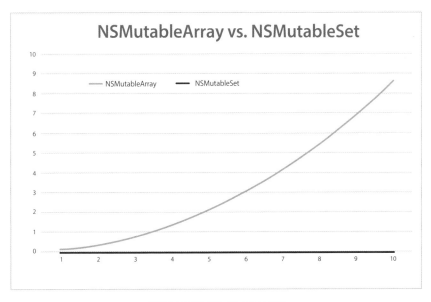

그림 6-13 집합 객체 성능 특성 그래프

6.3.4 스위프트 집합

스위프트 집합은 스위프트 사전과 함께 스위프트 표준 라이브러리 Hashed Collections.swift 파일에서 코드 6-19와 같은 구현 코드를 찾을 수 있다. 집합은 배열이나 사전 타입보다 상대적으로 성능 특성이나 최적화에 대한 고려가 덜 되어 있고, 문서 자료도 부족하다. 사전과 비슷하게 내부에 데이터 요소(element)를 저장하는 _VariantStorage 열거 타입 변수가 있는데 .native면 네이티브 저장소를 만들고, .cocoa면 NSSet 객체를 연결해서 참조한다.

코드 6-19 스위프트 집합 구현 코드

```
public struct Set<Element : Hashable> :
  SetAlgebra, ashable, Collection, ArrayLiteralConvertible {

  internal typealias _Self = Set<Element>
  internal typealias _VariantStorage = _VariantSetStorage<Element>
  internal typealias _NativeStorage = _NativeSetStorage<Element>
  internal var _variantStorage: _VariantStorage

  // 집합 색인 참조를 위한 내부 데이터
  public typealias Index = SetIndex<Element>

  // 메모리를 미리 할당해놓기 위한 초기화 메서드
  public init(minimumCapacity: Int) {
    _variantStorage =
        _VariantStorage.native(
            _NativeStorage.Owner(minimumCapacity: minimumCapacity))
  }

  // 내부용 초기화 메서드
  internal init(_nativeStorage: _NativeSetStorage<Element>) {
    _variantStorage = _VariantStorage.native(
        _NativeStorage.Owner(nativeStorage: _nativeStorage))
  }

  // 내부용 초기화 메서드
  internal init(_nativeStorageOwner: _NativeSetStorageOwner<Element>) {
    _variantStorage = .native(_nativeStorageOwner)
  }
  // 이하 생략
```

스위프트 집합은 NSSet와 연결하려면 as 연산자를 사용하면 된다. 집합에 저장하는 요소가 반드시 클래스 타입이거나 @objc 프로토콜 속성을 만족해야 한다. 집합 연결 처리는 시간 복잡도나 공간 복잡도 모두 O(1) 특성을 가진다. 하지만 클래스 타입도 아니고, @objc 프로토콜 타입도 아닌 경우에는 (연결 처리 이후) 각 요소에 접근하는 처리 작업은 메모리 접근을 위해서 시간 복잡도가 O(N)만큼 걸릴 수 있다.

위와 반대로 NSSet 집합 계열을 스위프트 집합으로 연결하는 작업은 O(1) 복잡도를 가진다. 우선 요소 객체에 copy 메시지를 보내서 복사된 불변 객체를 가져와서 스위프트 집합에 참조하도록 하는 과정만 거치기 때문이다. 결국 NSSet로 만든 불변 집합인 경우는 그 자체가 스위프트 집합 저장소로 연결된다.

✓ **집합 개선하기**

스위프트 3에서도 집합형은 크게 개선되지 않았다. 성능 특성을 더 좋게 만들려는 시도조차 없었다.

```
internal func _compareSets<Element>(_ lhs: Set<Element>, _ rhs:
Set<Element>)
  -> (isSubset: Bool, isEqual: Bool) {
  // FIXME(성능 개선): 개수를 먼저 비교하거나 알고리즘 개선이 필요함
  for member in lhs {
    if !rhs.contains(member) {
      return (false, false)
    }
  }
  return (true, lhs.count == rhs.count)
}
```

예를 들어 compareSets() 함수는 단순하게 해시 값을 비교하는 일반적인 방식으로 구현되어 있다. 예시 코드처럼 비교하려는 집합의 모든 요소를 다른 집합의 모든 요소와 비교한다. 실제 코드에도 성능 개선이 필요하다는 주석이 달려 있다. 스위프트 버전이 올라가면서 표준 라이브러리도 더 세밀해지고 성능 개선이 필요한 부분도 점차 나아질 것으로 예상된다. 오픈 소스 프로젝트인 만큼 여러 개발자들이 코드 개선에 참여할 부분이 아직 많다는 방증이기도 하다.

6.3.5 요약

NSSet 계열 집합 컬렉션은 순서가 없이 여러 객체를 집합에 넣고 포함되어 있는지를 판단하기 위한 데이터 구조로 많이 사용한다. 객체가 집합에 여러 번 들어갈 수 있다면, NSCountedSet 클래스를 사용하는 게 좋다. 특히 객체가 아닌 포인터 타입을 집합에 보관하고 싶거나 약한 참조로 객체를 참조하고 싶을 경우에는 NSHashTable을 고려해 볼 수도 있다. 하지만 아쉽게도 현재까지는 iOS와 watchOS에서는 포인터 타입을 지정할 수 없다.

6.4 집합 변형 컬렉션

앞서 배열, 사전, 집합 컬렉션에 대해 알아봤다. 각 컬렉션에는 포인터 타입을 저장하기 위한 객체가 따로 있다는 것을 알았다. 모든 컬렉션은 일반적인 모든 객체를 포함할 수 있기 때문에서 서로 다른 컬렉션을 참조할 수도 있다. 이런 컬렉션 객체를 좀 더 편리하게 활용하도록 도와주는 컬렉션도 있다. 집합을 변형한 특별한 컬렉션 NSIndexSet 계열과 NSOrderedSet 계열 컬렉션에 대해 알아보자.

6.4.1 배열 인덱스를 저장하는 인덱스 집합

NSIndexSet는 집합 특성을 그대로 가지는 컬렉션으로, 그림 6-14처럼 인덱스 (Index)라고 부르는 고유한 값의 집합이다. 이때 각 인덱스는 범위 값(NSRange) 구조체를 활용한다.

인덱스 집합 활용 방법

NSIndexSet는 불변 집합 객체로 NSSet와 동일하게 초기화할 때 인덱스를 지정한 이후에는 인덱스 추가나 수정이 불가능하다. NSMutableIndexSet는 가변 집합 객체로 내부에 있는 인덱스를 비교해서 동일한 인덱스가 없으면 -addIndex:나 -addIndexsInRange: 같은 메서드로 새로운 인덱스를 추가하거나 -removeIndex: 나 -removeIndexsInRange: 같은 메서드로 기존 인덱스를 삭제할 수 있다.

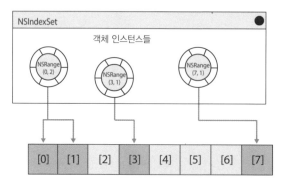

그림 6-14 인덱스를 저장하는 집합

코드 6-20은 배열에서 값이 짝수인 특정 조건의 인덱스들만 evenIndex에 담았다가, 다시 블록을 기반으로 탐색하는 코드이다. 이렇게 NSIndexSet는 NSArray와 함께 활용하기에 적합한 구조를 가지고 있다.

코드 6-20 NSIndexSet 활용 예시

```
NSArray *sampleArray = @[@0, @1, @2, @3, @4, @5, @6, @7, @8, @9, @10, @11, @12,
@13, @14, @15];
NSIndexSet *evenIndex = [sampleArray indexesOfObjectsPassingTest:
                                    ^(id obj, NSUInteger index, BOOL *stop){
    if ([obj intValue] % 2 == 0) return YES;
    return NO;
}];
NSLog(@"even index = %@", evenIndex);
// event index = [number of indexes: 8 (in 8 ranges),
                                    indexes: (0 2 4 6 8 10 12 14)]

[evenIndex enumerateIndexesUsingBlock:^(NSUInteger idx, BOOL *stop) {
    NSLog(@"array's even[%ld] value=%@", idx, sampleArray[idx]);
}];
```

6.4.2 순서가 있는 집합

NSOrderedSet는 NSSet 형태의 집합 특성과 NSArray 형태의 배열 특성을 모두 가지는 컬렉션이다. NSOrderedSet는 OS X 10.7과 iOS 5부터 사용할 수 있으며, 가장 최근에 만들어진 컬렉션 객체다. 코어 데이터 내부에서 사용한다고 알려져 있을 뿐, 활용 방법에 대해서는 많이 알려지지 않았다. NSArray처럼 순서를 갖고 있어서 순차적으로 접근할 수도 있고 정렬도 할 수 있으며, NSSet 형태로 —containsObject: 메서드가 구현되어 있어서 집합에 객체가 있는지 여부를 판단하는 데 적합하다. 앞서 코드 6-18에서 봤던 NSMutableSet 부분을 NSMutableOrderedSet로 바꿔서 코드 6-21처럼 성능 측정을 해보면 그림 6-15와 같은 결과를 얻을 수 있다. 결과적으로 NSOrderedSet는 NSSet보다 대략 10% 정도 부하가 더 걸리는 것을 알 수 있다.

코드 6-21 NSMutableOrderedSet 객체 포함 여부 판단 성능 측정

```
NSMutableOrderedSet *orderedSet = [[NSMutableOrderedSet alloc]
initWithCapacity:setSize];
for (long i=0;i<setSize;i++) {
    NSString *string = [NSString stringWithFormat:@"unique-item-%10ld", i];
    [orderedSet addObject:string];
}

CFIndex count = 0;
for (long i=0;i<setSize;i++) {
    if ([orderedSet containsObject:[NSString stringWithFormat:@"unique-item-
%10ld", i]])
        count++;
};
```

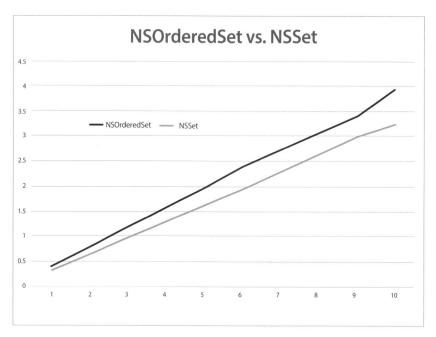

그림 6-15 NSOrderedSet와 NSSet 성능 특성 그래프

6.4.3 요약

NSIndexSet는 NSArray 내부의 특정 객체들에 대한 인덱스를 저장하기에 적합한 구조를 갖고 있다. 따라서 NSArray 메서드 중에는 NSIndexSet를 생성하는 메서드가 존재한다. NSMutableIndexSet 가변 객체를 활용하면 집합 연산을 이용할 수도 있다. 반면에 NSOrderedSet는 순서가 있는 집합 컬렉션이다. NSArray의 순차적인 특성을 가지며, NSSet의 객체 참조 여부를 판단하는 데 적합한 구조를 가지고 있다. NSOrderedSet는 두 가지 특성을 모두 갖고 있지만 NSArray나 NSSet보다도 성능이 조금 느리다.

7장

코코아 디자인 패턴

디자인 패턴은 프로그래밍 과정에서 문제 해결을 위해 반복해서 경험하는 객체와 클래스 관계를 정리한 것이다. 80년대 복잡한 소프트웨어를 개발하기 위해 객체 중심 언어가 주목받으면서, 자연스럽게 반복적인 객체 관계를 패턴 언어로 해석하려는 시도가 생겨났다. 그 중에서도 1986년 시작한 OOPSLA(Object-Oriented Programming, Systems, Languages and Applications) 심포지엄은 파급 효과가 컸다. OOPSLA 심포지엄 워크숍에서 만난 에리히 감마, 리처드 헬름, 랄프 존슨, 존 블리시데스가 쓴 책은 지금까지도 많은 개발자에게 영감을 주고 있다. 그들이 작성한 *Design Patterns : Elements of Reusable Object-Oriented Software*(번역서는 『GoF의 디자인 패턴』)에서 소개한 객체 설계 방식이나 전략적인 선택에 대한 경험은 소프트웨어 개발 전반에 영향을 미쳤다.

코코아 프레임워크는 디자인 패턴 책이 나오기 이전 NeXT 시절부터 객체 중심 소프트웨어를 만들기 위해서 다양한 패턴을 반영해서 만들었다.

이번 장에서 모든 디자인 패턴을 설명하지는 않는다. 대신 코코아 프레임워크에 반영되어 있는 디자인 패턴 중에서 반드시 알아야하는 핵심 패턴과 객체 사이의 결합성을 줄이기 위해 사용하는 패턴, 복잡성을 감추기 위해서 사용하는 패턴에 대해 설명한다.

7.1 코코아 프레임워크 핵심 패턴

코코아 프레임워크에는 여러 가지 상황에 대한 다양한 디자인 패턴이 적용되어 있다. 그 중에서도 핵심적인 세 가지 패턴부터 알아보자. 객체 인스턴스에 대한 메모리 관리를 위한 두 단계 초기화 패턴, 객체의 역할에 따라 구분하는 MVC(모델-뷰-컨트롤러) 패턴, 객체가 처리할 메시지를 지연시키는 메시지 셀렉터 패턴에 대해 알아보자.

7.1.1 두 단계 초기화 패턴

초기화 과정

코코아 프레임워크의 객체들을 포함해서 NSObject에서 상속받은 모든 클래스의 인스턴스가 만들어지기까지는 두 단계(two-phase)에 걸쳐서 초기화가 이루어진다. 앞서 2.3절에서, 객체 인스턴스를 만들 때는 다음과 같이 두 단계로 작성한다고 설명했다.

```
Pen *aPen = [[Pen alloc] init];
```

첫 번째 단계에서 Pen 클래스에 alloc 메시지를 보내서, 힙 공간에 객체 인스턴스 메모리 공간을 할당한다. 두 번째 단계에서는 객체 인스턴스에 init 메시지를 보내서 객체 인스턴스 속성이나 내부에 필요한 객체나 값을 초기화한다.

다시 말해서, 1단계에서는 +(instancetype)alloc 클래스 메서드로 객체 인스턴스 메모리를 할당하고, 2단계에서는 메모리에 할당한 객체 인스턴스의 값을 −(instancetype)init 인스턴스 메서드로 초기화한다. 1단계에서 메모리 할당이 되지 않으면, 2단계 초기화 과정은 진행이 불가능하다.

반대로 1단계가 진행되어 메모리는 할당되었는데 초기화가 되지 않았다면 일반적으로는 해당 객체 인스턴스는 사용할 수 없다. 하지만 항상 그런 것은 아니다. 1단계를 거치고 나면 객체 내부의 모든 값들은 0으로 초기화된다. 모든 데이터의 초기 값이 0이라면 따로 init 메시지를 보내지 않아도 된다. 하지만 원칙적으로 init 메시지를 보내서 명시적으로 초기화를 하는 것을 권장한다. 대부분의 경우에는 객체 내부에 값만 존재하기보다는 함께 생성되어야 하는 또 다른 객체가 있는 경우가 많기 때문이다.

두 단계 초기화를 한 단계로 줄여서 사용하기 위해 간편한 메서드(Convenience Methods)를 클래스 메서드로 제공하기도 한다. 다음은 간편한 메서드 예시다.

```
Pen *aPen = [Pen new];
```

이 코드는 내부적으로 alloc 메시지와 init 메시지를 보내서 초기화 단계가 마치 한 단계인 것처럼 사용할 수 있다. +(instancetype)new 메서드에서 alloc과 init을 내부적으로 처리해준다.

지정 초기화 메서드(Designated Initializer)

초기화 메서드는 메서드 명칭이 init-으로 시작하는 조건만 만족하면, 인자 값에 따라 여러 개의 초기화 메서드를 만들어도 상관없다. NSString 클래스의 경우에도 -initWithBytes:length:encoding:, -initWithString:, -initWithFormat:, -initWithFormat:locale:, -initWithData:encoding: 등 10여 가지 초기화 메서드를 지원한다.

코코아에서는 여러 초기화 메서드 중에서 기준이 되는 지정 초기화 메서드를 명시적으로 둘 것을 권장한다. NSString 클래스는 빈 문자열 객체를 만드는 -init 메서드가 지정 초기화 메서드고, 다른 메서드들은 초기 값을 넣을 수 있는 부가적인 보조 초기화 메서드다.

다른 예로 UIView 클래스는 -initWithFrame: 메서드가 지정 초기화 메서드이며 그 외에 다른 초기화 메서드는 지원하지 않는다. 이렇게 클래스마다 지정 초기화 메서드는 다르기 때문에 반드시 클래스 레퍼런스 문서를 참고해야 한다.

지정 초기화 메서드를 만들 때 지켜야 할 사항은 다음과 같다.

- 상속받은 서브 클래스에서 지정 초기화 메서드를 구현할 때는 반드시 부모의 지정 초기화 메서드를 호출해야 한다.
- 상속받은 서브 클래스에서 부모에 없는 새로운 보조 초기화 메서드는 자기의 지정 초기화 메서드를 호출해야 한다.
- 슈퍼 클래스의 지정 초기화 메서드에서 반환되는 객체는 self에 할당한다.
- 슈퍼 클래스의 지정 초기화 메서드에서 nil을 반환하면, 인스턴스 내부 변수를 사용하지 않고 nil을 그대로 반환한다.

초기화 메서드를 작성하는 방법은 2.3절을 참고하자.

7.1.2 MVC(Model-View-Controller) 패턴

*Implementation Patterns*의 원작자 켄트 벡은 스몰토크(Smalltalk) 버전으로 디자인 패턴의 원형을 소개했다. 『GoF의 디자인 패턴』에서도 상당수 예시 코드는 스몰토크로 설명하고 있다. 오브젝티브-C에 가장 영향을 많이 준 언어는 스몰토크인데, 모델(Model)-뷰(View)-컨트롤러(Controller) 패턴(이하 줄여서 MVC 패턴)도 스몰토크에서 이어진 흐름이라고 할 수 있다. 1986년에 개최된 제 1

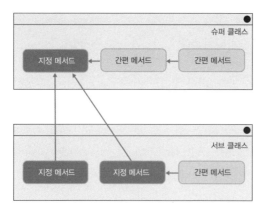

그림 7-1 초기화 메서드 규칙

회 OOPSLA에서 켄트 벡과 워드 커닝햄은 「A Diagram for Object-Oriented Programs」라는 논문을 발표했는데, 이 논문에서 MVC 패턴 형태의 객체 관계 그림을 처음으로 소개했다. 그림 7-2는 해당 논문에 나오는 뷰와 모델에 관한 다이어그램을 옮긴 것이다. 컨트롤러가 사용자 입력을 확인하고, 모델 데이터를 변경해서 화면에 표시하기까지 흐름을 보여주고 있다.

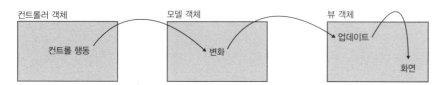

그림 7-2 모델 변화에 따른 뷰 – 「A Diagram for Object-Oriented Programs」 OOPSLA 1986

MVC 패턴은 코코아 프레임워크에서 여러 다른 패턴과 함께 사용하는 기본 패턴이다. 모델과 컨트롤러 관계에서도 옵저버 패턴으로 구현하기도 하고, 컴포지트 패턴을 사용하기도 한다.

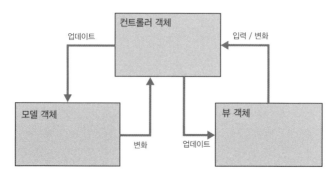

그림 7-3 MVC 패턴

모델과 컨트롤러 관계에서도 **NSNofiticationCenter** 클래스를 활용해서 옵저버 패턴으로 구현하기도 한다. 컨트롤러가 해당 모델을 포함하는 경우에는 컴포지트 패턴을 사용하기도 한다.

모델 객체

모델 객체는 화면을 구성하거나 내부 처리를 위한 데이터를 추상화해서 타입을 지정한 자료 구조로 표현하고, 데이터를 처리하는 로직을 정의한다. 앱에서 지속적으로 사용하는 데이터는 모델 객체 내부에 캡슐화되고, 파일이나 데이터베이스 같은 영구적인 구조로 저장하기도 한다.

MVC 패턴에서 데이터를 다루는 모델 객체는 화면을 구성하는 뷰 객체와 직접적으로 연결하지 않는다. 데이터에 접근하는 유일한 추상화 객체가 된다. 서버에서 받은 데이터 구조를 컨트롤러와 뷰에서 사용할 때 모델 객체가 기본 처리 단위가 된다.

뷰 객체

뷰 객체는 코코아 프레임워크에서 대체로 **NSView**나 **UIView** 클래스를 상속받아 앱 화면 자체를 그려서 표시하는 역할을 하고, 사용자 선택에 따라 입력을 받거나 피드백을 준다. 일반적으로 뷰 객체가 화면에 표시하는 정보는 모델 객체가 갖고 있는 데이터를 기반으로 한다. 하나의 뷰가 모델 하나와 매칭될 수도 있고, 하나의 뷰를 표현하기 위해서 여러 모델의 데이터가 필요하기도 하다. 반대로 하나의 모델의 데이터가 여러 뷰에서 사용자 입력에 따라 다르게 보여지기도 한다.

뷰 객체는 화면 구성을 위해서 모델 객체와 매우 밀접한 관계를 갖고 있지만, 이런 상호 관계를 끊고 느슨하게 결합하는 것이 MVC 패턴의 핵심 사항이다. 그 상호 관계를 유지하도록 도와주는 역할이 컨트롤러 객체의 역할이다. 따라서 컨트롤러가 연결해주는 모델 객체에 따라서 뷰 객체는 얼마든지 재사용이 가능하다.

컨트롤러 객체

컨트롤러 객체는 뷰 객체와 모델 객체 사이에서 사용자 입력과 데이터 변화에 대한 연결을 해주는 중재자 역할을 한다. 사용자 입력에 따른 새로운 데이터 변화를 확인하고, 관련 모델에 새로운 데이터를 업데이트해준다. 반대로 모델에서 데이터가 바뀌면 뷰에 전달해서 새로운 데이터로 화면에 표시한다.

뷰 객체가 표시하는 화면 구조가 복잡하거나 사용자 입력 방식이 다양할수록 데이터 모델도 상대적으로 덩치가 크고 컨트롤러 객체의 동작이 복잡해진다. MVC 패턴으로 구현할 때 가장 큰 고민거리는 컨트롤러 객체를 구현하는 코드가 복잡하고 길어진다는 것이다. 이전 화면이나 다음 화면으로 데이터를 전달하는 경우에는 각 화면을 담당하는 컨트롤러 사이에도 데이터를 전달해야 해서 더 복잡해진다. 따라서 가볍고 재사용성이 높은 컨트롤러 객체를 만들기 위해서 다양한 MVC 변형 패턴들을 함께 사용한다. 코코아에서는 최근에 알려진 변형 패턴을 도입하지 않았다. MVVM이나 VIPER 패턴이 궁금하다면 관련 자료를 찾아보기 바란다.

7.1.3 메시지 셀렉터 패턴

다른 객체가 코코아 객체에게 메시지를 보내면 코코아 런타임은 해당 객체 메서드 중에서 메시지를 처리할 메서드를 찾아서 메서드의 함수 포인터를 호출한다. 런타임이 메시지에 해당하는 객체 메서드에서 찾는 과정을 '다이내믹 디스패치'라고 부른다. 오브젝티브-C 런타임의 다이내믹 디스패치 방식에 대해서는 1.4.2절에서도 설명했고, 많이 알려져 있는 내용이기 때문에 더이상의 설명은 생략한다. 런타임에서 메시지를 처리하기 이전에, 메서드를 선택하거나 메서드 바인드를 지연시키기 위해 사용하는 메시지 셀렉터와 관련된 패턴에 대해 알아보자.

셀렉터(SEL)와 구현 포인터(IMP)

코코아 객체의 메서드를 찾기 위해서는 셀렉터와 구현 포인터를 사용한다. 셀렉터는 말 그대로 메시지를 받을 객체의 메서드 중에서 적합한 메서드를 고르는 역할을 한다. 셀렉터가 없다면 C++처럼 컴파일 과정에서 객체 메서드에 대한 함수 포인터를 찾아서 고정된 메모리 주소를 바인드했다가 호출해야만 한다. 코코아 객체에게 메시지를 보낼 때는 고정된 메모리 주소를 사용해서 컴파일 시점에 미리 바인드할 필요가 없다. 대신 메시지에 대한 셀렉터를 넘겨주면 실행 중에 메서드를 찾아 늦게 바인드한다.

```
SEL theSelector = @selector(drawSomething);
```

이처럼 셀렉터를 선언할 때는 SEL 타입을 사용하고, 변수는 @selector() 예약어를 사용해서 설정한다. 결과적으로 theSeletor는 drawSomething이라는 이름을 가진 메서드를 골라서 쓸 수 있는 상태가 된다. 해당 객체에 메서드가 없다면 동적으로 바인드되지 않아 에러가 날 수 있다. 참고로 런타임 API 중 `method_getName()` 함수를 사용하면 `@selector()`와 동일하게 셀렉터를 찾을 수 있다.

코드 7-1 객체 메서드 구조체

```
struct objc_method
{
    SEL method_name;
    char * method_types;
    IMP method_imp;
};
typedef objc_method Method;
```

런타임에서 객체 메서드를 저장하는 구조체는 코드 7-1과 같다. `method_name` 항목은 메서드 이름과 파라미터 키워드를 포함하는 메서드 시그니처를 SEL 타입으로 저장한다. `method_types` 항목은 파라미터들에 대한 타입을 문자열(`char *`) 타입으로 저장한다. 마지막으로 `method_imp` 항목은 `IMP` 타입으로 메서드 구현 포인터를 저장한다. `IMP` 타입은 C 언어에서 함수 포인터처럼 실제 메서드의 구현 부분의 메모리 주소를 포인터로 저장한다.

런타임 API 중에 `class_getClassMethod()` 함수 또는 `class_getInstanceMethod()` 함수에 클래스 타입과 SEL 타입을 넘기면 위와 같은 `Method` 구조체를 얻을 수 있다. 만약 구현 포인터를 얻으려면 `class_getMethodImplementation()` 함수를 직접 호출하거나, 해당 객체에 `—methodForSelector:` 메시지를 보내도 동일하게 동작한다. 상속 관계에 따라서 일부 메서드에 대한 셀렉터는 동일하지 않을 수도 있다.

셀렉터 실행(perform selector)과 지연 실행(delayed perform)

아래 세 줄은 결과적으로 동일하게 동작하는 코드다.

```
[myPen drawSomething];
[myPen performSelector:@selector(drawSomething)];
[myPen performSelector:theSelector];
```

첫 번째는 직접 메시지를 보내는 방식이고, 두 번째는 `NSObject`에 준비된 `—performSelector:`를 활용하여, `drawSomething` 메서드 셀렉터를 찾아서 셀렉터를 실행하는 방식이다. 세 번째는 `theSelector = @selector(drawSomething)` 방식으로 미리 찾았던 셀렉터를 실행하는 방식이다.

하지만 첫 번째 코드와 달리 두 번째 코드는 특이하게도 변형이 가능하다. 코코아에 있는 `NSSelectorFromString()` 함수를 사용해서 문자열로 메서드 시그니처를 입력해서 셀렉터를 실행하도록 할 수 있다. 좀 더 응용하면 스크립트 언어와 연결(bridge)해서 코코아 객체에 메시지를 보내는 방식이 가능하다.

메시지를 보내면서 일부러 전달하는 시점을 지연시키는 방법도 셀렉터 실행으로 가능하다. NSObject 클래스에 준비된 −performSelector:(SEL)aSelector withObject:(id)anArgument afterDelay:(NSTimeInterval)delay 메서드를 사용하면 된다. 메시지는 마지막 인자 값 delay(초단위)만큼 지연돼서 객체에 전달된다. 내부적으로는 해당 스레드에 이벤트를 감시하는 런루프(runLoop)에 전달되고, 런루프에서 지연 시간 동안 기다린 후에 해당 객체로 메시지를 전달하는 방식이다. 이때 런루프는 지연 시간에 대한 정확한 전달 시점을 보장해주지는 못 한다. 따라서 매우 정확한 메시지 지연을 위해서는 pthread 계열 API(유닉스 POSIX 호환 스레드 관련)를 사용하거나 다른 방식으로 구현해야 한다. 이벤트가 아주 많이 쌓이는 경우가 아니라면, 일반적으로 셀렉터 지연 실행 방식은 잘 동작한다.

최근에는 셀렉터 실행 방식보다는 애플이 만든 저수준 병렬 처리 라이브러리 GCD(Grand Central Dispatch) 방식을 사용하도록 권장하고 있다. ARC 환경에서 동적으로 셀렉터를 찾아서 실행하는 방식으로 메서드를 실행할 경우, 메서드 내부에서 만들어진 객체가 사라지지 않는 경우가 발생할 수도 있다. 지연 실행의 경우도 dispatch_after() 같은 GCD 방식으로 대체하는 것이 좋다.

타깃과 액션

셀렉터 패턴을 자주 활용하는 경우는 타깃과 액션을 사용할 경우다. 사용자 인터페이스(일반적으로 뷰) 객체의 특정한 이벤트를 받을 객체를 타깃으로 지정하고, 이벤트를 받아 처리할 메서드를 액션으로 지정한다. 타깃과 액션에 대한 연결은 실행 중에도 얼마든지 가능하다. 이렇게 사용자 인터페이스 객체와 이벤트 처리 로직을 느슨하게 연결하면, 코드와 분리해서 뷰 객체에 대한 재사용성을 높일 수 있다. 또는 여러 사용자 인터페이스 객체에 대한 처리 코드가 중복되지 않도록 하나의 타깃과 액션으로 묶어서 처리도 가능하다. 이렇게 객체 이벤트를 처리하는 액션을 지정할 때도 셀렉터를 사용한다. 앞에서 설명했던 것처럼, 셀렉터는 실행 중에 문자열로 지정하는 방식도 가능하기 때문에 특정 객체의 이벤트 처리를 실행 중에 타깃과 액션으로 지정해서 연결할 수도 있다.

7.1.4 요약

코코아 프레임워크는 다양한 디자인 패턴을 기반으로 개발되어 있으며, 그 뼈대를 이루는 핵심적인 디자인 패턴은 반드시 숙지해야 한다. 디자인 패턴의 이름을 모르더라도 개발을 시작할 수는 있다. 하지만 기본적인 패턴을 이해한다면, 모든 코코아 객체들에 이 패턴이 적용되기 때문에 다루지 않던 코코아 객체를 다룰 때 큰 도움이 될 것이다. 객체를 생성할 때마다 사용하는 두 단계 초기화 패턴, 모든 프로젝트에서 화면 처리를 위해서 필요한 MVC 패턴과 메서드를 동적으로 지정하는 셀렉터 패턴은 꼭 알아두자.

7.2 객체 사이 결합성을 줄여주는 패턴

객체 중심 디자인에서 모든 객체는 각자의 역할과 책임이 있으며, 다른 객체와 협력해서 그 기능을 담당한다. 앞에서 설명한 MVC 패턴은 모델 객체와 뷰 객체의 역할이 나뉘어져 있으며, 컨트롤러는 그 사이에서 필요한 로직들을 포함한다. 객체가 점차 많아질수록 객체 사이의 관계는 복잡해지게 되고, 객체들 사이에 결합성이 강해진다. 화면의 변화와 흐름에 따라 뷰와 뷰컨트롤러 객체들이 서로 순서와 연관성을 갖는다. 객체 관계가 복잡해지고, 결합성이 높아지면 요구사항이 변했을 때 연관된 객체들이 너무 많아서 특정 객체의 인터페이스나 동작을 변경하기가 어려워진다. 디자인 패턴을 사용해야 하는 많은 이유가 있겠지만, 관련된 객체 사이의 결합성을 줄이고 변화에 대비해서 보다 유연한 구조를 갖도록 하는 것이 큰 이유다. 객체 사이 결합성을 줄여주는 데 필요한 패턴들을 살펴보자.

7.2.1 싱글턴 패턴

가장 먼저 알아볼 패턴은 싱글턴(Singleton)이다. 싱글턴의 수학적인 정의는 '딱 하나의 요소만 있는 집합(단집합)'을 의미한다. 단위 집합(unit set)이라고도 불린다. 디자인 패턴에서의 싱글턴도 수학에서 사용하는 개념을 그대로 빌려왔다. 디자인 패턴에서의 싱글턴은 '인스턴스가 딱 하나만 있는 객체'를 의미한다. 앱 내부에서 공통적으로 사용하는 객체 인스턴스가 딱 하나만 있기 때문에 다른 객체들이 서로 공유해서 사용할 수 있다. 코코아 프레임워크에서는 '공유 인스턴스(shared instance)'라는 용어를 사용하기도 한다. 예를 들어 `NSFileManager`나 `UIApplication` 클래스의 객체는 싱글턴으로 공유 인스턴스를 사용한다.

UIApplication 공유 인스턴스

UIApplication 클래스는 iOS앱 프로젝트에서 자주 사용하는 싱글턴 객체 중의 하나다. 모든 iOS 앱은 코드 7-2처럼 main.m 파일의 main() 함수 내부에 있는 UIApplicationMain() 함수를 통해 UIApplication 싱글턴 객체를 생성한다. 이렇게 만들어진 UIApplication 객체는 앱의 이벤트 전달과 액션 처리를 위한 무한 루프(RunLoop)를 가지고 있다. 앱 수준에서 중요한 이벤트와 생명주기 관리는, UIApplicationMain()의 네 번째 인자 값으로 넘어가는 UIApplicationDelegate 객체에서 처리한다.

코드 7-2 iOS 프로젝트의 main() 함수

```
#import <UIKit/UIKit.h>
#import "AppDelegate.h"

int main(int argc, char * argv[]) {
    @autoreleasepool {
        return UIApplicationMain(argc, argv, nil,
                                 NSStringFromClass([AppDelegate class]));
    }
}
```

UIApplication 객체의 또 하나 중요한 기능은 UIWindow 객체들을 관리한다는 것이다. 초기 iOS는 앱에서 여러 화면을 윈도 단위로 처리하지 않고, 뷰 단위로 처리하도록 했었다. AppleTV와 화면 연동이 가능해지면서 UIScreen 객체와 함께 멀티 스크린의 멀티 윈도 앱 개발이 가능해졌다. UIApplication은 UIWindow의 목록을 갖고 있어서 현재 표시는 키윈도를 찾을 수 있도록 해준다.

싱글턴 구현 방법

싱글턴 패턴을 구현하는 방식은 다양하다. 앱 시작 시점에 미리 만들어놓고 곧바로 공유 인스턴스를 참조해서 쓰는 방법이 있고, 공유 인스턴스에 처음 접근하는 뒤늦은 시점에 객체 인스턴스를 생성하는 방법도 있다. 또는 앱 생명주기에 맞춰서 한 번만 실행되는 부분에서 객체 인스턴스를 미리 만들어두는 일반적인 방법도 있다. 최근에는 인스턴스를 참조할 때마다 GCD 기반 API인 dispatch_once() 함수를 활용해서 딱 한 번만 실행하도록 코드 7-3처럼 작성하는 방식을 가장 많이 쓰고 권장하고 있다.

코드 7-3 dispatch_once()를 이용한 싱글턴 객체

```
+ (ViewController*)sharedInstance
{
```

```
    static dispatch_once_t onceToken;
    static ViewController *staticInstance;
    dispatch_once(&onceToken, ^{
        staticInstance = [[ViewController alloc] init];
    });
    return staticInstance;
}
```

NSFileManager 공유 인스턴스

초기 OS X 파운데이션에서 NSFileManager 클래스는 +defaultManager 메시지를 보내고 난 이후에 공유 인스턴스를 통해서만 파일 시스템에 접근할 수 있도록 구현했었다. 하지만 이렇게 접근하는 공유 인스턴스는 멀티 스레드 환경에서 안정적이지 않다. 멀티 쓰레드 환경에서 NSFileManager 클래스를 사용해서 동시에 여러 파일/디렉터리에 접근하는 경우에는 공유 인스턴스를 사용하기보다는 각 스레드별로 NSFileManager 객체 인스턴스를 생성해서 쓰도록 권장하고 있다. 만약 여러분이 만드는 공유 객체가 멀티 스레드 환경에서 안정적이지 못하다면 마찬가지 방식으로 사용할 수 있도록 -init 메서드를 구현해야만 한다.

생각거리

NSFileManager의 경우처럼 싱글턴 객체가 모든 경우에 효과적이지는 않다. 객체 인스턴스가 하나만 존재하기 때문에 멀티 스레드 환경이나 참조하는 객체가 너무 많은 경우에는 싱글턴 객체 접근하는 것 자체가 과부하가 될 수도 있다. 다른 객체와 과도한 결합성을 줄이는 데는 도움이 되지만, 싱글턴 객체가 병목 구간이 되거나 취약 지점이 될 위험도 있다.

7.2.2 옵저버 패턴

코코아 객체 간 관계 개선을 위해서 싱글턴과 함께 가장 많이 사용하는 패턴이 바로 옵저버(Observer) 패턴이다. 대부분 객체 상태 또는 내부 값이 바뀌면 그 값을 참조하는 의존적인 객체에 알려주고 새로운 값으로 변경해야만 한다. 이런 경우 관련된 객체들 사이 결합성이 높아진다. 옵저버 패턴은 특정 객체의 상태가 바뀌었을 때, 해당 객체와 관련이 있는 다수 객체에 한꺼번에 알려주기 위해서 자주 사용하는 패턴이다. 발행/구독(publish-subscribe) 패턴이라고도 한다. 특정 객체의 상태 변화에 대해 미리 구독할 객체들(observer)을 등록(subscribe)해놓고, 상태 변화가 발생하면 통보(publish)하는 방식으로 동작한다. 옵저버의 메서드를 지정하기 위해서 셀렉터 패턴도 함께 사용한다.

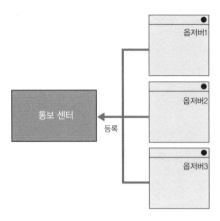

그림 7-4 옵저버 등록

통보(notification)

코코아 프레임워크에서는 옵저버 패턴을 상태 변화가 있는 객체(sender)가 n개의 대상 객체(observer)에 메시지를 한꺼번에 보내는 방식으로 구현했다. 코코아의 모든 객체는 옵저버가 될 수 있으며, 자기 자신(self)이나 다른 객체를 통보 센터(notification center)에 옵저버로 등록할 수 있다. 모든 객체는 등록되어 있는 옵저버들에게 통보 센터를 통해서 통보를 전달할 수 있다. 통보 센터에서는 보내려는 통보를 확인하고 통보를 전송할 조건을 확인해서 조건에 부합하는 옵저버 객체에 메시지를 보낸다.

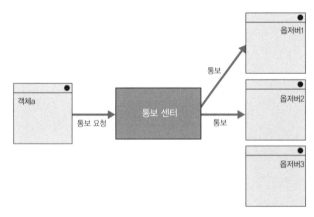

그림 7-5 통보 요청과 조건부 브로드캐스팅

통보 센터 NSNotificationCenter 클래스

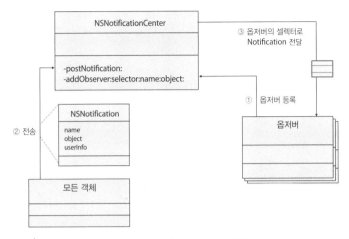

그림 7-6 NSNotificationCenter 구조

앞에서 통보 센터라고 설명했던 부분은 그림 7-6처럼 NSNotificationCenter 클래스로 구현되어 있다. 옵저버로 등록하려면 NSNotificationCenter 공유 인스턴스에 addObserver 메시지를 보내면 된다. 등록되어 있는 옵저버들에게 통보를 보내려면 NSNotificationCenter 공유 인스턴스에 postNotification 메시지를 보내면 된다. 통보 과정에서 통보를 보낼 옵저버를 찾는 키 값은 '통보 이름'과 '보내는 객체'를 조합해서 사용한다. 표 7-1에 나와 있는 통보 조건들을 살펴보자.

옵저버 분류	통보 이름(notification name)	보내는 객체(sender)
observerA	ModelDataChanged	myModel
observerB	nil	detailTableView
observerC	DidShakeMotion	detailViewController
observerC	AllDataChanged	nil
observerD	nil	nil

표 7-1 옵저버별 통보 조건

observerA는 통보 이름과 보내는 객체를 모두 지정했기 때문에, myModel 객체가 보내는 ModelDataChanged 통보만 받을 수 있다. observerB는 보내는 객체만 지정했기 때문에 detailTableView가 보내는 모든 통보를 받을 수 있다. observerC는 두 가지 조건을 등록한 것을 볼 수 있다. detailViewController가 보내는 DidShakeMotion 통보와 모든 객체들이 보내는 AllDataChanged 통보를 받을 수 있다. 마지막으로 observerD는 모든 객체가 보내는 모든 통보를 받을 수 있다. 이런 경우는 실제로는 거의 없겠지만, 앱상의 모든 통보를 로그로 기록하기 위한 용도로 고려해볼 만하다.

생각거리

통보를 보내는 -postNotification 동작은 기본적으로 동기(synchronized) 방식으로 동작한다. 따라서 옵버저 개수가 엄청 많거나 옵저버에서 처리하는 동작이 느리면 통보를 보내는 객체가 멈춰서 기다리게 된다. 이런 현상을 피하고 싶다면 NSNotificationCenter 대신에 NSNotificationQueue에 통보를 넣어서 (enqueue) 비동기 방식으로 동작하도록 해야 한다. 마지막으로 NSNotification Center는 당연히 앱 내부에서만 통보를 보낼 수 있다. iOS는 불가능하지만 OS X에서 다른 프로세스에 통보를 보내고 싶다면 Distributed Notification Center 방식을 찾아보기 바란다.

7.2.3 응답 체인 패턴

GoF의 디자인 패턴 책에서는 'Chain of Responsibility'으로 소개되는 패턴이다. 특정한 메시지에 응답할 객체를 바인드하거나 지정해서 결합성을 높이지 않고, 응답할 가능성이 있는 객체들을 체인 형태로 차례대로 확인하고 더 이상 응답할 객체가 없을 때까지 반복해서 확인하는 방식이다. 체인에 등록된 객체들은 해당 메시지를 처리하거나 혹은 처리하지 않고 다음 객체로 전달할 수 있다.

응답 객체(Responder Object)

코코아에서는 뷰나 윈도를 포함해서 이벤트를 받아서 응답하는 모든 객체의 최상위 클래스는 NSResponder다. 따라서 화면을 구성하는 모든 클래스는 응답이 가능한 객체다. 화면을 구성하는 뷰 객체들뿐만 아니라 NSViewController 클래스나 NSApplication 클래스도 마찬가지로 NSResponder를 상속하고 있다. 코코아 터치에서는 UIResponder라는 동일한 수준의 클래스가 존재하고, UIViewController와 UIApplication 클래스도 UIResponder를 상속한다.

처음 응답 객체

Xcode에서 인터페이스 객체를 작업할 때, 스토리보드 화면(scene)이나 Xib에서 Placeholders 항목에 '1'이 그려진 사각형 모양을 한 처음 응답 객체(First Responder) 항목이다. 처음 응답 객체는 응답 체인의 처음 항목을 지칭하는 프

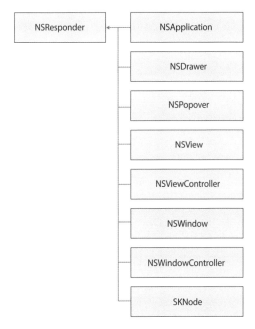

그림 7-7 NSResponder 클래스와 상속받는 클래스들 (OS X)

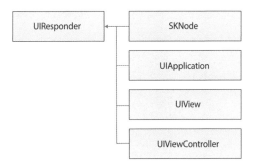

그림 7-8 UIResponder 클래스와 상속받는 클래스들 (iOS)

락시 객체다. 특정 메시지나 이벤트를 처리할 객체를 고정적으로 바인드하고 싶지 않다면, 이벤트 처리 대상을 처음 응답 객체로 지정한다. 그러면 응답 체인(Responder Chain)을 따라 응답 객체에게 해당 이벤트를 순서대로 보낼 수 있다.

처음 응답 객체에 액션을 지정하기 위해서는, 인터페이스 빌더에서 처음 응답 객체를 선택하고 그림 7-9처럼 속성 인스펙터에서 사용자 정의(User Defined) 항목에 액션 이름과 파라미터의 타입을 선택해야 한다.

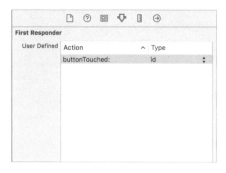

그림 7-9 처음 응답 객체에 액션 선언하기

그리고 원하는 컨트롤 객체의 액션을 기존 IBAction 추가하듯이 코드에 연결하는 것이 아니라, 그림 7-10과 같이 처음 응답 객체에 선언한 buttonTouched: 액션과 연결한다.

그림 7-10 버튼과 처음 응답 객체의 바인딩

이렇게 처음 응답 객체와 연결한 이벤트에 대한 액션 처리는 응답 체인에 있는 객체들을 차례대로 확인하면서 처리한다. 만약 응답 체인의 객체들을 모두 확인했는데 처리한 객체가 없다면 해당 이벤트는 무시한다. 특정 객체를 지정했다가 응답할 메서드가 없는 경우 크래시가 발생하는 것과는 대조적이다. 코코아 프레임워크에서는 그림 7-11과 같은 일반적인 응답 체인 계층 구조로 동작한다. 그림과 같이 Hit-Test가 가능한 최상위 뷰가 처음 응답 객체가 되고, 그 뷰를 포함하는 상위 뷰를 따라가서 최상위 뷰를 소유하는 뷰 컨트롤러 객체도 확인한다. 뷰 컨트롤러 다음에는 해당 뷰 컨트롤러를 포함하는 윈도 객체와 마지막으로는 애플리케이션 객체까지 확인한다. 이런 과정을 거치기 위해서 뷰 컨트롤러(NSViewController 또는 UIViewController)와 윈도(NSWindow 또는 UIWindow), 애플리케이션(NSApplication 또는 UIApplication) 클래스까지 응답 객체를 상속받아서 구현한 것이다.

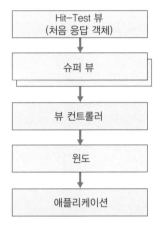

그림 7-11 응답 체인 계층 구조

응답 체인 탐색

앞에서 설명한 것처럼 일반적으로 응답 체인은 뷰 계층을 따라서 포커스된 화면 객체들 중에서 특정 뷰에서부터 윈도까지 이어진다. 그 사이에 뷰 컨트롤러 객체가 자동적으로 포함되지만, 원한다면 -setNextResponder: 메서드를 사용해서 다음 응답 객체를 지정할 수도 있다. 그리고 멀티 윈도 환경에서는 활성화된 키 윈도(Key window) 객체 다음에는 메인 윈도(Main Window)로 넘어가서 다시 메인 윈도의 처음 응답 객체부터 응답 체인을 탐색하기도 한다.

생각거리

macOS에서는 상단 메뉴에서 메뉴 이벤트를 처리할 때 구조적으로 응답 체인을 사용하는 게 효과적이었지만, iOS에서는 메뉴가 없고 (지금은 TV연결도 가능해서 항상 그런 건 아니지만) 단일 윈도 기반이라 응답 체인을 사용하는 경우가 상대적으로 적다. iOS에서도 화면 구조가 복잡할수록, 뷰와 뷰의 이벤트를 처리하는 객체를 명시적으로 바인드하는 것은 지양해야 한다. UI 변화와 기능 변경에 유연하게 대처하기 위해, 결합성을 줄일 수 있는 응답 체인을 구성해서 처리하는 방식을 추천한다.

7.2.4 호출 패턴

코코아에서 사용하는 호출(Invocation) 기법은 일반적인 커맨드(Command) 패턴을 구현하고 있다. 하지만 커맨드 패턴에서 정의한 요청 객체(client), 수신 객체(receiver), 호출 객체(invoker), 명령 객체(command) 용어를 사용하지 않고 애플 스타일로 다시 정의했다. 대신 셀렉터와 타깃 객체를 지정하고 인자 값을 넘겨서 타깃의 셀렉터를 호출하는 방식으로 구현했다. 7.3.4 '프락시 패턴'과 함께 사용해서, 메시지를 보내는 객체와 받는 객체 사이 메시지 전달 과정을 변경해서 메시지를 간접적으로 전달하는 패턴이다. 프락시 패턴과 함께 사용하면 특정 객체가 메시지를 받기 전에 인자 값을 확인하거나 내용을 변경하거나 동일한 메시지를 복사해서 다른 객체에 전달하는 방식(forward)도 구현할 수 있다.

NSInvocation 클래스

NSInvocation 클래스는 오브젝티브-C 메시지를 객체로 추상화하기 때문에 메시지와 함께 전달해야 하는 속성들을 객체로 표현할 수 있다. 예를 들어 메시지 이름(selector)과 시그니처(MethodSignature), 메시지 수신자(target)와 모든 인자 값(arguments)들을 포함하고, NSInvocation을 실행한 이후에 리턴 값(returnValue)도 담을 수 있다.

NSInvocation을 사용할 때 주의해야 할 사항이 몇 가지 있다. 첫 번째, 항상 +invocationWithMethodSignature 지정 생성자를 이용해서 생성하고 초기화를 해야 한다. alloc과 init을 사용해서 초기화하면 안 된다. 두 번째, -setArgument:atIndex: 메서드로 인자 값을 설정할 때 두 번째부터 인자 값을 지정해야 한다. 0번째와 첫 번째는 런타임에서 객체에 메시지를 보낼 때 self와 _cmd 값을 보관하는 용도로 쓰이기 때문이다. 세 번째, 넘기는 인자 값에 객체 참조가 있을 경우 효율성을 위해서 소유하지(retain) 않는다. 따라서 인자 값으로 넘어가는 객체에 대한 소유권을 호출(invoke) 시점까지 유지하고 싶으면 -retainArguments 메시지를 보내야 한다. NSTimer의 경우에는 특이하게도 자동적으로 타이머 객체를 소유(retain)한다는 점을 기억하자.

코드 7-4에 있는 NSInvocation 예시 코드를 살펴보자. 인자 값이 없는 -waketimeByInvocation 메서드를 호출하기 위해서 NSInvocation 객체를 만들고, 타깃은 self로 지정하고 셀렉터에 대한 메서드 시그니처를 넘겨서 실행한다. 메서드 실행 이후에는 -getReturnValue 메서드로 리턴 값을 포인터 변수로 넘겨받는다.

코드 7-4 NSInvocation 예시

```
- (NSTimeInterval)waketimeByInvocation {
    NSTimeInterval waketime = [[NSDate date] timeIntervalSince1970];
    return waketime;
}

- (void)buttonTouched:(id)sender {
    NSString *selectorString = @"waketimeByInvocation";
    SEL selector = NSSelectorFromString(selectorString);
    NSMethodSignature *methodSignature
        = [self methodSignatureForSelector:selector];
    NSInvocation *invocation
        = [NSInvocation invocationWithMethodSignature:methodSignature];

    [invocation setTarget:self];        // 0번째 인자 값 : self 또는 t
    [invocation setSelector:selector];  // 1번째 인자 값 : _cmd
    [invocation invoke];

    NSTimeInterval returnDate;
    [invocation getReturnValue:&returnDate];
    NSLog(@"waketime = %@", [NSDate dateWithTimeIntervalSince1970:returnDate]);
}
```

생각거리

예시에서도 볼 수 있듯이 NSInvocation 객체를 직접 만들어서 사용하는 것은 타 깃과 액션을 지정해서 메시지를 보내는 것보다는 번거로운 작업이다. 그럼에도 불구하고 이런 패턴으로 구현해야 하는 경우는 객체에 보내는 메시지 자체를 객 체로 추상화해서 복사하거나 일부러 지연시키거나 반복해서 여러 객체에 전달 하는 역할을 할 때다. 코코아에는 여러 작업에 대한 Undo/Redo 기능을 기록하 기 위해서 사용하는 NSUndoManager 클래스가 있다. 객체로 보낼 메시지와 이벤 트 액션을 NSInvocation으로 추상화해서 NSUndoManager에 저장하면 되돌리기 기능을 손쉽게 구현할 수 있다. 이와 관련된 상세한 내용은 'Undo Architecture' 가이드 문서를 참고하자. 더불어 NSInvocationOperation 객체를 상속받아 원하 는 객체에 메시지를 보내는 작업을 NSOperationQueue를 활용해서 런타임에 활용 할 수도 있다.

7.2.5 요약

객체가 많아질수록 객체의 관계가 복잡해지고, 객체의 관계가 복잡해질수록 결 합성이 높아져서 코드는 점차 변경하기 어려운 형태가 된다. 객체들 사이의 결 합성을 줄여서 유연한 구조를 갖도록 도와주는 패턴들을 늘 염두해두자. 1개의 리소스에 접근해야 할 경우 좋은 구조도 있다. 1:n 구조로 여러 객체에 통보를 보내야 할 경우도 있다. 그리고 이벤트 메시지를 받을 객체를 명시적으로 지정하지 않고 처리할 수 있는 구조도 있다. 객체가 보내는 메시지를 객체로 만들 수도 있다. 이런 패턴들을 활용해서 객체들 사이의 관계를 좀 더 단순하게 변화시키는 것은 여러분의 몫이다.

7.3 객체 내부의 복잡성을 감춰주는 패턴

객체 중심 디자인에서 객체를 설계할 때, 객체 설계 범위는 객체마다 갖는 고유한 역할과 책임을 기준으로 정한다. 객체 역할과 책임에 대한 내부 구현 방식은 최대한 감추면서, 객체를 마치 하드웨어 부속처럼 부품화하면 손쉽게 재사용이 가능해진다. 아무리 재사용성이 높더라도 객체 내부가 복잡하면 그 객체를 사용하는 인터페이스도 복잡해지고, 협력하는 다른 객체들까지 영향을 받아 사용성이 떨어지거나 결합성이 높아진다. 코코아 프레임워크에서 객체 내부의 복잡성을 감추기 위해서 어떤 패턴들을 적용했는지 살펴보자.

7.3.1 팩토리 추상화 패턴

팩토리 추상화(Abstract Factory)는 세부 클래스를 지정하지 않고 관련된 클래스 패밀리를 생성할 수 있는 인터페이스를 제공한다. 팩토리 추상화는 클래스 클러스터(Class Cluster)라고도 부른다. 객체를 생성하는 시점에 사용하는 특정한 클래스가 내부의 여러 하위 클래스를 추상화하며, 생성하는 데이터에 따라 적합한 내부 클래스로 객체 인스턴스를 생성해주기 때문에 그렇게 부른다. 파운데이션 프레임워크의 상당수 클래스는 클러스터 클래스로 구현했다. NSNumber 클래스는 내부적으로 다양한 수를 저장할 수 있도록 그림 7-12처럼 여러 타입을 하나의 클래스로 추상화해서 다룰 수 있도록 구현했다.

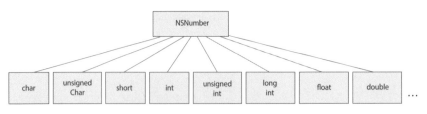

그림 7-12 NSNumber 클래스 클러스터

NSString 클래스로 인스턴스를 만들어도 NSString 클래스 그대로 객체 인스턴스를 생성하는 것이 아니다. 문자열 내용에 따라서 유니코드용 객체를 만들기도 하고 ASCII 코드 전용 객체를 만들기도 한다. 이렇게 클러스터 클래스는 객체 생성 시점에 적합한 내부 객체 인스턴스를 만들어주는 공장 역할을 담당하면서, 복잡한 파운데이션 내부 객체들을 감추고 필요한 인터페이스에만 집중할 수 있도록 도와준다.

코드 7-5 +alloc과 –init 단계별 클래스

```
NSString* stringIntance = [NSString alloc];
NSLog(@"+alloc class=%@", NSStringFromClass(stringIntance.class));

stringIntance = [stringIntance initWithFormat:@"안녕 NSString"];
NSLog(@"-initWithFormat class=%@", NSStringFromClass(stringIntance.class));

// 실행 결과
2016-04-09 13:10:46.686 HelloWorld[35675:2818153] +alloc class=NSPlaceholderString
2016-04-09 13:10:46.686 HelloWorld[35675:2818153] -initWithFormat class=__NSCFString
```

코드 7-5에서 볼 수 있듯이, NSString 클래스에 +alloc 메시지를 보내면 생성되는 클래스는 임시적으로 생기는 NSPlaceholderString 클래스 객체다. 그리고 초기화를 위해 –initWithFormat: 메시지를 보내면 결과적으로 NSCFString 객체 인스턴스가 생성된다. 개발자는 프레임워크가 내부에서 생성한 NSPlaceholderString 클래스나 NSCFString 클래스를 전혀 신경 쓸 필요 없다. 단지 추상화된 NSString 클래스의 인터페이스에 따라서 메시지만 보내면 된다. 내부적으로 어떤 객체가 생성되는지, 얼마나 내부가 복잡한지 몰라도 쉽게 사용할 수 있는 것이다. 디버깅을 하다 보면 NSCFString 클래스처럼 디버깅할 때만 나타나는 낯선 이름의 클래스를 종종 볼 수 있다. 그럴 때는 접두어와 클래스 이름을 보면 어떤 클래스 클러스터의 하위 클래스인지 판단하는 데 도움이 된다.

코코아 프레임워크에는 이런 객체들이 꽤 많다. 앞서 설명한 NSString을 포함해서 NSData, NSArray, NSDictionary, NSSet 클래스와 이와 같은 클래스의 가변 객체들까지 모두 클래스 클러스터 형태로 구현되어 있다. 이런 클래스들은 복잡함을 감춰서 단순하게 사용할 수 있는 반면에 감춘 부분이 많아 확장하기는 어려운 형태다. 추상화된 클래스 클러스터부터 하위 객체까지 세부적인 상속 관계에 따라 필요한 부분을 모두 구현하기 어렵기 때문이다. 그래서 이런 객체를 확장할 때는 상속 대신 카테고리 방식으로 원하는 메서드를 추가하는 것이 바람직하다.

7.3.2 파사드 패턴

파사드 패턴(Façade)은 객체 생성을 하나의 팩토리 클래스에서 추상화했던 클래스 클러스터와 비슷하다. 내부 객체들의 복잡한 관계를 감추고 하나의 클래스가 인터페이스를 모두 담당하는 패턴을 파사드 패턴이라고 한다. 파사드는 영어 'Face'에 해당하는 프랑스 단어다. 객체의 접점을 의미하는 인터페이스(interface)라는 단어도 어원을 보면 두 얼굴이 마주보고 있다는 뜻이다. 특정 클래스의 얼굴처럼 인터페이스 역할을 담당하는 클래스에 붙이는 이름이다.

코코아의 대표적인 파사드 클래스는 이미지 관련 클래스인 NSImage와 UIImage 클래스다. 여러 이미지 포맷 처리, 압축 데이터 처리, 그리는 방식, 헤더 데이터 구조 등 이미지와 관련된 내부 구조를 자세히 모르더라도 이미지 클래스 인터페이스 하나로 거의 모든 동작을 실행한다. 벡터 방식의 PDF 파일이든 TIFF 파일이든 PNG 파일이든 상관없이 동일한 인터페이스로 디바이스 화면에 맞춰서 동작한다. 내부적으로 다양한 형식의 이미지 데이터를 다루기 때문에 인터페이스 동작이 모든 데이터에서 의도대로 동작하지 않을 수도 있다. 예를 들어 벡터 방식 이미지는 비트맵 이미지일 경우와 달리 특정 픽셀의 색상을 구하는 동작이 작동하지 않는다.

파사드 패턴으로 구현한 또 다른 예는 코어 데이터에서 사용하는 영구 저장 객체(Persistent Storage Coordinator) 클래스에서 찾을 수 있다. 이 객체는 하위에 어떤 저장소를 선택해서 쓰더라도, 동일한 인터페이스로 여러 영구 저장 구조에 접근할 수 있도록 지원한다. 내부 데이터가 Plist 형식의 XML이든지 데이터베이스 SQLite든지 상관없이 동일하게 처리할 수 있다.

생각거리

파사드 패턴의 장점은 복잡한 협력 관계를 가진 객체들에 접근하는 단순한 인터페이스를 제공해 줄 경우에만 발휘된다. 복잡한 객체들의 관계를 개선하는 노력 없이, 내부 객체들에 접근할 수 있는 단일 인터페이스 객체만 제공할 수도 있다. 하지만 이렇게 접근 객체를 하나만 제공하면서 클래스 사용성이 개선되지 않으면 쓸모없는 패턴이 된다. 파사드 패턴을 구현하기 위해서는 내부 객체도 반드시 함께 개선해야만 한다. 코코아에서는 일반적으로 클래스 클러스터 객체가 파사드 객체 역할까지 하는 경우가 많다.

7.3.3 번들 패턴

번들(Bundle) 구조는 실행 파일과 프로그램에서 사용하는 인터페이스, 문자열, 이미지, 음악 같은 리소스를 디렉터리에 구조적으로 묶어놓은 것을 말한다. 실행 파일은 하드웨어나 CPU에 따라 다른 아키텍처를 포함하는 복수 실행 파일을 포함할 수 있다. 여러분들이 이미 사용하고 있는 모든 맥용 앱이나 iOS 앱도 '앱 번들 구조'로 되어 있고, 개발 과정에 사용하는 프레임워크들은 '패키지 번들 구조'를 갖추고 있다.

그림 7-13을 살펴보면 /Application 디렉터리에 있는 Xcode.app 내부의 번들 구조를 알 수 있다.

MacOS 디렉터리 아래에 Xcode 바이너리 실행 파일이 있고, Resouces 디렉터리 아래에 리소스 파일들이 들어 있다. 앱에 대한 정보와 각 디렉터리에 대한 메타 정보는 Info.plist 파일에 저장한다. Xcode에서 타깃별로 빌드 설정을 관리하는 Info 탭 항목은 바로 번들 구조에 대한 Info.plist 파일을 지칭한다.

그림 7-13 /Applicaion/Xcode.app 번들 구조

Info.plist 파일

번들 구조에서 앱에 대한 기본적인 정보들은 Info.plist 파일에 저장한다. 주의할 점은 반드시 Info의 'I'를 대문자로 해야 한다는 것이다. 키 값은 코어 파운데이션 CFBundle에 선언되어 있어서 상수앞에 CF 접두어가 붙어있다.

키 값	설명
CFBundleName (번들명)	앱 이름으로 사용한다. Xcode에서는 프로젝트 이름으로 지정한다.
CFBundleDisplayName (표시 이름)	언어별 지역화한 앱 이름. 번들의 언어별 지역화 디렉터리에 InfoPlist.strings 파일에 넣으면 된다.
CFBundleIdentifier (번들 아이디)	앱을 구분하는 고유한 아이디 문자열. UTI 규격에 맞춰서 알파벳과 하이픈(-), 마침표(.)만 가능하다. 보통은 DNS 이름 역순으로 표기한다.
CFBundleVersion (번들 버전)	번들 버전에 대한 문자열. 마침표로 구분해서 하위 버전을 구분하기도 한다. 지역화는 불가능하다.
CFBundlePackageType (번들 OS 타입 코드)	번들의 타입 (4자리). 앱 번들은 'APPL'을 사용한다.
CFBundleSignature (번들 생성 타입 코드)	번들을 만들 때 생성 코드 (4자리). Xcode에서는 값을 입력하기 전까지 ????로 지정한다.
CGBundeExecutable (실행 파일)	번들에 포함하는 실행 파일명

표 7-2 Info.plist 주요 키 값들

리소스 지역화

번들 내부에서 리소스 파일을 찾을 때는 다음과 같은 규칙을 따른다.

- 지역화(localized)하지 않는 글로벌 리소스는 Resources 디렉터리에 포함한다.
- 사용자 지역 설정에 맞춰서 지역별 지역화 리소스를 찾는다.
- 사용자 언어 설정에 맞춰서 언어별 지역화 리소스를 찾는다.
- Info.plist에 기본 언어로 지정한 개발 언어 리소스를 찾는다.

글로벌 리소스 파일들은 리소스 디렉터리 바로 아래에 있어야 한다. 리소스 지역화 디렉터리는 [언어]_[지역].lproj 형식으로 만들어지며, 각 지역화에 맞는 리소스 파일들을 동일한 이름으로 지역화 디렉터리에 넣어야 한다. 예를 들어 한국에 있는 모든 사용자를 위한 리소스 파일들은 KR.lproj 디렉터리에 있어야 하고, 한국에서 영어를 사용하는 사용자만을 위한 리소스 파일들은 en_KR.lproj 디렉터리에 있어야 한다. 한국어만을 사용하는 사용자를 위한 리소스 파일들은 ko.lproj 디렉터리에 있어야 한다.

iOS 앱 번들

iOS 앱은 맥 앱보다는 기본적인 번들 구조가 단순하다. iOS 앱은 그림 7-14처럼 실행 파일과 리소스 전체가 하나의 디렉터리로 구성된다. 물론 앱 스토어에서 배포하는 앱(IPA) 파일을 풀어보면 인증서와 구매 정보를 포함하기 때문에 내용은 좀 더 많아진다. iOS용 앱의 리소스는 개발 단계에서 사용하는 스토리보드나 Xib, 이미지 파일과 100% 동일하지 않다. 앱 배포 단계에서 인터페이스 파일도 컴파일해서 .storyboardc 파일로 바꾸고 일부 이미지 파일도 데이터 인코딩을 변경해서 파일 크기를 조정한다.

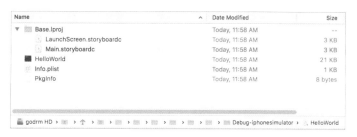

그림 7-14 iOS 앱 번들 구조

iOS 앱 번들에는 앱 바이너리 실행 파일과 Info.plist, 앱 아이콘과 런치 이미지 등을 포함한다. 이렇게 번들 구조는 OS X과 iOS에서 앱 뿐만 아니라 프레임워크와 플러그인까지 다양한 곳에서 활용한다. 번들의 구조적인 특징을 알아두면 복잡한 구조를 감추는 데 도움이 될 것이다.

7.3.4 프락시 패턴

프락시(Proxy) 객체는 다른 객체를 감싸거나 대신해서 접근하는 기능을 제공한다. NSProxy 클래스는 코코아에서 유일하게 NSObject에서 상속받지 않고 NSObject 프로토콜만 구현한, 숨겨진 최상위 객체다. 단지 다른 객체를 대신하는 동작을 위해 필요한 인터페이스만 선언한 추상화 클래스다. NSProxy 인터페이스를 상속받아 만든 프락시 객체는 원하는 메시지를 다른 객체로 전달하는 역할을 한다. 코코아에 이미 구현되어 있는 프락시 클래스는 다른 앱이나 다른 쓰레드에 있는 객체를 프락시로 연결해주는 NSDistanceObject 클래스가 있다. 로컬(local)에서 프락시 역할을 담당하는 NSDistanceObject 인스턴스가 메시지를 받으면, 다른 앱에서 원격(remote) 프락시 역할을 담당하는 객체에 보낸다. 프락시 객체가 응답을 받으면 다시 원래 호출했던 객체에 응답을 보내는 구조로 되어 있다. 프락시 객체가 다른 객체로 메시지를 보낼 때 사용하는 방식이 바로 앞서 설명한 NSInvocation 클래스 −forwardInvocation: 메서드를 구현하는 것이다.

그림 7-15 프락시 객체 동작 방식

메시지 포워딩

객체에 메시지를 보내면 메시지에 해당하는 메서드를 찾기 위해서 내부적으로 셀렉터를 사용한다고 설명했다. 아마도 한 번쯤은 '알 수 없는 셀렉터(unrecognized selector sent to instance)' 오류 메시지를 본 적이 있을 것이다. 특정 객체에 구현되지 않은 메시지를 보내면 셀렉터와 일치하는 메서드가 없어서 오류가 난다. 이렇게 타깃 객체에 셀렉터와 일치하는 메서드가 없어도 에러를 발생시키지 않고 해결할 수 있는 방법은 다음과 같다,

• (뒤늦게) 동적 메서드 추가하기

우선 객체는 일치하는 메서드를 찾지 못하면 클래스에 +resolveInstanceMethod: 메서드가 구현되어 있는지 보고 호출한다. 이 방법은 해당 메서드에 대한 동작을 하는 동적 메서드를 미리 구현해놓고, 단지 셀렉터를 못 찾은 경우에 메서드를 추가할 기회를 주는 것이다. 이 메서드에서 미리 준비한 메서드가 있으면 class_addMethod() 같은 런타임 API로 메서드를 추가하고 YES를 리턴하면 해당 메서드를 다시 호출한다.

• 곧바로 포워딩하기

두 번째 방법은 해당 객체에는 셀렉터가 구현되지 않았기 때문에 다른 객체가 처리할 수 있는지 확인해서 다른 객체로 메시지를 포워딩하는 것이다. −forwardingTargerForSelector: 메시지를 보내서 대신 수신할 객체가 있으면 리턴해주고 없으면 nil을 반환한다. 이 메서드를 상위 클래스에 구현해놓고, 해당 메시지를 처리할 수 있는 내부 객체를 반환하는 형태로 구현하기도 한다. 이 방법을 쓰면 메시지 자체를 수정할 수는 없다. 단지 전달할 대상만 바꾸는 방법이다.

• 완전 포워딩하기

마지막 방법은 7.2.4절에서 설명한 호출 패턴 방식을 쓰는 것이다. NSInvocation 클래스를 사용해서 메시지를 담고 원하는 대상 객체로 보내는 완전 포워딩 방식이다.

생각거리

런타임에서 위의 세 가지 방법을 모두 시도해봤는데도 메시지를 처리할 객체가 없으면 그제서야 모르는 셀렉터 에러가 발생한다. 위의 방식들 중에 하나를 직접적으로 사용해도 좋다. 하지만 특정 객체 내부에 복잡한 관계를 가진 객체들에게 메시지를 단계적으로 전달해야만 하는 경우가 있다. 이런 경우 내부 객체를 연속해서 델리게이트(Delegate) 객체로 지정하거나 불필요한 알림을 보내지 않는 게 좋다. 결과적으로는 프락시를 구현하는 게 좋다. 이렇게 차원 높은 프락시에게 메서드별로 처리할 객체를 확인하는 방식을 고차원 메시지(High-Order Messaging) 방식이라고 부른다. 고차원 메시지 방식은 객체들의 동작을 모두 기록해야 하는 경우에도 유용하게 사용할 수 있다.

7.3.5 요약

객체가 많아질수록 객체들의 상속 관계, 참조 관계, 협력 관계는 복잡해질 수밖에 없다. 상위 객체가 하위 객체를 포함하고 있으면, 다른 객체는 단지 하나의 메시지를 보낼 뿐이지만 내부에서는 여러 객체에 영향을 미친다. 객체가 복잡한 객체 관계를 감추고 적합한 인터페이스만을 제공하고, 객체끼리 효과적이고 효율적인 협력 관계를 갖도록 설계하는 것은 개발자들의 몫이다. 이번 절에서 설명한 복잡성을 감춰주는 패턴들은 이런 상황에서 도움이 될 것이다. 코코아 클래서에서 활용하는 방식들을 기준으로 학습하고, 내가 만드는 객체에도 적용해보면 왜 이런 패턴이 효과적인지 경험할 수 있고, 패턴이 주는 긍정적인 변화를 이해할 수 있을 것이다.

2부

함수 중심 프로그래밍

8장

블록과 클로저

1부에서는 객체 중심 프로그래밍 관점에서 코코아 프레임워크의 요소들을 살펴봤다. 이번 장부터는 함수 중심 프로그래밍 관점에서 코코아 프레임워크를 살펴보려고 한다. 코코아는 처음 만들어질 때부터 철저하게 객체 중심 디자인을 따라 설계되기는 했지만, 스위프트가 나오기 전부터 이미 함수 중심 프로그래밍의 일부 개념들을 도입해왔다. 특히 멀티 패러다임 언어인 스위프트가 나오면서 거의 20년 동안 변화가 없던 파운데이션 프레임워크조차도 재빠르게 제네릭(Generic)을 지원했다. 뿐만 아니라 오브젝티브-C 언어도 함수 중심 언어의 클로저 개념을 블록 객체 형태로 구현했다. 이번 장에서는 블록과 클로저를 어떤 방식으로 처리하는지 내부 구현 방식을 알아보도록 하자.

8.1 블록

2010년 WWDC에서 iOS 4와 OS X 10.6을 소개하면서 새로운 블록(Block) 객체를 소개했다. 블록 객체는 GCD(Grand Central Dispatch)라는 멀티 스레드 관련 라이브러리에서 관리하는 코드 묶음 단위다. 다른 함수 중심 언어에 있는 람다 계산식(Lamda Calculus) 또는 클로저(Closure) 개념을 블록으로 구현했다. 애플은 C 언어에 ABI 확장 방식[1]으로 블록 표준을 제안했고, LLVM-GCC[2]와 Clang에서 가장 먼저 구현했다. 블록 런타임은 LLVM 서브프로젝트인

---

1 응용프로그램 바이너리 인터페이스. 기계어로 된 목적 파일이나 모듈 사이의 함수 호출, 인자 값, 리터 값 처리 방식에 대한 표준 방식
2 GCC 컴파일러를 수정해서 LLVM 기능을 넣은 임시 버전. Clang을 만들기 전까지 쓰였다.

compiler-rt에 포함되어 오픈소스로 공개되었다. 블록 관련 구현체가 궁금한 사람은 Clang 구현 방법 문서와 함께 오픈소스를 찾아보면 된다.

8.1.1 블록 객체 구현

이 책에서는 블록 문법이나 블록 API 사용법을 설명하지는 않는다. 대신 코코아 프레임워크와 내부에 블록 객체가 어떻게 구현되어 있는지 설명한다. 블록 사용 법이 궁금하면 오브젝티브-C 문법 책을 참고하기 바란다. 스티브 코찬(Stephen G. Kochan)의 『오브젝티브-C 2.0』을 추천한다.

Clang 문서에 따르면 블록 객체를 관리하는 구조체는 코드 8-1처럼 관리한다. 블록 코드를 포함한 소스를 컴파일하고 나면 블록 리터럴 구조체처럼 변형된 코 드를 생성한다.

코드 8-1 블록 리터럴 구조체

```
struct Block_literal_1 {
    void *isa; // &_NSConcreteStackBlock 또는 &_NSConcreteGlobalBlock 객체 포인터
    int flags; // 블록 객체 종류에 대한 플래그
    int reserved;
    void (*invoke)(void *, ...);
    struct Block_descriptor_1 {
        unsigned long int reserved;
        unsigned long int size;          // 크기 sizeof(struct Block_literal_1)
        // 선택적인 헬퍼 함수들
        void (*copy_helper)(void *dst, void *src);     // IFF (1<<25)
        void (*dispose_helper)(void *src);             // IFF (1<<25)
        // ABI.2010.3.16 버전 이상 ABI
        const char *signature;                         // IFF (1<<30)
    } *descriptor;
    // 여기서부터 변수 추가
};
```

블록 리터럴 구조체 코드는 LLVM 오픈소스에서 스위프트 오픈소스로 복사된 compiler-rt에서도 확인할 수 있다. *https://github.com/apple/swift-compiler-rt/ blob/stable/lib/BlocksRuntime/Block_private.h* 파일에는 struct Block_layout으로 선언되어 있다. 같은 파일에는 블록 구조체와 관련된 상수도 함께 선언되어 있 다. 가변적으로 변하는 블록 리터럴 구조체에 대한 플래그 상수는 코드 8-2와 같다.

코드 8-2 블록 플래그(flags) 상수들

```
enum {
    BLOCK_REFCOUNT_MASK =    (0xffff),
    BLOCK_NEEDS_FREE =       (1 << 24),
```

```
    BLOCK_HAS_COPY_DISPOSE =  (1 << 25),
    BLOCK_HAS_CTOR =          (1 << 26), // C++ 코드 전용
    BLOCK_IS_GC =             (1 << 27),
    BLOCK_IS_GLOBAL =         (1 << 28),
    BLOCK_HAS_DESCRIPTOR =    (1 << 29)
};
```

블록의 내부 구조를 확인하기 위해서, macOS 기반 Command Line 프로젝트 템플릿으로 'Hello World' 수준의 예시를 만들어보자. NSLog() 함수로 "Hello, Block!"을 출력하도록 블록을 선언하고 호출하도록 main.m 파일을 작성한다.

코드 8-3 블록 예시

```
int main(int argc, const char * argv[]) {
    void(^display)(void) = ^{ NSLog(@"Hello, Block!"); };
    display();
    return 0;
}
```

코드 8-3과 같은 간단한 블록 예시를 Clang으로 컴파일했을 때 내부적으로 만들어지는 코드를 C++ 수준에서 보면 코드 8-4와 같다. 일반적으로 컴파일러가 만드는 목적 코드는 기계어 수준이기 때문에 사람은 읽을 수가 없다. 하지만 Clang에 오브젝티브-C 코드를 컴파일하고 기계어 대신 저수준 코드로 만드는 -rewrite-objc 옵션을 추가하면 만들어지는 main.cpp 파일은 코드 8-4처럼 읽을 수 있다.

코드 8-4 컴파일러가 변환한 블록 예시 코드

```
struct __main_block_impl_0 {
    struct __block_impl impl;
    struct __main_block_desc_0* Desc;
    __main_block_impl_0(void *fp, struct __main_block_desc_0 *desc, int flags=0)
    {
        impl.isa = &_NSConcreteStackBlock;
        impl.Flags = flags;
        impl.FuncPtr = fp;
        Desc = desc;
    }
};

static void __main_block_func_0(struct __main_block_impl_0 *__cself) {
 NSLog((NSString*)&__NSConstantStringImpl__var_string_object); }

static struct __main_block_desc_0 {
    size_t reserved;
    size_t Block_size;
} __main_block_desc_0_DATA = { 0, sizeof(struct __main_block_impl_0) };
```

```
int main(int argc, const char * argv[]) {
    void(*display)(void) = ((void (*)())&__main_block_impl_0(
                            (void *)__main_block_func_0,
                            &__main_block_desc_0_DATA));
    ((void (*)(__block_impl *))((__block_impl *)display)->FuncPtr)
                            ((__block_impl *)display);
    return 0;
}
```

코드 8-4를 살펴보면 블록 코드는 내부적으로 __main_block_func_0()라는 이름을 갖는 C 함수로 만들어지고, 앞서 설명했던 __main_block_impl_0 이름을 가진 블록 리터럴 구조체가 만들어졌다. display 블록 코드 한 줄을 처리하기 위해서, 상당히 복잡한 처리 과정을 거치는 것을 알 수 있다. 이 예시는 블록 선언 이전 범위에 변수가 없어서, 블록 구조체 내부에 캡처하는 변수가 따로 없다. 이 블록 객체는 main() 함수 스택에 생성한 블록이기 때문에 impl.isa 변수에 스택 블록 객체에 대한 메타 클래스 &_NSConcreteStackBlock 포인터를 저장하고 있다. 이 구조는 오브젝티브-C 객체 인스턴스가 클래스 정보를 저장하고 있던 isa 구조와 동일하다. 차이점이 있다면 오브젝티브-C 객체는 항상 스택이 아닌 힙에 만들어 지지만, 블록 객체는 스택에 만들어긴다는 점이다. 대부분 블록 객체는 스택 함수 범위에 존재하기 때문에 속도 측면에서 이득을 가져다 준다. 만약 블록 객체를 함수 내부가 아니라 글로벌에 생성한다면 isa에는 &_NSConcreteGlobalBlock 포인터를 저장한다.

블록 객체도 다른 객체와 동일하기 때문에 retain, release, copy 메시지를 보내서 블록 객체 소유권 관리가 가능하다. 한 가지 염두에 두어야 할 것은 기본적으로 스택 객체이기 때문에 소유권(retain)을 갖고 리턴하거나 전달하더라도 스택 포인터가 반환되면 객체는 사라진다는 것이다. 따라서 스택에 만들어진 블록 객체는 반드시 copy 메시지를 보내서 힙에 복사해야만 한다. 이렇게 힙에 복사된 블록 객체는 isa에 &_NSConcreteMallocBlock 포인터를 저장한다. 참고로 글로벌 블록 객체는 복사가 되지 않으며, 이미 복사된 힙 블록 객체는 또다시 복사되지 않고 참조 횟수만 증가한다.

8.1.2 변수 캡처하기

이제 변수를 포함한 블록 예시를 살펴보자.

코드 8-5 변수 포함한 블록 예시

```
int main(int argc, const char * argv[]) {
    NSString* blockString = @"Hello, My name is %s.";
    char* name = "godrm";
    int since = 2013;
    void(^display)(void) = ^{ NSLog(blockString, name); };
    display();
    return 0;
}
```

코드 8-5처럼 블록 코드 이전에 NSString 객체와 C 문자열 타입 name 변수를 추가했다. 이렇게 변수가 포함할 경우 어떻게 변환되는지 살펴보자.

코드 8-6 컴파일러가 변수 캡처하고 블록 예시를 변환한 코드

```
struct __main_block_impl_0 {
    struct __block_impl impl;
    struct __main_block_desc_0* Desc;
    NSString *blockString;
    char *name;
    __main_block_impl_0(void *fp, struct __main_block_desc_0 *desc, NSString
*_blockString, char *_name, int flags=0) : blockString(_blockString),
name(_name) {
        impl.isa = &_NSConcreteStackBlock;
        impl.Flags = flags;
        impl.FuncPtr = fp;
        Desc = desc;
    }
};

static void __main_block_func_0(struct __main_block_impl_0 *__cself) {
    NSString *blockString = __cself->blockString; // 값 복사
    char *name = __cself->name; // 값 복사
    NSLog(blockString, name);
}

static void __main_block_copy_0(struct __main_block_impl_0*dst,
struct __main_block_impl_0*src) {
    _Block_object_assign((void*)&dst->blockString, (void*)src->blockString, 3
/*BLOCK_FIELD_IS_OBJECT*/);
}

static void __main_block_dispose_0(struct __main_block_impl_0*src) {
    _Block_object_dispose((void*)src->blockString, 3/*BLOCK_FIELD_IS_OBJECT*/);
}

static struct __main_block_desc_0 {
    size_t reserved;
    size_t Block_size;
    void (*copy)(struct __main_block_impl_0*, struct __main_block_impl_0*);
    void (*dispose)(struct __main_block_impl_0*);
} __main_block_desc_0_DATA = { 0, sizeof(struct __main_block_impl_0),
```

```
__main_block_copy_0, __main_block_dispose_0 };

int main(int argc, const char * argv[]) {
    NSString* blockString =
        (NSString *)&__NSConstantStringImpl__var_string_object;
    char* name = "godrm";
    int age = 40;
    void(*display)(void) =
        ((void (*)())&__main_block_impl_0((void *)__main_block_func_0,
        &__main_block_desc_0_DATA, blockString, name, 570425344));
    ((void (*)(__block_impl *))((__block_impl *)display)->FuncPtr)
((__block_impl *)display);
    return 0;
}
```

코드 8-6을 보면 변수가 없을 때보다 더 복잡해졌다는 것을 알 수 있다. 우선 자
동적으로 해당 변수를 복사하기 위해 블록 구조체 내부에 desc 다음에 NSString*
blockString과 char* name 변수가 추가됐다. 블록 내부에서 참조하지 않는 int
since 변수는 추가하지 않는다.

blockString 변수가 객체라서 __main_block_copy_0() 함수와 __main_block_
dispose_0() 함수가 추가됐다. 이 두 함수의 역할은 각각 _Block_object_
assign()과 _Block_object_dispose()를 호출해서, 객체에 대한 소유권 가져오
기(retain)와 반환하기(release)를 처리한다. _Block_object_assign() 내부에
서는 _Block_retain_object()와 _Block_assign()을 호출하여 캡처하는 과정에
서 소유권을 가져온다. 반대로 _Block_object_dispose() 내부에서는 _Block_
release_object()를 호출해서 소유권을 반환한다. 이렇게 객체를 참조할 때는
__main_block_desc_0 구조체에 copy_helper 함수와 dispose_helper 함수가 추
가된다.

블록 구조체 내부의 blockString 변수를 살펴보자. 객체 포인터를 복사하고
소유권을 가져오기 때문에 객체를 참조할 수 있다. 힙에 있는 객체 내용은 언제
든지 변경이 가능하다. 만약 blockString이 가변 객체라면 블록 내부에서 객체
내용을 변경하는 것도 가능하다. 블록 내에서 blockString에 새로운 객체를 생
성하고 포인터를 저장한다면 블록 범위 바깥에 있던 원래 blockString 객체와는
고유성이 다른 객체가 만들어지게 된다는 점을 기억하자.

블록 바깥의 외부 변수 자체를 바꾸기 위해서는 __block 지시어를 지정해야
한다. 이번에는 __block 지시어를 지정한 경우 어떻게 되는지 살펴보자.

8.1.3 __block 지시어

앞서 설명한 것처럼 블록 코드에서 블록 범위 바깥에 있는 변수는 기본적으로 자동 캡처 대상이다. 내부 블록 범위 바깥에 있는 변수를 변경하기 위해서는 반드시 __block 지시어를 지정해줘야 한다. 코드 8-7처럼 int since 변수 앞에 __block 지시어를 지정해야만 블록 내부에서 변수의 값을 변경할 수 있다.

코드 8-7 __block 지시어를 지정한 경우 블록 코드

```
int main(int argc, const char * argv[]) {
    __block int since = 2013;
    void(^display)(void) = ^{
        since = 2016;
        NSLog(@"copyright since %d", since);
    };
    display();
    return 0;
}
```

이런 경우 컴파일러가 코드를 어떻게 변경하는지 살펴보자. 코드 8-8은 컴파일러가 변경한 코드다.

코드 8-8 컴파일러가 __block 지시어를 포함한 블록 예시를 변환한 코드

```
struct __Block_byref_since_0 {          ❶
    void *__isa;
    __Block_byref_since_0 *__forwarding;
    int __flags;
    int __size;
    int since;
};

struct __main_block_impl_0 {
    struct __block_impl impl;
    struct __main_block_desc_0* Desc;
    __Block_byref_since_0 *since; // 참조하기
    __main_block_impl_0(void *fp, struct __main_block_desc_0 *desc,
__Block_byref_since_0 *_since, int flags=0) : since(_since->__forwarding) {
        impl.isa = &_NSConcreteStackBlock;
        impl.Flags = flags;
        impl.FuncPtr = fp;
        Desc = desc;
    }
};

static void __main_block_func_0(struct __main_block_impl_0 *__cself) {
    __Block_byref_since_0 *since = __cself->since; // 값 복사
     (since->__forwarding->since) = 2016;
    NSLog((NSString *)&__NSConstantStringImpl_xx, (since->__forwarding->since));
}
```

```
static void __main_block_copy_0(struct __main_block_impl_0*dst,
                                   struct __main_block_impl_0*src) {
    _Block_object_assign((void*)&dst->since, (void*)src->since, 8);
}

static void __main_block_dispose_0(struct __main_block_impl_0*src) {
    _Block_object_dispose((void*)src->since, 8 /*BLOCK_FIELD_IS_BYREF*/);      ❷
}

static struct __main_block_desc_0 {
    size_t reserved;
    size_t Block_size;
    void (*copy)(struct __main_block_impl_0*, struct __main_block_impl_0*);
    void (*dispose)(struct __main_block_impl_0*);
} __main_block_desc_0_DATA = { 0, sizeof(struct __main_block_impl_0),
__main_block_copy_0, __main_block_dispose_0 };

int main(int argc, const char * argv[]) {
    __attribute__((__blocks__(byref))) __Block_byref_since_0 since
        = { (void*)0, (__Block_byref_since_0 *)&since, 0,
            sizeof(__Block_byref_since_0), 2013 };              ❸
    void(*display)(void) =
        ((void (*)())&__main_block_impl_0((void *)__main_block_func_0,
        &__main_block_desc_0_DATA, (__Block_byref_since_0 *)&since, 570425344));
    ((void (*)(__block_impl *))((__block_impl *)display)->FuncPtr)
    ((__block_impl *)display);
    return 0;
}
```

❶ 앞의 예시들과 다르게 __Block_byref_since_0 구조체가 생긴 것을 알 수 있다. 그리고 마치 객체 소유권 관리를 위해 헬퍼 함수들을 만들었던 것처럼, 이 구조체에 값을 할당하고 해제하기 위해서 copy_helper 함수와 dispose_helper 함수를 만들었다.

❷ 객체와 차이점은 _Block_object_assign() 함수와 _Block_object_dispose() 함수의 마지막 인자 값이 BLOCK_FIELD_BYREF 상수에 해당하는 8이라는 것이다.

❸ main() 함수에서도 __block int since = 2013; 코드는 __Block_byref_since 구조체로 만들어지고 int 변수가 구조체 내부에 초기 값으로 들어간다. main 함수의 since 구조체는 copy_helper 함수에서 forwading 변수에 복사되고, 블록 내부에서 since 값을 변경할 때 복사한 구조체의 forwarding 구조체를 바꾸기 때문에 main 함수의 값이 바뀐다.

8.1.4 요약

블록 객체는 C 언어 수준에서 구현되었기 때문에 오브젝티브-C와 C++, 오브젝티브-C++까지도 함수 중심 프로그래밍의 클로저 개념을 사용할 수 있다. 블록 객체를 주로 사용하는 GCD 라이브러리뿐만 아니라, 블록 객체를 넘기는 코코아 프레임워크 API도 최근에 많아졌다. 블록 객체는 간단한 콜백 함수를 대체할 수도 있고, 델리게이트 객체를 만들어야만 했던 API도 대체할 수 있다. 코코아 프레임워크에서 사용하는 블록 객체들은 스위프트 클로저와 자연스럽게 연결된다. 블록 객체를 준비했던 2009년부터 이미 스위프트 시대를 준비하고 있던 것이나 다름없다.

블록 객체 ABI *http://clang.llvm.org/docs/Block-ABI-Apple.html*
블록 언어 규격 *http://clang.llvm.org/docs/BlockLanguageSpec.html*
블록 사용 개발자 문서 *https://developer.apple.com/library/mac/documentation/
Cocoa/Conceptual/Blocks/Articles/00_Introduction.html*
블록 표준 스펙 *http://www.open-std.org/jtc1/sc22/wg14/www/docs/n1370.pdf*
블록 API 문서 *http://clang.llvm.org/doxygen/CGBlocks_8cpp-source.html#l00103*

8.2 스위프트 클로저

클로저는 접근 가능한 특정 범위(scope) 내에서 사용하는 값을 (함수 내부에) 갖고 있는 함수를 의미한다. 스위프트에서 함수는 모두 클로저다. 그리고 스위프트에서 클로저는 함수이거나 이름 없는 그냥 클로저 중 하나다. 일부 스위프트 함수는 오브젝티브-C 블록 객체 형태로 호환 가능하다. 반대로 블록 객체는 스위프트에서 클로저처럼 호환성을 유지하면서 호출할 수 있다.

8.2.1 클로저 형식

다음과 같이 거듭제곱을 구하는 함수를 선언해보자.

```
func squared(n : Int) -> Int { return n * n }
```

스위프트에서 함수는 당연히 다른 함수의 인자 값으로 사용할 수 있다. 따라서 [Int] 타입 배열에 map() 함수 인자 값으로 사용할 수 있다.

```
let numberArray = [2, 8, 1, 3, 5]
let resultArray = numberArray.map(squared) // 결과 값은 [4, 64, 1, 9, 25]
```

참조 범위가 전체인 글로벌 함수(Global Function)는 '이름은 있지만 캡처하는 변수가 없는 클로저'가 된다. 다른 함수 내부에 선언한 중첩 함수(Nested Function)는 감싸고 있는 함수 범위에 접근 가능한 변수들을 캡처하는, 이름 있는 클로저가 된다. 마지막으로 함수명을 지정하지 않고 글자 그대로 선언하는 클로저 표현식(Closure Expression)은 코드를 감싸고 있는 컨텍스트 변수들 값을 캡처하는 방식이다. 특히 클로저 표현식은 다른 코드 중간에 끼워넣는 경우가 많기 때문에, 복잡한 항목을 축약해서 쓸 수 있는 간결한 스타일이다. 클로저 표현식은 다음과 같은 변형 방식을 제공한다.

- 인자 값이나 리턴 값에 대한 타입은 생략 가능하다. 스위프트는 타입 시스템이 발달해서 인자 값이나 리턴 값을 생략해도 문맥에서 유추가 가능하다. 타입 시스템에 관한 사항은 9.1절을 참고하자.
- 한 줄 표현 클로저에서 리턴 구문을 생략해도 된다. 컴파일러가 발달했기 때문에 클로저 내부에서 쓰는 변수에 대한 타입뿐만 아니라 return 구문이 없어도 해당 변수를 리턴한다는 것을 유추할 수 있다.
- 인지 값에 대한 축약 표현식($nn)을 사용할 수 있다. 다른 함수 중심 언어와 비슷하게 인자 값 축약 표현식을 그대로 구현하고 있다.
- 함수 마지막 인자 값이 클로저인 경우, 꼬리 클로저는 외부에 선언할 수 있다. 꼬리 클로저(trailing closure)는 함수 인자 괄호 뒤에 나오는 클로저 표기법을 지칭한다. 꼬리 클로저는 클로저를 함수 인자 값으로 전달하는 코드가 좀 더 명료하게 읽힐 수 있도록 도와준다. 꼬리 클로저는 함수 중심 언어에서 for구문 대신 '꼬리 재귀' 반복 동작을 최적화할 수 있는 중요한 요소다.
- 클로저에 전달하는 인자 값이 없을 경우 괄호는 생략할 수 있다. 인자 값이 없을 경우 괄호가 있어야 함수 구분이 명확한 경우도 있지만, 반대로 함수 이름이 없는 클로저인 경우는 인자 값이 없을 경우 괄호를 생략하는 게 가독성이 좋다.

앞에서 설명했던 거듭제곱을 구하는 squared 클로저를 클로저 표현식에 따라 변형해보면 다음과 같이 다양하게 쓸 수 있다.

클로저는 함수로 선언하지 않아도 되고, 인자 값 대신에 그 자리에 바로 선언할 수 있다.

```
let result1 = numberArray.map({ (n : Int) -> Int in return n*n })
```

한 줄 표현 클로저에서는 리턴 구문을 생략해도 된다.

```
let result2 = numberArray.map({ (n : Int) -> Int in n*n })
```

클로저에서 사용하는 변수 타입은 생략할 수 있고, 배열에 있는 변수 타입으로 추정이 가능하다. in 지시어를 사용해서 변수를 명시할 수 있다.

```
let result3 = numberArray.map({ n in return n*n })
```

위의 경우와 마찬가지로 리턴 구문은 생략이 가능하다.

```
let result4 = numberArray.map({ n in n*n })
```

클로저 내부에서는 축약 변수를 인자 값 순서에 따라서 $0부터 사용할 수 있다.

```
let result5 = numberArray.map({ $0 * $0 })
```

함수 인자 중에서 마지막 인자 값이 클로저인 경우는 꼬리 클로저로 판단하고 함수 괄호 이후에 빼서 선언할 수 있다.

```
let result6 = numberArray.map() { $0 * $0 }
```

함수에 대한 인자 값이 없는 경우 괄호는 생략할 수 있다.

```
let result7 = numberArray.map { $0 * $0 }
```

8.2.2 함수 유형

앞서 설명한 모든 클로저와 함수를 동일하게 처리하는 것은 컴파일러가 스위프트 코드를 분석하면서 자동적으로 분석하고 분류하기 때문에 가능한 것이다. 동일한 형태를 가진 함수들도 선언한 범위나 역할에 따라서 함수 유형은 달라질 수 있다. 스위프트 오픈소스에서 클로저와 함수와 관련된 코드는 컴파일러 Clang 관련 AST(Abstract Syntax Tree) 소스 코드에서 힌트를 얻을 수 있다. Clang은 C++ 기반으로 작성되어 있고, 그 중에서 함수와 관련된 AST는 AbstractFunctionDecl 클래스와 FuncDecl 클래스가 담당한다. 스위프트 컴파일러가 내부적으로 함수를 구분하는 유형들은 다음과 같다.

함수 유형	설명
Subscript	배열이나 사전형 데이터에 접근하기 위한 함수
Constructor	객체의 생성 함수
Destructor	객체의 소멸 함수
LocalFunction	지역 범위 함수
GlobalFunction	전역 범위 함수
OperatorFunction	연산자 함수
Method	객체 메서드
StaticMethod	고정 메서드
ClassMethod	클래스 메서드
Getter	프로퍼티 참조 함수
Setter	프로퍼티 설정 함수
MaterializeForSet	컴파일러 내부에서만 사용하는 설정 함수
Addressor	불변 객체에 우회해서 접근하기 위한 함수
MutableAddressor	가변 객체에 우회해서 접근하기 위한 함수
WillSet	프로퍼티 설정 이전 옵저버 함수
DidSet	프로퍼티 설정 이후 옵저버 함수

함수 표현 유형 (Representation Type)

스위프트 중간 언어(SIL)에는 표 8-1과 같이 함수 표현 유형이 선언되어 있다. C 언어나 오브젝티브-C 언어와 함께 사용해서 연결 가능한 함수 표현이 있고, 스위프트 내부에서만 사용하는 함수 표현이 나누어져 있다.

함수 표현 유형	연결 가능	설명
CFunctionPointer	O	C 언어 함수 포인터
ObjcMethod	O	오브젝티브-C 객체 메서드
Block	O	블록 객체
Thin	X	컨텍스트가 없거나 로컬 변수 캡처가 없는 함수 또는 커링 함수
Thick	X	캡처한 변수를 포함하는 함수
Method	X	네이티브 타입의 생성자, 소멸자와 컨텍스트를 가지는 함수
WitnessMethod	X	프로토콜 구현 함수

표 8-1 함수 표현 유형

스위프트 컴파일러가 연결 가능한 외부 언어(Foreign Language)는 스위프트 2.2 기준으로 C 언어와 오브젝티브-C 언어뿐이다. C 언어 구조체나 열거형, 함수 그리고 오브젝티브-C 언어의 객체는 연결 가능하다. 다만 모든 함수와 연결이 가능한 것은 아니다. 객체인 경우 메타 타입 정보가 있어야 하고, 함수인 경우 재귀 호출 방식이 아니거나 입력 변수 타입이나 출력 타입에 튜플 타입이 없어야 한다. 외부 함수 연결은 컴파일 시점에 결정되는 고정 연결(StaticBridged), 런타임에 동적으로 연결 가능한 동적 연결(Bridged), 블록 객체로 연결하는 객체 연결(Object), 그리고 나머지 함수 연결(Trivial) 형태로 나눠서 처리한다. 스위프트로 만든 함수를 C 언어에서 사용하려면 @convention(c) 지시어를 붙여서 호출 규격(Calling convention)을 C 언어 스타일로 지정해줘야만 한다.

8.2.3 요약

스위프트에서 함수는 가장 중요한 역할을 담당하면서, 기능 구현을 위한 가장 작은 단위다. 같은 함수라도 다른 타입의 동작을 한정적으로 구현하는 경우도 있고, 고차 함수를 받아 처리하도록 만들어서 동작 범위가 넓은 함수도 있다. 오브젝티브-C 언어와 연결하면 객체를 위한 메서드가 되기도 한다. 함수 구현 방식도 다양해서 생략하거나 확장하거나 재귀로 연결하는 방식도 가능하다. 다양한 함수의 표현 방식을 이해하고, 함수의 역할에 따라 적합한 방식을 적용할 수 있도록 자신만의 기준을 정해보자.

9장

스위프트 타입 시스템

타입 시스템은 프로그래밍 언어 작성 방식과 프레임워크의 구조를 결정하는 매우 중요한 요소다. 스위프트를 비롯한 함수 중심 언어의 타입 시스템은 오브젝티브-C와 코코아 프레임워크에서 사용하는 타입 시스템보다 더 안전하고 세밀하다. 다른 언어를 사용하던 개발자가 스위프트에서 혼란스러워하는 부분은 상당수 타입 시스템과 관련이 있다. 이번 장에서는 스위프트 타입 시스템 동작 원리를 살펴보고, 주요한 값의 구조를 살펴본다. 그리고 스위프트 런타임 API와 파운데이션 프레임워크 구조를 알아보자.

9.1 타입 시스템

스위프트는 오브젝티브-C뿐만 아니라 하스켈, 리스트, 루비, 파이썬, C#처럼 여러 객체 중심 언어와 함수 중심 언어에서 영향을 받아 만들었다. 스위프트 타입 시스템은 자바스크립트나 파이썬처럼 자유로운 덕 타입(Duck typing) 시스템이 아니라 명시적인 타입(Nominal typing) 시스템이다. 오브젝티브-C처럼 모든 객체가 다이내믹 타입은 아니지만 프로토콜 타입을 활용해서 다이내믹하게 확장하면서도 오브젝티브-C보다 안전하게 쓸 수 있다.

9.1.1 스위프트 타입

스위프트에는 크게 두 종류의 타입이 있다. 이름 있는 타입(named type)과 이름 없이 합쳐진 타입(compound type)이다.

이름 있는 타입은 클래스, 구조체, 열거, 프로토콜 같은 타입의 이름이 미리 정해진 형태를 말한다. 기존 타입을 상속, 확장해서 나만의 이름을 주고 새로운 타입으로 지정할 수도 있다. 라이브러리에 포함하고 있는 배열, 사전, 옵셔널 타입도 모두 이름 있는 타입이다. 오브젝티브-C에서 사용하는 int, char 같은 기본 타입(primitive type)도 스위프트에서는 구조체 타입으로 만들어진 이름 있는 타입이다.

합쳐진 타입은 튜플(tuple)이나 클로저/함수 타입으로 이름이 따로 정해지지 않고, 다른 타입들을 합쳐서 사용하는 타입이다. (Int, (Int) -> (Int)) 튜플 타입으로 예를 들어보자. 이 튜플 타입은 두 타입을 넘기고 있다. 첫 번째 타입으로 Int를 사용한다. 두 번째 타입으로는 Int 타입을 입력받아서 Int 타입을 반환하는 함수 타입을 사용한다. 최종적으로는 두 가지 타입을 합친 튜플 타입이 된다.

내부 타입 유형

스위프트 컴파일러가 내부적으로 구분하는 세부 타입들은 평소에 사용하는 타입과 사뭇 다르다. 의미 있는 레퍼런스 방식을 지원하는 내부 타입과 다른 타입으로 확장하기 위한 정규화된 내부 타입 정보를 함께 표시하면 표 9-1과 같다.

타입 분류	내부 타입	레퍼런스 타입	정규화 타입
내부 지정(Builtin)	BuiltinInteger	X	O
	BuiltinFloat	X	O
	BuiltinRawPointer	X	O
	BuiltinNativeObject	O	O
	BuiltinBridgeObject	O	O
	BuiltinUnknownObject	O	O
	BuiltinUnsafeValueBuffer	X	O
	BuiltinVector	X	O
이름 지정 (Nominal)	Enum	X	X
	Struct	X	X
	Class	O	X
	Protocol	Δ	O

	Tuple	X	X
고정 타입	DynamicSelf	△	X
	ProtocolComposition	△	X
	Module	X	O
메타(Meta) 타입	MetaType	X	X
	ExistentialMetatype	X	X
저장 참조 (Reference Storage)	UnownedStorage	X	X
	UnmanagedStorage	X	X
	WeakStorage	X	X
함수(Function) 타입	Function	X	X
	PolymorphicFunction	X	X
	GenericFunction	X	X
	SILFunction	X	X
대체 (Substitutable)	Archetype	△	O
	GenericTypeParam	X	X
	AssociatedType	X	X
제네릭(Generic)	BoundGeneric	X	X
	BoundGenericClass	O	X
	BoundGenericEnum	X	X
	BoundGenericStruct	X	X
타입 미확인 (Unchecked)	Error	X	X
	Unresolved	X	X
	UnboundGeneric	X	X
문법(Syntax) 도움	ArraySlice	X	X
	Optional	X	X
	ImplicitlyUnwrappedOptional	X	X
	Dictionary	X	X
컴파일러 내부 전용	SILFunction	X	X
	SILBlockStorage	O	X
	SILBox	O	X

표 9-1 스위프트 내부 타입 유형

9.1.2 타입 검사

스위프트는 안전한 타입 언어를 표방한다. 안전한 타입 언어라는 것은 값에 대한 타입을 명확하게 구분해서 사용할 수 있는 언어라는 의미다. 컴파일러가 다른 타입으로 선언한 변수에 값을 전달하는 것을 미리 방지할 수 있도록 해준다는 것이다. 컴파일하는 동안 안전한 타입 사용을 위해서 타입 검사(Type Check)를 진행한다. 타입 검사는 타입이 일치하지 않아서 개발하는 동안 발생할 수 있는 문제들을 미리 발견할 수 있도록 도와준다.

타입 추론(Type Inference)

타입 검사는 값에 대한 타입을 다르게 사용할 경우 컴파일 에러를 표시한다. 그렇지만 모든 변수를 선언할 때 타입을 명시해야 하는 것은 아니다. 타입을 지정하지 않는 경우 스위프트 컴파일러는 타입 추론을 통해서 값에 적합한 타입을 유추한다.

코드 9-1 타입 추론

```
func foo(x: Double) -> Int { … }
var doubleValue : Double = 3.141592
var unknown = foo(doubleValue)

func bar<T>(x: T) -> T { return x }
var floatValue: Float = -bar(1.414)
```

코드 9-1은 스위프트 타입 추론이 양방향으로 가능하다는 것을 보여준다. foo() 함수의 타입 정의를 보면 리턴 타입이 Int라는 것을 유추할 수 있다. 따라서 foo() 함수 리턴 값을 저장하는 unknown 변수는 Int 타입이다. bar() 함수는 제네릭 타입으로 타입이 명시되지 않았지만 floatValue 변수의 타입이 Float라서 Float 타입으로 동작한다.

스위프트 타입 검사는 기존의 오브젝티브-C처럼 명시적으로 타입을 선언한 정보를 근거로 타입 정보를 만드는 것도 가능하다. 앞의 예시처럼 타입 추론이 필요하면 ML 언어 계열에서 많이 사용하는 HM(Hindley-Milder) 타입 추론 알고리즘[1]을 구현하는 타입 제약(Constraint)을 이용한다. 컴파일러는 문맥에 따라서 제약 사항을 수식으로 만들고 HM 타입 추론 알고리즘으로 특정 변수나 표현식 타입에 적합한지 계산을 한다. 타입 제약은 타입 비교를 통한 등가

---

1 삼단 논법으로 타입을 유추하기 위한 계산식을 만드는 알고리즘이다. 자세한 내용은 위키피디아에서 HM 타입 시스템(Hindley-Milder Type System)을 참고하기 바란다.

성을 판단하고(Equality), 서브 타입에 대한 조건(Subtyping)을 비교한다. 그리고 타입 사이에 전환이 가능한지 판단하거나(Conversion), 다른 타입을 생성하는 값으로 활용할 수 있는지(Construction) 판단한다. 프로토콜 타입은 프로토콜 규칙을 따르는지(Conformance) 판단한다. 타입 변환에 사용하는 as 연산자(Checked Cast)도 제약 사항 중에 하나로 계산한다. 고전적인 HM 타입 시스템에 없는 다형성을 위한 제약 사항이나 함수 오버로딩에 대한 제약 사항도 있다.

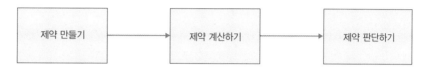

그림 9-1 타입 추론 단계

스위프트 타입 추론은 3단계로 진행된다.

1단계는 '제약 만들기' 단계로, 컴파일 요소로 분석해야 하는 표현식(expression, 코드의 일부 표현)과 문맥 정보에서 유추해야 하는 숨겨진 표현식을 분석해서 각 요소들 타입 관계를 제약 사항 집합으로 만든다. 이렇게 만든 제약 사항들을 계산해서 여러 가지 가능성 중에서 가장 적합한 타입을 찾기 위한 준비 단계가 2단계 '제약 계산하기'다. 마지막 3단계 '제약 판단하기'에서는 앞 단계에서 만든 제약 사항, 표현식과 확정적인 타입 정보까지 포함해서 종합적으로 정확한 타입 정보를 포함하는 표현식을 재생산한다.

스위프트 컴파일러는 제약 사항을 계산할 때, 제약 사항들 조합에 대해 조건에 부합하는 경우에만 점수를 주고 최종적으로 점수가 가장 높은 타입 제약을 선택한다. 같은 점수일 경우는 좀 더 세부적인(more specific) 타입을 선택한다. 보다 자세한 타입 검사에 대한 문서는 스위프트 오픈소스 TypeChecker.rst 문서를 참고하자.

타입 변환(type cast)

타입 변환은 종류가 전혀 다른 타입끼리 타입을 바꾸는 것이 아니라, 비슷한 종류의 타입끼리만 타입을 바꾸는 것을 의미한다. 그렇다면 '타입의 종류가 같다'는 것은 어떤 의미일까? 수학에서 구조 동일성(isomorphism)을 가지는 벡터와 좌표 시스템처럼, 데이터 타입의 메모리 구조가 동일하고 다루는 소재가 다른 타입끼리만 타입을 바꿀 수 있다. 스위프트에서 String 문자열 타입과 Int 정수형 타입은 구조가 다른 타입이기 때문에 타입 변환이 불가능하다. 구조체

(struct) 타입이나 클래스 타입에서 상속받은 객체들끼리는 구조 동일성이 유지되기 때문에 타입 변환이 가능하다. 숫자를 표시하는 타입들은 구조가 동일하기 때문에 서로 전환이 가능하다. 다만 값에 대한 손실이 발생할 수 있는 경우에는 반드시 명시적으로 타입을 지정해야만 한다.

9.1.3 의미 있는 값 vs. 의미 있는 레퍼런스

'의미 있는 레퍼런스(reference semantic)'는 레퍼런스 방식으로 참조하는 대상(대부분 객체 인스턴스)이 중요하다는 것이고, '의미 있는 값(value semantic)'은 값 자체가 중요하다는 것이다. 스위프트는 값과 레퍼런스에 대한 동작을 모두 지원하지만, 무게 중심은 '의미 있는 값'으로 쏠려 있다. 표 9-2를 살펴보면 그 이유를 알 수 있다. 함수 중심 프로그래밍에서는 함수에서 다루는 변수가 레퍼런스가 아니고 불변 변수여야만 부작용이 없다. 따라서 값 자체를 다루는 것이 더 의미 있다. 값 방식은 참조 계산을 하지 않기 때문에 그만큼 병렬 처리나 성능 최적화 측면에서 유리하다.

	의미 있는 값	의미 있는 레퍼런스
기본 행동	값을 복사해서 사용한다.	레퍼런스에 대한 포인터만 복사한다.
메모리 관리	주로 스택에서 자동 변수로 처리한다.	힙에 있는 레퍼런스 영역을 포인터 변수로 처리한다.
참조 계산	사용하지 않는다. (자기 자신을 소유)	자동 레퍼런스 계산 방식 활용한다.
컬렉션 동작	컬렉션이 값을 그대로 참조한다. (불변 상태를 유지)	컬렉션이 레퍼런스를 참조하고 참조 계산으로 동작한다. 언제든지 값이 변경된다.
성능 특성	복사 이후에 값을 변경하기 전까지는 이전 값을 그대로 사용한다(copy-on-write).	병렬 처리에 제한적이고 최적화 한계가 있다.
함수 중심 프로그래밍	불변 값을 다루기 때문에 함수 중심 개발에 적합하다.	레퍼런스가 내용이 바뀌거나 상태가 바뀌는 부작용 있다. (부적합)

표 9-2 의미 있는 값 vs. 의미 있는 레퍼런스

오브젝티브-C에서는 클래스 객체를 사용하는 경우에만 의미 있는 레퍼런스를 사용하고 C 언어와 호환하기 위한 내장 타입들은 그대로 C 언어 방식(의미 있는 값)을 사용한다. C 언어 타입은 컬렉션에 넣지 못하기 때문에 메모리 관리가 안 되고, 타입 변환이 불편해서 객체와 함께 사용하기에 혼란스럽다. 객체에 대한

참조 계산을 자동으로 하는 ARC 방식을 사용하더라도 모든 참조 문제를 해결해 주지 못한다. 그렇기 때문에 스위프트에서 기본적인 타입을 의미 있는 값으로 사용하는 것은 개발자에게 편리할 뿐 아니라 프로그래밍 언어의 완성도를 높여 주는 요소가 된다.

타입별 성능 비교

대표적인 의미 있는 값 방식 구조체 타입과 의미 있는 레퍼런스 방식 클래스 타입, 프로토콜 타입에 대해서 메모리 공간, 참조 계산, 메서드 디스패치 동작을 비교해보면 표 9-3과 같다.

스택 메모리의 경우, 사용할 때 스택 포인터(SP 레지스터)를 증가시키고 사용하지 않을 때 스택 포인터를 감소시키기만 하면 된다. 반면에 힙 메모리를 사용할 경우, 비어 있는 힙 공간을 찾고 빈 메모리 공간을 처리하기 위한 별도의 데이터 구조가 필요하다. 여러 스레드에 대한 안정성 확보를 위한 동작이 필요할 경우를 힙과 스택을 비교하면 힙이 상대적으로 느리다. 프로토콜 타입으로 확장하는 경우에도 세 워드(64bit를 기준으로 24Byte)보다 작은 크기 값은 스택만 사용하지만, 그것보다 큰 크기 값은 힙 공간을 추가적으로 사용하기 때문에 상대적으로 느려질 수 있다.

참조 계산은 우선 참조 개수를 증가시키고 감소시키기 위한 동작이 필요하다. 의미 있는 레퍼런스를 사용할 때 단지 참조 계산만으로 할 일이 끝나지 않는다. 여러 스레드에서 참조 계산에 접근하도록 처리하려면 부가적인 노력과 동작이 늘어난다. 이런 부분에서 의미 있는 값만 사용한다면 참조 계산하는 것보다 좀 더 빠르게 처리할 수 있다.

	메모리 공간	참조 계산	메서드 디스패치
구조체 타입	스택 사용 (빠름)	값만 있을 경우 사용하지 않는다. 클래스를 많이 포함할수록 느려진다.	정적 디스패치 (빠름)
클래스 타입	힙 사용 (느림)	사용한다. (느림)	동적 디스패치 (느림)
파이널 클래스 타입	힙 사용 (느림)	사용한다. (느림)	정적 디스패치 (빠름)
프로토콜 타입 작은 크기 값	스택 사용 (빠름)	사용하지 않는다. (빠름)	PWT 기반 동적 디스패치 (빠름)
프로토콜 타입 큰 크기 값	힙 공간 추가 사용 (복사하면 더 느려짐)	클래스를 많이 포함할수록 느려진다.	PWT 기반 동적 디스패치 (빠름)

표 9-3 타입별 성능 특성

정적 디스패치는 컴파일 시점에 함수의 메모리 주소를 찾아두기 때문에 런타임에는 해당 주소로 바로 이동한다. 특정 조건에서는 컴파일러가 속도 향상을 위해서 인라인에 코드를 그대로 복사하기도 한다. 반면에 동적 디스패치는 런타임에 구현 함수 목록에서 함수 메모리 주소를 찾아서 이동해야 한다. 동적 디스패치는 인라인 처리나 최적화가 불가능하다.

9.1.4 요약

스위프트 타입 시스템을 이해하는 것은 타입을 지정하지 않았을 때나 타입 변환을 해야 하는 경우 반드시 필요하다. 어떤 타입을 사용할지 결정하고, 타입에 적합한 메모리 관리 방식에 대한 고민이 프로그램 구조에 큰 영향을 준다. 스위프트는 다양한 타입을 지원하기 때문에 선택의 폭이 더 넓다. 딱 그만큼 개발자의 책임이 더 큰 언어라고 할 수 있다.

9.2 열거 타입

C 언어나 오브젝티브-C 언어에서 열거 타입(enumeration)은 단순히 정수 타입값을 나열하는 편의를 위한 것이다. 스위프트에서 열거 타입은 열거하는 경우에 따라 문자열 타입도 지정 가능하고 실수 타입도 지정할 수 있다. 뿐만 아니라 모든 값이 있을 필요도 없고, 모두 다 같은 타입이 아니어도 된다. 클래스처럼 함수를 만들 수도 있고 확장도 가능하다.

9.2.1 열거 타입과 프로토콜

열거 타입에 정의한 값은 기본적으로 Hashable 프로토콜을 지원해야 한다. Hashable 프로토콜은 다음과 같이 선언되어 있다. 따라서 hashValue 함수를 구현해야 한다.

코드 9-2 Hashable 프로토콜 선언부

```
public protocol Hashable : Equatable {
    var hashValue: Int { get }
}
```

Hashable 프로토콜은 Equatable 프로토콜을 상속받아 만들어져서, 추가적으로 Equatable 프로토콜에 있는 == 비교 함수까지 구현해야 한다.

코드 9-3 Equatable 프로토콜 선언부

```
public protocol Equatable {
@warn_unused_result
    func == (lhs: Self, rhs: Self) -> Bool
}
```

코드 9-4 단순한 열거형 예시

```
enum PenModels {
    case BallPen
    case NamePen
}
```

열거 타입에서 일반적으로 동일한 타입 값을 사용하는 경우에 대해 살펴보자. 단순 열거형 예시는 단지 .BallPen과 .NamePen 두 개의 타입 값만 지정한다. 컴파일러가 변환한 결과를 보자.

코드 9-5 열거 타입 PenModels 중간 언어 코드 조각

```
// enum.PenModels.hashValue.getter : Swift.Int
@_TF04enum9PenModelsg9hashValueSi : $@convention(method) (PenModels) -> Int {
    %2 = alloc_box($Int, var, name "index")
    %3 = mark_uninitialized([var] %2#1 : $*Int)
    switch_enum %0 : $PenModels,
        case #PenModels.BallPen!enumelt: bb1,          ❶
        case #PenModels.NamePen!enumelt: bb2
bb1:
    %6 = metatype($@thin Int.Type)
    %7 = integer_literal($Builtin.Int2048, 0)
    %8 = Swift.Int.init(%7, %6) // (Builtin.Int2048, @thin Int.Type) -> Int
    assign(%8 to %3)
    br bb3
bb2:
    %12 = metatype($@thin Int.Type)
    %13 = integer_literal($Builtin.Int2048, 1)
    %14 = Swift.Int.init(%13, %12) // (Builtin.Int2048, @thin Int.Type) -> Int
    assign(%14 to %3)
    br bb3
bb3:
    %17 = load(%3 : $*Int)
    %19 = Swift.Int.hashValue.getter(%17) // $@convention(method) (Int) -> Int
    strong_release(%2#0) // $@box Int
    return %19
}

// protocol witness for static Swift.Equatable.== infix (A, A) -> Swift.Bool
@_TTWO4enum9PenModelss9EquatableS_ZFS1_oi2eefTxx_Sb :
$@convention(witness_method) (@in PenModels, @in PenModels, @thick      ❷
PenModels.Type) -> Bool {
    %3 = load(%0 : $*PenModels)
    %4 = load(%1 : $*PenModels)
```

```
    %6 = enum.== infix(%3, %4)
    return %6 // $Bool
}

// protocol witness for Swift.Hashable.hashValue.getter : Swift.Int
@_TTWO4enum9PenModelss8HashableS_FS1_g9hashValueSi :
$@convention(witness_method) (@in_guaranteed PenModels) -> Int {
    %1 = alloc_stack($PenModels)
    copy_addr(%0 to [initialization] %1 : $*PenModels)
    %3 = load(%1 : $*PenModels)
    %5 = enum.PenModels.hashValue.getter(%3)
    dealloc_stack(%1 : $*PenModels)
    return %5 // $Int
}

sil_witness_table PenModels: Equatable module enum {
    method #Equatable."=="!1: @_TTWO4enum9PenModelss9EquatableS_ZFS1_
oi2eefTxx_Sb
}

sil_witness_table PenModels: Hashable module enum {
    base_protocol Equatable: PenModels: Equatable module enum
    method #Hashable.hashValue!getter.1: @_TTWO4enum9PenModelss8HashableS_
FS1_g9hashValueSi
}
```

코드 9-5에서 볼 수 있듯이 ❶ 열거 타입의 내부 case 구문은 hashValue.
getter 내부로 들어가서 분기 처리한다. 분기문은 위에서부터 순서대로 비교
해서 integer_literal 형태로 값을 할당한다. 해당 값은 Swift.Int.hashValue.
getter() 함수를 통해서 해시 값으로 바꿔서 리턴한다.

　이렇게 만들어진 함수가 끝이 아니다. ❷ 특이하게도 프로토콜 구현 함수라
는 것을 인식하기 위해서 증거(witness) 메서드를 별도로 만든다. PenModels 객
체를 입력으로 넣으면 해시 값을 리턴하는 _TTWO4enum9PenModelss8HashableS_
FS1_g9hashValueSi라는 엄청 긴 이름의 함수가 만들어진다. 마지막에 프로토콜
에 대한 증거 테이블(PWT : Protocol Withness Table)을 만들어 놓고, 런타임
에 증거 테이블에서 동적으로 다형성 함수를 찾을 수 있도록 도와준다.

프로토콜 타입과 증거 테이블

클래스 타입에 대한 상속과 다형성은 가상 함수들을 런타임에 찾는 다이내믹 디
스패치 방식을 사용한다. 하지만 다른 타입들은 프로토콜 중심 프로그래밍 방식
에 맞춰서 프로토콜 증거 테이블을 사용해서 다형성을 구현한다. 어느 모듈의
특정 타입에 대한 프로토콜 구현 함수 이름을 프로토콜 증거 테이블에서 바로
찾아 호출할 수 있다.

변수를 포함하는 프로토콜을 컴파일하면 PWT(Protocol Withness Table, 프로토콜에 대한 증거 테이블)와 함께 VWT(Value Withness Table, 값에 대한 증거 테이블)도 함께 만들어진다. VWT는 의미 있는 값을 가지는 타입에 대한 기본적인 동작을 다루는 생성(allocate), 복사(copy), 파괴(destruct), 해제(deallocate) 함수들에 대한 참조 테이블이다. VWT와 PWT 증거 테이블은 그림 9-2처럼 값을 저장하는 저장소 데이터 구조를 참조한다. 값 크기가 버퍼(ValueBuffer) 크기(세 워드, 64비트 기준 24바이트)보다 작으면 좌측 첫 번째 구조처럼 스택 공간을 그대로 저장한다. 만약 값 크기가 버퍼 크기보다 크면 좌측 두 번째 구조처럼 힙에 큰 데이터 구조를 생성하고 버퍼에는 힙 공간의 주소를 저장한다. 따라서 프로토콜 타입에서 스택만 사용하는 의미 있는 값을 사용하려면 버퍼보다 작은 데이터 구조를 사용해야 한다.

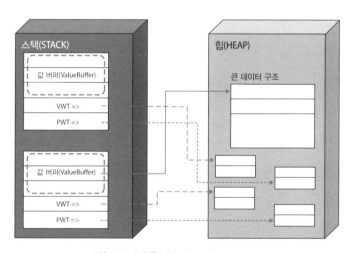

그림 9-2 프로토콜 기반 Existential-Box 저장소

Equatable 프로토콜

Hashable 프로토콜과 마찬가지로 Hashable 프로토콜이 상속받은 Equatable 프로토콜에 대한 == 비교 함수도 동일하게 만들어진다. 이와 관련 코드는 코드 9-6 코드 조각에서 볼 수 있다.

== 비교 함수는 좌우에서 각각 enum.PenModels 파라미터를 받아서, 좌측 값에 대한 case 비교문 Int 값과 우측 값에 대한 case 비교문 Int 값을 구한다. 그리고 Int 타입의 == 비교함수를 통해서 최종적으로 같은 값인지 판단한다.

코드 9-6 열거 타입 PenModels 중간 언어 == 비교 함수

```
// static enum.== infix (enum.PenModels, enum.PenModels) -> Swift.Bool
@_TZF4enumoi2eeFTOS_9PenModelsS0__Sb : $@convention(thin) (PenModels, PenModels)
-> Bool {
    %4 = alloc_box($Int, var, name "index_a")
    %5 = mark_uninitialized([var] %4#1 : $*Int)
    switch_enum %0 : $PenModels,
        case #PenModels.BallPen!enumelt: bb1,
        case #PenModels.NamePen!enumelt: bb2
bb1:
    %8 = metatype $@thin Int.Type
    %9 = integer_literal $Builtin.Int2048, 0
    %10 = Swift.Int.init(%9, %8) // (Builtin.Int2048, @thin Int.Type) -> Int
    assign(%10 to %5)
    br bb3
bb2:
    %14 = metatype $@thin Int.Type
    %15 = integer_literal $Builtin.Int2048, 1
    %16 = Swift.Int.init(%15, %14) // (Builtin.Int2048, @thin Int.Type) -> Int
    assign(%16 to %5)
br bb3
bb3:
    %19 = alloc_box($Int, var, name "index_b")
    %20 = mark_uninitialized([var] %19#1 : $*Int)
    switch_enum %1 : $PenModels,
        case #PenModels.BallPen!enumelt: bb4,
        case #PenModels.NamePen!enumelt: bb5
bb4:
    %23 = metatype($@thin Int.Type)
    %24 = integer_literal($Builtin.Int2048, 0)
    %25 = Swift.Int.init(%24, %23) // (Builtin.Int2048, @thin Int.Type) -> Int
    assign(%25 to %20)
    br bb6
bb5:
    %29 = metatype($@thin Int.Type)
    %30 = integer_literal($Builtin.Int2048, 1)
    %31 = Swift.Int.init(%30, %29) // (Builtin.Int2048, @thin Int.Type) -> Int
    assign(%31 to %20)
    br bb6
bb6:
    %35 = load(%5 : $*Int)
    %36 = load(%20 : $*Int)
    %37 = Swift.== infix(%35, %36) // (Int, Int) -> Bool
    strong_release(%19#0) // $@box Int
    strong_release(%4#0)  // $@box Int
    return %37
}
```

9.2.2 연관 값을 가지는 열거 타입

열거 타입에는 다른 언어에 있는 variants나 unions 형태로 여러 타입에 대한 값
이 있을 수 있다. 이런 값을 열거 타입 연관 값(Associated value)이라고 한다.

연관 값을 가지는 열거 타입은 다음과 같이 사용한다.

```
enum PatientId {
    case socialNumber(String)
    case registeredNumber(Int)
}

var temporaryPatient = PatientId.registeredNumber(1550)
```

이런 경우는 열거 타입이지만 Hashable이나 Equatable 프로토콜을 구현하는 내부 함수는 만들어지지 않는다. 왜냐하면 case 구문으로 값이 같은지 비교하지 않더라도, 특정한 값을 바로 적용하기 때문이다.

9.2.3 가공 없는 값을 가지는 열거 타입

열거 타입에 특정 타입을 지정해서 가공 없는 값(Raw value)을 할당하는 방식도 흔히 사용한다. 다음 가공 없는 값을 가지는 코드 9-7을 살펴보자.

코드 9-7 가공 없는 값을 가지는 열거 타입 Grade

```
// enum.Grade.init (rawValue : Swift.Int) -> Swift.Optional<enum.Grade>
@_TFO4enum5GradeCfT8rawValueSi_GSqS0__ : $@convention(thin) (Int, @thin Grade.
Type) -> Optional<Grade> {
    %2 = alloc_box($Grade, var, name "self", argno 2)
    %3 = mark_uninitialized([rootself] %2#1 : $*Grade)
    %9 = metatype($@thin Int.Type)
    %10 = integer_literal($Builtin.Int2048, 100)
    %11 = Swift.Int.init(%10, %9) : $@convention(thin) (Builtin.Int2048, @thin
Int.Type) -> Int
    %12 = alloc_stack($Int)
    store(%11 to %12 : $*Int)
    %14 = alloc_stack($Int)
    store(%0 to %14 : $*Int)
    %16 = Swift.~= infix<Int>(%12, %14) : $@convention(thin) <τ_0_0 where τ_0_0 :
Equatable> (@in τ_0_0, @in τ_0_0) -> Bool
    %17 = Swift.Bool._getBuiltinLogicValue(%16) : $@convention(method) (Bool) ->
Builtin.Int1
    dealloc_stack(%14 : $*Int)
    dealloc_stack(%12 : $*Int)
    cond_br(%17, bb1, bb2)
bb1:
    %21 = metatype($@thin Grade.Type)
    %22 = enum($Grade, #Grade.S!enumelt)
    assign(%22 to %3 : $*Grade)
    br bb19
bb2:
    br bb3

    // ...중간 생략
```

```
bb19:
    %132 = load %3 : $*Grad
    %133 = enum $Optional<Grade>, #Optional.Some!enumelt.1, %132
    strong_release(%2#0 : $@box Grade)
    br bb21(%133 : $Optional<Grade>)
bb20:
    strong_release(%2#0 : $@box Grade)
    %137 = enum $Optional<Grade>, #Optional.None!enumelt
    br bb21(%137 : $Optional<Grade>)
bb21(%139 : $Optional<Grade>):
    return %139
}
```

가공 없는 값을 가지는 열거 타입의 경우는 Grade 타입처럼 열거 타입 생성자
가 만들어진다. 가공 없는 값을 전달하면 열거 타입 값들과 비교한다. 열거 타
입과 매칭이 되면 값이 들어가고, 매칭이 되지 않으면 null을 할당하기 때문에
Optional<enum.Grade> 타입을 리턴한다. 특이한 점은 스택에 만든 로컬 변수를 비
교할 때 == 연산 함수를 사용하는 것이 아니라 ~= 연산 함수를 사용한다는 것이다.

9.2.4 요약

나른 언어에서 열거 타입은 편의를 위해 상수를 선언하는 타입이었지만, 스위프
트에서 열거 타입은 패턴 매칭과 함께 확장 가능한 막강한 데이터 구조 타입이
다. 열거 타입은 구조체 타입과 함께 스위프트에서 의미 있는 값 타입이다. 스
위프트 표준 라이브러리에는 Optional, ImplicitlyUnwrappedOptional, Process,
Bit 타입 등이 열거 타입을 기반으로 만들어졌다. 앞의 예제에서 열거 타입의 다
양한 선언 방식을 스위프트 컴파일러가 최적화하여 생성한 코드를 확인했다. 컴
파일러가 만드는 코드를 이해하면, 앞으로 열거 타입을 활용하는 데 도움이 될
것이다.

9.3 구조체 타입

스위프트 표준 라이브러리는 대부분 구조체 타입(struct type)을 기반으로 만들
어졌다. 그만큼 구조체 타입은 스위프트에서 가장 핵심적인 타입 중 하나다. 스
위프트로 프로그래밍을 한다면 클래스보다는 구조체 타입을 사용하는 것이 더
효율적이다.

9.3.1 구조체 타입

구조체 타입은 C 언어의 구조체에 가까울까 오브젝티브-C 언어의 클래스에 가까울까? 이에 대한 해답을 얻기 위해서는 스위프트 구조체 기본 동작을 이해해야 한다. 코드 9-8처럼 간단한 구조체를 선언하고 컴파일러가 만드는 중간 언어를 살펴보자.

코드 9-8 **구조체 타입 Car**

```
struct Car {
    let model = "apple"
}
```

스위프트 구조체 타입은 클래스와 비슷하게 생명주기(lifecycle)를 가지는 타입이다. 생성자에 해당하는 init() 초기화 함수가 만들어진다. 그리고 model 변수 속성이 불변(let)이기 때문에 getter() 함수가 만들어진다.

init() 함수는 구조체를 위한 메모리 박스를 할당한 다음, 내부 변수 타입인 String 타입 초기화 함수를 사용해서 초기 값 "apple"을 지정한다. 이 값을 struct_element_addr() 명령으로 model 변수 위치에 저장한다. 박스를 retain_value() 명령으로 자체 소유권(self owned)을 지정하고 반환한다.

getter() 함수는 struct_extract() 명령으로 Car.model 변수 위치에서 값을 읽어와서 retain_value() 명령으로 자체 소유권을 지정하고 반환하는 역할을 담당한다.

코드 9-9 **구조체 타입 중간 언어**

```
// struct.Car.init () -> struct.Car
@_TFV6struct3CarCfT_S0_ : $@convention(thin) (@thin Car.Type) -> @owned Car {
    %1 = alloc_box($Car, var, name "self", argno 1)
    %2 = mark_uninitialized([rootself] %1#1 : $*Car)
    %4 = metatype($@thin String.Type)
    %5 = string_literal(utf8 "apple")
    %6 = integer_literal($Builtin.Word, 5)
    %7 = integer_literal($Builtin.Int1, -1)
    %8 = Swift.String.init(%5, %6, %7, %4) // $@convention(thin) (Builtin.
RawPointer, Builtin.Word, Builtin.Int1, @thin String.Type) -> @owned String
    %9 = struct_element_addr(%2 : $*Car, #Car.model)
    assign(%8 to %9 : $*String)
    %11 = load(%2 : $*Car)
    retain_value(%11 : $Car)
    strong_release(%1#0 : $@box Car)
    return %11
}

// struct.Car.model.getter : Swift.String
```

```
@_TFV6struct3Carg5modelSS : $@convention(method) (@guaranteed Car) ->
@owned String {
    %2 = struct_extract(%0 : $Car, #Car.model)
    retain_value(%2 : $String)
    return %2
}
```

가변 변수가 포함된 경우

스위프트 구조체에 가변 변수가 포함하는 경우를 살펴보자. 코드 9-10은 구조체
에 var 변수를 추가하고 컴파일러가 만드는 중간 언어다.

코드 9-10 구조체 타입 Car

```
struct Car {
    var driver = "tim"
}
```

우선은 코드 9-11에 있는 초기화 함수부터 살펴보자.

코드 9-11 구조체 타입 중간 언어 – 초기화 함수

```
// struct.Car.init (driver : Swift.String) -> struct.Car
@_TFV6struct3CarCfT6driverSS_S0_ : $@convention(thin) (@owned String, @thin Car.
Type) -> @owned Car {
    %2 = struct.$Car(%0 : $String)
    return %2
}
```

```
// struct.Car.init () -> struct.Car
@_TFV6struct3CarCfT_S0_ : $@convention(thin) (@thin Car.Type) -> @owned Car {
    %1 = alloc_box($Car, var, name "self", argno 1)
    %2 = mark_uninitialized([rootself] %1#1 : $*Car)
    %4 = metatype($@thin String.Type)
    %5 = string_literal(utf8 "tim")
    %6 = integer_literal($Builtin.Word, 3)
    %7 = integer_literal($Builtin.Int1, -1)
    %8 = Swift.String.init(%5, %6, %7, %4)
    %9 = struct_element_addr(%2 : $*Car, #Car.driver)
    assign(%8 to %9 : $*String)
    %11 = load(%2 : $*Car)
    retain_value(%11 : $Car)
    strong_release(%1#0 : $@box Car)
    return %11
}
```

앞서 살펴봤던 init() 함수와 별도로 init(driver: String) 함수가 추가된 것
을 볼 수 있다. driver 변수에 대한 초기 값을 지정해서 객체를 초기화할 수 있
는 추가 초기화 함수를 친절하게 추가해줬다. 따라서 let myCar = Car(driver:
"godrm")처럼 초기화 값을 넘겨서 초기화할 수 있다.

그런데 init(driver: String) 함수의 구현이 독특하다. 구조체 타입을 초기화하기 위해서 내부에서 init() 함수를 부르는 게 아니라, driver 초기 값과 함께 struct $Car 명령을 실행하고 반환받은 값을 그대로 리턴한다. 이 부분은 마치 C++ 구조체 초기화 함수처럼 구조체 내부 변수에 대한 초기 값을 순서대로 전달해서 구조체 메모리를 초기화하는 방식과 비슷하다. init() 함수를 부르지 않는다는 점을 기억하자.

코드 9-12에 있는 getter() 함수와 setter() 함수를 살펴보자. getter() 함수는 let model에 대한 불변 함수 getter() 구현과 동일하다. setter() 함수는 두 가지 종류가 만들어진다.

코드 9-12 구조체 타입 중간 언어 – getter/setter 함수들

```
// struct.Car.driver.getter : Swift.String
@_TFV6struct3Carg6driverSS : $@convention(method) (@guaranteed Car) ->
@owned String {
    %2 = struct_extract(%0 : $Car, #Car.driver)
    retain_value(%2 : $String)
    return %2
}


// struct.Car.driver.setter : Swift.String
@_TFV6struct3Cars6driverSS : $@convention(method) (@owned String, @inout Car)
-> () {
    %3 = alloc_box($Car, var, name "self", argno 2)
    copy_addr(%1 to [initialization] %3#1 : $*Car)
    retain_value(%0 : $String)
    %6 = struct_element_addr(%3#1 : $*Car, #Car.driver)
    assign(%0 to %6 : $*String)
    copy_addr(%3#1 to %1 : $*Car)
    strong_release(%3#0 : $@box Car)
    release_value(%0 : $String)
    %11 = tuple ()
    return %11
}


// struct.Car.driver.materializeForSet : Swift.String
@_TFV6struct3Carm6driverSS : $@convention(method) (Builtin.RawPointer, @inout
Builtin.UnsafeValueBuffer, @inout Car) -> (Builtin.RawPointer, Optional<@
convention(thin) (Builtin.RawPointer, inout Builtin.UnsafeValueBuffer, inout
Car, @thick Car.Type) -> ()>) {
    %3 = struct_element_addr(%2 : $*Car, #Car.driver)
    %4 = address_to_pointer(%3 : $*String to $Builtin.RawPointer)
    %5 = enum $Optional<@convention(thin) (Builtin.RawPointer, inout Builtin.
UnsafeValueBuffer, inout Car, @thick Car.Type) -> ()>, #Optional.None!enumelt
    %6 = tuple (%4 : $Builtin.RawPointer, %5 : $Optional<@convention(thin)
(Builtin.RawPointer, inout Builtin.UnsafeValueBuffer, inout Car, @thick Car.
Type) -> ()>)
    return %6 : $(Builtin.RawPointer, Optional<@convention(thin) (Builtin.
```

```
RawPointer, inout Builtin.UnsafeValueBuffer, inout Car, @thick Car.Type) -> ()>)
}
```

우선 driver 변수에 대한 문자열을 받아서 설정하는 setter() 함수부터 살펴보자. 첫 번째 파라미터 변수는 자체 소유권을 가지는 문자열이고, 두 번째 파라미터 변수는 inout으로 선언한 Car 구조체 변수다. 기존 Car 구조체 값이 그대로 전달되지만, 내부에서는 임시로 Car 구조체를 복사하기 위해 박스가 하나 더만들어진다. 새로 만들어진 박스에 기존 Car 구조체를 복사하고, driver 변수에 첫 번째 파라미터 값을 할당한다. 새 박스의 값들을 두 번째 파라미터 구조체에 복사하고 만들었던 박스를 메모리에서 해제한다. 첫 번째 파라미터 객체도 release_value() 명령으로 처리하고 빈 튜플을 리턴한다.

함께 만들어지는 materializeForSet() 함수는 var 변수에 대한 초기 값을 바로 할당하는 경우가 아닌 경우에 사용한다. 처음에 값이 없다가 나중에 내부 함수에서 설정하거나 접근 요청할 때 계산하는 프로퍼티(computed property)에서, 옵셔널 처리와 안전한 예외 처리를 위해 사용하는 내부 전용 함수다. 개발자가 직접 호출할 수 있는 함수가 아니기 때문에 크게 신경 쓰지 않아도 된다.

9.3.2 구조체 타입 기반의 스위프트 타입

스위프트 표준 라이브러리는 구조체 타입을 기반으로 작성된 타입이 대부분이다. Int나 Bool 타입과 Set, Array, Dictionary 컬렉션 타입도 구조체 타입으로 구현했다. 따라서 오브젝티브-C와 다르게 스위프트 기본 데이터 타입은 의미 있는 값 방식으로 동작한다. 스위프트 1.x 당시 초기 호환성을 위해, 오브젝티브-C 런타임 기반으로 동작하는 클래스 타입이 많았다. 지금은 스위프트 런타임으로 코코아 라이브러리의 상당수를 구조체 타입 기반으로 다시 작성했다. 따라서 스위프트 코드와 스위프트 라이브러리만으로 만들어진 바이너리는 참조 계산과 런타임에 대한 오버헤드를 갖고 있는 오브젝티브-C 기반 바이너리보다 상대적으로 빠르게 동작한다. 상당수 코드를 구조체 타입으로 변환했기 때문에 OS X 이나 iOS뿐 아니라 리눅스에서도 매우 효과적이다.

9.3.3 요약

스위프트 구조체 타입은 의미 있는 값 방식으로 동작하는 매우 중요한 타입이다. 구조체 타입은 성능 향상을 위해서 대부분의 경우는 스택에 값을 할당하고 사용한다. 구조체 구조가 동적으로 변하거나 크기가 너무 크다면 힙 공간을 에

외적으로 사용하기도 한다. 힙 공간에 있는 구조체이거나 글로벌 구조체의 경우 함수 범위가 벗어나도 해당 구조체를 참조할 수 있다. 이런 경우 구조체는 객체에 대한 레퍼런스 방식과 거의 비슷하게 동작하지만 참조 계산을 사용하지 않아 순환 참조 문제가 발생하지 않는다.

9.4 문자열 타입

스위프트 문자열 타입(String)은 유니코드를 다루기 적합하도록 구현되었다. 유니코드를 처리하기 위해서 타입뿐만 아니라 문자열을 다루는 API도 유니코드를 고려해서 만들어졌다.

문자열 타입 내부를 살펴보자. 코드 9-13처럼 문자열 타입 내부 형태는 문자열 코어(StringCore) 타입을 포함하고 있는 구조체 타입일 뿐이다. 의미 있는 값을 가지는 문자열 타입은 복사할 경우 문자열 코어도 복사한다. 하지만 문자열 값을 바꾸기 전까지는 동일한 메모리를 그대로 갖고 있는 쓰기 직전 복사(copy-on-write) 방식으로 동작하기 때문에(설명은 203쪽 참고), 단지 문자열을 복사하는 것 자체가 메모리를 낭비하지는 않는다. 다만 복사한 문자열을 처음 변경할 때는 문자열 길이에 따라서 O(N) 성능 특성을 가진다는 점을 기억하자.

코드 9-13 표준 라이브러리 – 문자열 타입

```
public struct String {
    public init() {
        _core = _StringCore()
    }

    public init(_ _core: _StringCore) {
        self._core = _core
    }

    public var _core: _StringCore
}
```

코코아 프레임워크에서 **NSString** 타입은 내부에 여러 문자열 요소를 처리하는 클래스들을 연결해주는 껍데기 타입이었다. 스위프트 문자열 타입도 그 자체로 완성된 타입이라기보다는, 내부 타입을 포함하고 여러 프로토콜로 확장된 타입이다. _core 변수는 public으로 선언되어 있고 완전히 감춰져 있지 않아 접근할 수 있다.

스위프트 문자열에 대한 **Equatable** 확장을 위한 == 함수의 코드는 코드 9-15와 같다. == 함수는 캐노니컬 동등비교(canonical equivalence) 유니코드 표준 방식을 지원한다. 따라서 비교하는 유니코드 문자끼리 다른 코드 값을 갖더라도, 같은 언어적인 의미와 외형을 가지면(canonically) 동등하다고 판단한다. 예를 들어 코드 9-14처럼 초성 'ㄱ'과 중성 'ㅏ'와 종성 'ㄱ' 코드를 각각 넣더라도 합쳐진 '각' 글자와 동일하다고 판단한다.

코드 9-14 유니코드 동등 비교

```
let decomposed = "\u{1100}\u{1161}\u{11A8}" // 초성ㄱ + 중성ㅏ + 종성ㄱ
let precomposed = "각"
var result = decomposed==precomposed
// 결과 : true
```

코드 9-15 Equatable 확장 == 함수

```
extension String : Equatable {
    public func ==(lhs: String, rhs: String) -> Bool {
        if lhs._core.isASCII && rhs._core.isASCII {
            if lhs._core.count != rhs._core.count {
                return false
            }
            return _swift_stdlib_memcmp(
                lhs._core.startASCII, rhs._core.startASCII,
                rhs._core.count) == 0
        }
        return lhs._compareString(rhs) == 0
    }
}
```

문자열 비교를 위한 코드 9-16을 살펴보면, core 변수 문자열이 ASCII 문자열인지 UTF8인지 UTF16인지 NSString 객체인지에 따라서 각기 다른 비교 함수를 사용한다는 것을 알 수 있다.

코드 9-16 Comparable 확장 함수들

```
extension String : Comparable {
    public func _compareASCII(_ rhs: String) -> Int {
        var compare = Int(_swift_stdlib_memcmp(
        self._core.startASCII, rhs._core.startASCII,
        min(self._core.count, rhs._core.count)))
        if compare == 0 {
            compare = self._core.count - rhs._core.count
        }
        return (compare > 0 ? 1 : 0) - (compare < 0 ? 1 : 0)
    }
#endif

    public func _compareDeterministicUnicodeCollation(_ rhs: String) -> Int {
#if _runtime(_ObjC)
        if self._core.hasContiguousStorage && rhs._core.hasContiguousStorage {
```

```
                    let lhsStr = _NSContiguousString(self._core)
                    let rhsStr = _NSContiguousString(rhs._core)
                    let res = lhsStr._unsafeWithNotEscapedSelfPointerPair(rhsStr) {
                        return Int(
                            _stdlib_compareNSStringDeterministicUnicodeCollationPointer
                            ($0, $1))
                    }
                    return res
                }
                return Int(_stdlib_compareNSStringDeterministicUnicodeCollation(
                    _bridgeToObjectiveCImpl(), rhs._bridgeToObjectiveCImpl()))
#else
        switch (_core.isASCII, rhs._core.isASCII) {
        case (true, false):
            let lhsPtr = UnsafePointer<Int8>(_core.startASCII)
            let rhsPtr = UnsafePointer<UTF16.CodeUnit>(rhs._core.startUTF16)
            return Int(_swift_stdlib_unicode_compare_utf8_utf16(
                lhsPtr, Int32(_core.count), rhsPtr, Int32(rhs._core.count)))
        case (false, true):
            return -rhs._compareDeterministicUnicodeCollation(self)
        case (false, false):
            let lhsPtr = UnsafePointer<UTF16.CodeUnit>(_core.startUTF16)
            let rhsPtr = UnsafePointer<UTF16.CodeUnit>(rhs._core.startUTF16)
            return Int(_swift_stdlib_unicode_compare_utf16_utf16(
                lhsPtr, Int32(_core.count),
                rhsPtr, Int32(rhs._core.count)))
        case (true, true):
            let lhsPtr = UnsafePointer<Int8>(_core.startASCII)
            let rhsPtr = UnsafePointer<Int8>(rhs._core.startASCII)
            return Int(_swift_stdlib_unicode_compare_utf8_utf8(
                lhsPtr, Int32(_core.count),
                rhsPtr, Int32(rhs._core.count)))
        }
#endif
    }

    public func _compareString(_ rhs: String) -> Int {
#if _runtime(_ObjC)
        if (_core.isASCII && rhs._core.isASCII) {
            return _compareASCII(rhs)
        }
#endif
        return _compareDeterministicUnicodeCollation(rhs)
    }
}
```

ASCII 문자열인 경우는 _comapreASCII() 함수에서 swift_stdlib_memcmp() 함수로 메모리 비교를 통해서 비교한다. 문자열 타입인 경우에는 NSContinousStorage() 함수로 NSString 객체 포인터를 _stdlib_compareNSStringDeterministic UnicodeCollationPointer() 함수로 비교한다. 리눅스처럼 오브젝티브-C 런타임

호환 모드가 아닌 경우에는 ASCII 포함 여부에 따라서 달라진다. ASCII를 포함한 경우는 UTF8로, 그렇지 않은 경우는 UTF16 인코딩을 기준으로 swift_stdlib_unicode_compare_utf8_utf16() 함수나 swift_stdlib_unicode_compare_utf16_utf16() 함수로 비교한다.

9.4.1 문자열 코어

문자열 코어(StringCore)는 ASCII 형태부터 UTF16 형태까지 모두 저장할 수 있는 최적화된 내부 문자열 타입이다. 코드 9-17은 StringCore 내부 구조를 보여준다.

코드 9-17 **StringCore 내부 구조**

```
public struct _StringCore {
    // 내부 전용
    public var _baseAddress: OpaquePointer
    var _countAndFlags: UInt
    public var _owner: AnyObject?
}
```

코드 9-18을 살펴보면 문자열 코어 타입이 얼마나 복잡한지 알 수 있다. 문자열 코어 타입의 기본 형태는 문자열 저장소에 대한 포인터 baseAddress와 문자열 길이나 옵션을 포함하는 countAndFlags, 문자열을 소유하는 AnyObject 타입 객체 owner를 가진다. owner 변수를 갖고 있다는 것에서 알 수 있듯이, 문자열 코어는 NSString 객체에 대한 호환성까지 고려해서 만들어졌다. 문자열 저장소는 스위프트 StringBuffer 타입과 함께 메모리 공간을 효율적으로 함께 쓰기 위해 만들어졌다.

코드 9-18 **문자열 코어 내부 함수들**

```
public struct _StringCore {
    // …중간 생략
    init(baseAddress: OpaquePointer,
        _countAndFlags: UInt, owner: AnyObject? ) {
        self._baseAddress = baseAddress
        self._countAndFlags = _countAndFlags
        self._owner = owner
        _invariantCheck()
    }

    func _pointer(toElementAt n: Int) -> OpaquePointer {
        _sanityCheck(hasContiguousStorage && n >= 0 && n <= count)
        return OpaquePointer(
          UnsafeMutablePointer<_RawByte>(_baseAddress) + (n << elementShift))
    }
```

```
    public init(
        baseAddress: OpaquePointer,
        count: Int, elementShift: Int,
        hasCocoaBuffer: Bool, owner: AnyObject? ) {
            _sanityCheck(elementShift == 0 || elementShift == 1)
            self._baseAddress = baseAddress
            self._countAndFlags
              = (UInt(elementShift) << (UInt._sizeInBits - 1))
              | ((hasCocoaBuffer ? 1 : 0) << (UInt._sizeInBits - 2))
              | UInt(count)
            self._owner = owner
            _sanityCheck(UInt(count) & _flagMask == 0,
                                        "String too long to represent")
            _invariantCheck()
    }

    init(_ buffer: _StringBuffer) {
        self = _StringCore(
            baseAddress: OpaquePointer(buffer.start),
            count: buffer.usedCount, elementShift: buffer.elementShift,
            hasCocoaBuffer: false, owner: buffer._anyObject )
    }

    public init() {
        self._baseAddress = _emptyStringBase
        self._countAndFlags = 0
        self._owner = nil
        _invariantCheck()
    }

    public var count: Int {
        get { return Int(_countAndFlags & _countMask) }
        set(newValue) {
            _sanityCheck(UInt(newValue) & _flagMask == 0)
            _countAndFlags = (_countAndFlags & _flagMask) | UInt(newValue)
        }
    }
}
// ...이하 생략
```

문자열 코어 타입은 문자열 저장소를 다루는 기본 코드를 포함하고 있다. 문자열은 기본적으로 연속해서 이어진 메모리 공간에 저장된다. 만약 문자열 뒤에 새로운 글자를 추가하거나 문자열을 변경해서 기존에 저장하던 공간이 가득차면, 기존 저장소보다 더 큰 저장소를 할당하고 문자열을 옮기는 작업을 한다. claimCapacity() 함수에서 큰 저장소를 만드는데, 의도적으로 기존 저장소보다 2배 이상 크게 만든다.

코드 9-19 문자열 복사와 저장 공간 늘리기

```
mutating func _growBuffer(
    _ newSize: Int, minElementWidth: Int ) -> OpaquePointer {
```

```
        let (newCapacity, existingStorage)
            = _claimCapacity(newSize, minElementWidth: minElementWidth)

        if _fastPath(existingStorage != nil) {
            return existingStorage
        }

        let oldCount = count
        _copyInPlace(
            newSize: newSize,
            newCapacity: newCapacity,
            minElementWidth: minElementWidth)
        return _pointer(toElementAt:oldCount)
}

mutating func _copyInPlace(
    newSize: Int, newCapacity: Int, minElementWidth: Int ) {
    _sanityCheck(newCapacity >= newSize)
    let oldCount = count

    // Allocate storage.
    let newElementWidth =
        minElementWidth >= elementWidth
        ? minElementWidth
        : isRepresentableAsASCII() ? 1 : 2

    let newStorage = _StringBuffer(capacity: newCapacity, initialSize: newSize,
                                   elementWidth: newElementWidth)
    if hasContiguousStorage {
        _StringCore._copyElements(
            _baseAddress, srcElementWidth: elementWidth,
            dstStart: OpaquePointer(newStorage.start),
            dstElementWidth: newElementWidth, count: oldCount)
    }
    else {
#if _runtime(_ObjC)
        _sanityCheck(newStorage.elementShift == 1)
        _cocoaStringReadAll(cocoaBuffer!,UnsafeMutablePointer(newStorage.start))
#else
        _sanityCheckFailure("_copyInPlace: non-native string without objc
runtime")
#endif
    }
    self = _StringCore(newStorage)
}
```

9.4.2 문자열과 메모리

문자열 변수에 값을 변경할 때 실제로 어떻게 동작하는지 알아보자. 코드 9-20
은 문자열 확장 예시 코드다.

코드 9-20 문자열 확장 예시 코드

```
var community = "osxdev"
print(community._core._baseAddress)
// 결과 : 0xA000

var homepage = community
print(homepage._core._baseAddress)
// 결과 : 0xA000

let domainName = ".org"
print(domainName._core._baseAddress)
// 결과 : 0xA800

homepage.appendContentsOf(domainName)
print(homepage._core._baseAddress)
// 결과 : 0x9600
```

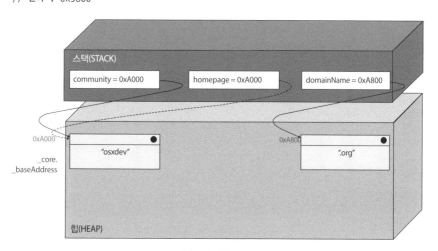

그림 9-3 문자열 복사 직후 baseAddress 주소

community 문자열 변수는 "osxdev" 문자를 갖고, homepage 변수에 동일한 문자를 복사한다. domainName에는 ".org" 도메인 주소를 할당했다. 두 번째 homepage 변수에 대한 문자열 코어의 baseAddress 주소를 확인해보면 community 변수의 baseAddress 주소와 동일하다는 것을 알 수 있다.

　homepage 변수에 appendContentsOf() 함수로 domainName을 붙여넣고 나면, 새로운 문자열 버퍼가 할당되고 homepage 변수의 baseAddress 주소는 새 저장소 주소로 바뀐다. 이처럼 문자열 메모리를 복사한 이후에도 문자열 값이 바뀌기 전까지는 동일한 메모리를 참조하다가, (appendContentOf() 함수 호출 이후에) 실제로 값이 바뀌는 순간에야 새로운 메모리가 할당되는 방식을 쓰기 직전 복사(copy-on-write) 방식이라고 한다.

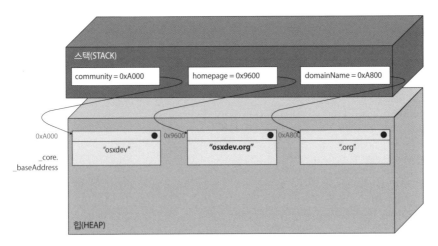

그림 9-4 쓰기 직전 복사 동작 이후

9.4.3 문자열 뷰

문자열 타입은 문자를 넣어놓은 배열도, 문자들을 모아놓은 컬렉션 타입도 아니다. 문자열 타입을 마치 컬렉션 타입처럼 다룰 수 있도록 도와주는 뷰 속성들이 있을 뿐이다.

코드 9-21 문자열 뷰 예시

```
let gag = "각"
var containG = gag.characters.contains("ㄱ")
// 결과 : false
print(String(gag.utf8[gag.utf8.startIndex], radix:16))
// 결과 : ea
print(String(gag.utf16[gag.utf16.startIndex], radix:16))
// 결과 : ac01
let ribbon = "🎗"
print(String(ribbon.unicodeScalars[ribbon.unicodeScalars.startIndex].value,
radix:16))
// 결과 : 01f397
```

문자열 뷰(CharacterView)

문자열 뷰는 표준 라이브러리에서 StringCharacterView.swift 파일에 구현되어 있는 문자 컬렉션 형태로, 'extened grapheme cluster'라는 유니코드 표준 방식을 지원한다. 한글의 경우 초성, 중성, 종성으로 각각 분리된 코드도 시각적인 조합(grapheme cluster) 단위로 묶으면 완성형 글자가 된다. 이 글자 단위를 생각하면 된다. 따라서 '각' 글자에는 'ㄱ' 글자가 포함되지 않는다. 문자열 뷰(CharacterView)로 문자열에 접근하려면 charaters 속성을 사용하면 된다. 문자열 뷰에 접근하면 내부적으로는 characterView라는 새로운 구조체를 만들고 문자열 코어를 복사해서 문자 단위로 접근할 수 있도록 확장한 함수들을 제공한다.

유니코드 스칼라 뷰(UnicodeScalarView)

표준 라이브러리에는 StringUnicodeScalarView.swift 파일에 구현되어 있고, 유니코드 표준에서 사용하는 21비트 코드로 구성된 UnicodeScalar 값(CodePoint 값)에 접근할 수 있도록 도와준다. 마찬가지로 내부적으로 UnicodeScalarView 구조체 내부에 새로운 문자열 코어를 복사해서 접근가능하도록 도와준다. 문자열에서 접근할 때는 unicodeScalars 속성을 사용하면 된다.

UTF8View와 UTF16View

표준 라이브러리에는 각각 StringUTF8.swift 파일과 StringUTF16.swift 파일에 구현되어 있다. 유니코드 표준에서 8비트 코드 유닛을 지원하는 UTF8 인코딩과 16비트 코드 유닛을 지원하는 UTF16 문자에 대한 컬렉션 뷰를 제공한다.

9.4.4 요약

스위프트 문자열은 NSString과 호환성을 유지하지만 동일한 구현체는 아니다. 유니코드 기반으로 의미 있는 값을 유지하기 위한 최적화된 코드가 제공된다. 문자열 뷰 형태로 컬렉션 함수들을 제공하는 것은 메모리 효율성과 편리함, 성능 특성의 사이에서 적절한 타협점이다. 유니코드 표준에 대한 배려는 스위프트가 맥뿐만 아니라 다른 플랫폼에서도 누릴 수 있는 이점이다. 스위프트 문자열 타입은 항상 힙에 문자열 버퍼가 생기는 NSString 객체와 다르게 동작한다. 1.2.4 예외성에서 설명했던 것처럼, 스위프트 리터럴 문자열도 TEXT 섹션에 생성된다. 문자열 타입에 대한 특성과 기본적인 동작을 이해하고 문자열을 다룬다면 코코아 프레임워크를 사용하는 것보다 빠른 문자열 작업도 가능하다.

9.5 부가적인 타입들

스위프트 표준 라이브러리에 포함되어 있는 부가적인 타입들에 대해 알아보자. 어떤 타입은 열거 타입을 기반으로 만들어지거나, 어떤 타입은 구조체 타입을 기반으로 만들어지기도 했다. 알고 보면 프로토콜로 확장된 숨겨진 타입인 경우도 있다. 부가적인 타입들이 내부에서 어떻게 동작하는지 살펴보자.

9.5.1 불안전한 포인터

애플이 '스위프트는 오브젝티브-C에서 C 언어를 빼버린 언어'라고 했지만, 포인터가 사라진 것은 아니다. UnsafePointer와 UnsafeMutablePointer는 메모리 주소를 다루기 위해 구조체 타입으로 포장한 제네릭 포인터 타입이다. 자동으로 메모리를 관리해주지 않기 때문에 불안전한 포인터(UnsafePointer) 타입으로 메모리 관리를 해줘야만 한다. alloc() 함수로 메모리를 할당하고 dealloc() 함수로 할당한 메모리를 해제할 수 있다. memory 변수는 alloc() 함수 호출 전에 할당되지 않은 상태가 있고, alloc() 함수 호출 이후 initialize() 함수를 호출하지 않은 초기화되지 않은 상태가 있다. Initialize() 함수를 호출해야만 초기화한 상태가 된다.

UnsafePointer와 비슷하게 포인터를 다루는 타입에 OpaquePointer가 있다. OpaquePointer는 스위프트 포인터 타입으로 다룰 수 없는 C 언어 포인터 호환성을 유지할 때 사용한다. 어떤 타입은 OpaquePointer를 해시 값(hashValue)이라고 가정하고 비교하기도 한다. 내부에서 메모리 주소를 값으로 사용하기 때문에 동일한 메모리 주소일 경우만 같다고 판단한다.

9.5.2 옵셔널

옵셔널(Optional) 타입은 코드 9-22에서 볼 수 있듯이 열거 타입으로 none 값과 some (Wrapped) 값을 가진다. 옵셔널로 선언한 타입에 값이 없으면 none 값이 돼서, 옵셔널 변수의 값이 없다는 것을 의미한다. 반면에 값이 있으면 some 상태가 되면서 열거 타입 내부에 값을 저장한다. 이때 저장되는 Wrapped 타입은 제네릭 타입으로 어떤 타입이라도 들어갈 수 있다.

코드 9-22 옵셔널 타입 선언

```
public enum Optional<Wrapped> : NilLiteralConvertible {
  case none
  case some(Wrapped)

  public init(_ some: Wrapped) { self = .some(some) }

  public func map<U>(@noescape _ f: (Wrapped) throws -> U) rethrows -> U? {
    switch self {
    case .some(let y):
      return .some(try f(y))
    case .none:
      return .none
    }
  }
```

```
public func flatMap<U>(@noescape _ f: (Wrapped) throws -> U?) rethrows -> U? {
  switch self {
  case .some(let y):
    return try f(y)
  case .none:
    return .none
  }
}

public init(nilLiteral: ()) {
  self = .none
}
// …이하 생략
```

코드 9-22에는 map() 함수와 flatmap() 함수가 구현되어 있다. 이 두 함수의 차이점은 some 상태 값을 리턴할 때 생긴다. map() 함수는 .some(try (f(y)) 형태로 f() 함수에서 처리한 결과를 U 타입 그대로 리턴하려고 시도해보고, nil인 경우 옵셔널 타입으로 한 번 감싸서 U?로 리턴한다. flatMap() 함수의 경우는 map() 경우처럼 감싸주는 형태가 없이 try f(y) 형태로 f() 함수 결과 그대로 리턴한다.

이런 차이점은 옵셔널 변수를 넘겨받는 함수들을 이어서 체인을 구성할 때 map() 함수가 아닌 flatMap() 함수를 써야만 하는 경우에 해결책이 된다.

```
let systemlog =  NSURL(string:"/var/log/system.log").flatMap{
NSData(contentsOfURL: $0) }
let systemlog0 =  NSURL(string:"/var/log/system.log.0").map{
NSData(contentsOfURL: $0) }
```

만약 이처럼 시스템 로그에 접근하는 NSData 객체 인스턴스를 만드는 경우라면 systemlog는 Optional<DATA> 형태가 되지만 systemlog0는 Optional<Optional<DATA>> 형태가 된다. 시스템 로그에 접근 권한이 없거나 파일이 없으면 DATA가 만들어지지 않아서 nil 상태가 되는데, 이런 경우에 systemlog는 nil 값이 되고 systemlog0는 Optional<nil> 값이 된다. 결과적으로 systemlog0 변수는 결과 값이 옵셔널로 한 번 더 감싸지기 때문에 곧바로 다른 함수에 값으로 전달할 수가 없다.

9.5.3 옵셔널 강제 제거
강제로 옵셔널 상태를 제거하고, nil 값이더라도 상관없이 값을 그대로 사용하기 위한 타입이다. 아래 두 표현식은 동일하게 옵셔널 강제 제거(Implicitly UnwrappedOptional) 타입으로 선언하는 방식이다.

```
    var unknownString1 : String!
    var unknownString2 : ImplicitlyUnwrappedOptional<String>
```

코드 9-23처럼 스위프트 내부에서 옵서널 강제 제거 타입은 옵서널 타입과 동일하게 처리한다. 다만 강제 제거 타입이라는 것을 알고 있으면서 옵서널을 제거하고 값에 접근할 수 있도록 도와준다.

코드 9-23 옵서널 강제 제거 타입

```
public enum ImplicitlyUnwrappedOptional<Wrapped> : _Reflectable,
NilLiteralConvertible {
    case none
    case some(Wrapped)

    public init(_ some: Wrapped) { self = .some(some) }
    public init(_ v: Wrapped?) { self = .some(v!) }

    public init(nilLiteral: ()) {
        self = .none
    }
}
// …이하 생략
```

9.5.4 슬라이스

슬라이스(Slice) 타입은 컬렉션 타입의 내부 요소들 일부에 접근하는 뷰를 제공하는 구조체 타입이다. 슬라이스 타입은 코드 9-24처럼 컬렉션 저장소에서 참조하는 시작 지점과 끝 지점을 제공할 뿐이다. 컬렉션에 슬라이스 참조 범위를 지정하면 슬라이스로 나눠서 접근이 가능하다.

코드 9-24 슬라이스 타입

```
public struct Slice<Base : Indexable> : Collection {
    public typealias Index = Base.Index
    public let startIndex: Index
    public let endIndex: Index

    public subscript(index: Index) -> Base._Element {
        Index._failEarlyRangeCheck(index, bounds: startIndex..<endIndex)
        return _base[index]
    }

    public subscript(bounds: Range<Index>) -> Slice {
        Index._failEarlyRangeCheck2(
            rangeStart: bounds.startIndex, rangeEnd: bounds.endIndex,
            boundsStart: startIndex, boundsEnd: endIndex)
        return Slice(_base: _base, bounds: bounds)
    }
```

```
    init(_base: Base, bounds: Range<Index>) {
        self._base = _base
        self.startIndex = bounds.startIndex
        self.endIndex = bounds.endIndex
    }

    internal let _base: Base
}
```

코드 9-25처럼 슬라이스는 컬렉션 데이터 요소를 복사해서 별도로 저장하지 않는다. 그래서 슬라이스를 생성하는 것 자체는 O(1) 성능 특성을 가진다. 이 과정을 그림으로 설명하면 그림 9-5와 같다. 배열의 문자열 저장 공간을 슬라이스하더라도 그대로 사용하는 것을 알 수 있다.

코드 9-25 슬라이스 메모리 복사

```
var fullname = ["o", "s", "x", "d", "e", "v"]
print(fullname[0]._core._baseAddress)
// 결과 : 0xA000
print(fullname[4]._core._baseAddress)
// 결과 : 0xA040
var o_x = fullname[0..<3]
print(o_x[0]._core._baseAddress)
// 결과 : 0xA000
var e_v = fullname[4..<6]
print(e_v[4]._core._baseAddress)
// 결과 : 0xA040
```

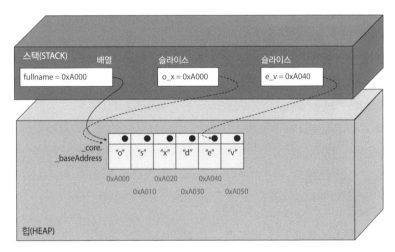

그림 9-5 슬라이스 메모리 구조

9.5.5 시퀀스

시퀀스(Sequence) 타입은 for...in 반복문에서 내부 요소에 순차적으로 접근하기 위한 프로토콜 타입이다. 함수 중심 언어에서 제공하는 map, filter 함수들을 내부 반복자(interator)라고 부르고, 반복문에서 탐색하는 방식을 외부 반복자라고 부르기도 한다. 시퀀스 타입은 반복문에서 컨테이너를 탐색하는 반복 패턴(Iterator Pattern)을 구현하는 타입이다. 다시 말해서 시퀀스 프로토콜을 구현하면 for…in 반복문에서 탐색할 수 있는 타입이 된다. 시퀀스 프로토콜은 저장된 값들을 순서대로 접근하기 위한 일반적인 여러 가지 동작들을 제공하기 때문에 모든 요소를 탐색하지 않아도 원하는 요소를 찾기가 수월하다.

시퀀스 타입으로 내부 요소를 탐색할 때 순서대로 접근한다고 해서 항상 같은 순서가 보장되는 것은 아니다. 그래서 코드 9-26처럼 두 개의 for 구문이 있다고 가정할 때, 두 번째 반복문에서 시퀀스로 접근하는 순서는 특정 조건에 멈춘 해당 순서도 아니며 첫 번째 순서도 아니다. 시퀀스를 마치 배열 색인처럼 사용해서는 안 된다. 이와 관련된 내용은 컬렉션(Collection) 프로토콜 타입을 참고하자.

코드 9-26 시퀀스 순서 보장 예시

```
for element in sequence {
    if (특정조건) { break }
}

for element in sequence {
    // 여기서는 다른 순서
}
```

이터레이터프로토콜(IteratorProtocol)

시퀀스 타입은 반복자를 구현하기 위해서 반복 전용 프로토콜을 사용한다. 스위프트 3 이전까지는 제네레이터(Generator)라고 불렸지만, 스위프트 3부터는 이름을 이터레이터(Iterator)로 바꿔서 사용한다. 시퀀스 타입에 있는 makeIterator() 함수로 이터레이터를 생성하고 nil 값이 될때까지 next() 함수를 반복 호출해서 탐색하는 방식이다. 자신이 만드는 클래스를 이터레이터로 탐색하고 싶으면 next() 함수를 구현해서 다음 요소를 전달하고, 다음 요소가 없을 경우는 nil을 리턴하면 된다.

시퀀스 타입 성능 특성

시퀀스 타입은 이터레이터를 제공하는데, 복잡도가 O(1)이어야만 한다. 그 외에는 성능 측면에서 다른 제약 사항이 없다. 대부분 공간 탐색과 관련해서는 O(N) 특성을 가지는 경우가 많다. 예를 들어 시퀀스 내부 전체 개수를 예측하는 underestimatedCount() 함수는 O(N) 특성을 갖고 있다.

9.5.6 AnyObject

모든 클래스 타입을 지칭하는 프로토콜 타입이다. macOS나 iOS처럼 애플 플랫
폼에서 오브젝티브-C 런타임과 연결하느냐 아니냐에 따라서 @objc 속성을 갖기
도 하고 갖지 않기도 한다.

코드 9-27 AnyObject 구현 코드

```
#if _runtime(_ObjC)
@objc
public protocol AnyObject : class {}
#else
public protocol AnyObject : class {}
#endif
```

AnyObject와 관련이 많은 타입은 Any 타입이다. Any 타입은 스위프트 타입 시
스템에서 의미 있는 타입이 아니라서 타입 검사를 하지 않기 때문에 주의해
서 사용해야 한다. 표준 라이브러리에서 Any 타입은 public typealias Any =
protocol<>로 선언되어 있다. 선언한 코드를 그대로 보면 이름 없는 프로토콜의
확장일 뿐이다. 컴파일러는 Any 타입으로 선언하면, 특정 타입과 비교하는 것이
아니라 모든 타입을 확장해버리는 용도로 사용할 뿐이다. 그래서 Where절과 함
께 타입 비교에서 사용하더라도 타입 시스템에서 비교되지 않는다.

　AnyObject 타입은 스위프트 3 이전까지 오브젝티브-C 객체를 담기 위한 의미
있는 타입으로 사용했다. 스위프트 3부터는 오브젝티브-C 객체의 일반적인 id
타입을 스위프트로 가져올 때 AnyObject 대신 Any 타입을 사용한다. 제네릭 타
입에 대한 연결은 AnyObject를 그대로 사용하며, 그 외 경우 제네릭 타입을 선언
하지 않은 NSArray 배열 객체는 스위프트에서 [Any] 타입으로 연결한다. Any와
AnyObject에 대한 개선사항은 SE-0116 항목을 참고하자.

9.5.7 요약

스위프트는 내장 타입뿐만 아니라 표준 라이브러리에 있는 프로토콜 타입까지
다양한 타입들을 제공한다. 애플 플랫폼을 반드시 지원해야만 하는 스위프트는
타입별로 코코아 객체 연결성을 고려해서 만들어졌다. 부가적인 타입들을 구현
방식을 이해하고, 자신의 코드를 확장하는 과정이 매우 중요한 언어다. 스위프
트 표준 라이브러리는 완성되지 않았으며 여전히 진화 중이라 그만큼 개선의 여
지가 많다. 그렇기 때문에 스위프트를 이해하려면 변화에 따라 학습하는 습관이
중요하다.

9.6 스위프트 런타임

일반적으로 런타임은 말그대로 실행 중에 판단하거나 처리하기 위한 관련 동작
들을 구현해놓은 함수나 코드들을 의미한다. 오브젝티브-C는 런타임에 클래스
타입 확인부터 객체 인스턴스에 대한 메모리 관리, 내성 확인이나 동적인 타입
변환 등을 처리하는 런타임 C 함수들을 제공한다. 스위프트 런타임도 이와 비슷
하게 참조 계산을 포함하는 메모리 관리 기능과 프로토콜 타입이나 제네릭 타입
에 대한 타입 제약을 확인하는 런타임 타입 시스템을 포함하고 있다. 스위프트
런타임 API들은 public인 경우는 C 함수를 제공하며, 내부에서는 C++로 만든
swift 클래스 멤버 함수로 만들어진 것도 있다.

9.6.1 메모리 관리

스위프트 타입들 중에서 힙 메모리에 생성하는 경우에 사용하는 API를 구현하
고 있다. 대부분 runtime\HeapObject.cpp 파일에 구현되어 있다. Object는 힙
메모리에 생성하는 내부 HeapObject 구조체를 의미하며, Box는 힙 객체와 객체
내부 값을 묶은 튜플 형태다. Box는 프로토콜 타입의 ExistentialContainer에서
도 활용한다.

API 이름	설명
swift_allocBox	인자로 넘긴 메타 타입에 대한 힙 객체를 생성
swift_alocObject	메타 타입 기반으로 필요한 크기와 메모리 정렬시킨 객체의 메모리 공간을 힙에 생성
swift_bufferAllocate	참조 계산 처리한 객체를 힙에 생성
swift_bufferHeaderSize	sizeof(HeapObject)로 힙 객체 메모리 크기 계산
swift_deallocBox	swift_allocBox로 생성한 메모리 해제
swift_deallocClassInstance	swift_allocObject로 생성한 객체 인스턴스(RC_DEALLOCATING_FLAG설정된) 해제
swift_deallocObject	swift_allocObject로 생성한 메모리 해제
swift_deallocPartialClassInstance	swift_allocObject로 생성한 객체 인스턴스(참조 계산 값이 1 인 상태) 인스턴스 변수를 해제한 이후에 메모리를 해제
swift_rootObjCDealloc	객체 인스턴스의 최상위 객체에 –delloac 호출
swift_slowAlloc	malloc 스타일(이전 방식) 메모리 할당
swift_slowDealloc	(이전 방식) 메모리 해제

| swift_projectBox | swift_allocObject로 생성한 객체의 값만 꺼냄 |
| swift_initStackObject | 힙 객체에 대한 스택 메모리 포인터를 초기화 후 전달 |

표 9-4 메모리 관리 API

9.6.2 참조 계산용 메모리 관리

스위프트 내부 타입들이 사용하는 힙 객체 참조에 대한 설정, 초기화, 복사, 소멸을 관리하는 API를 제공한다. 참조 계산용 메모리 관리 API들은 소유 방식이나 참조 방식에 따라 다음과 같이 구분한다.

API 이름	설명
swift_bridgeObjectRelease swift_bridgeObjectRetain	오브젝티브-C로 연결한 객체에 대한 참조 계산
swift_release swift_retain swift_tryPin swift_tryRetain swift_unpin	스위프트 타입이 사용하는 힙 객체에 대한 참조 계산
swift_unknownRelease swift_unknownRetain	타입을 모르는 소유한 객체에 대한 참조 계산
swift_unknownUnownedAssign swift_unknownUnownedCopyAssign swift_unknownUnownedCopyInit swift_unknownUnownedDestroy swift_unknownUnownedInit swift_unknownUnownedLoadStrong swift_unknownUnownedTakeAssign swift_unknownUnownedTakeInit swift_unknownUnownedTakeStrong	타입을 모르는 소유하지 않은 (unowned) 참조에 대한 설정, 초기화, 복사, 소멸을 관리
swift_unknownWeakAssign swift_unknownWeakCopyAssign swift_unknownWeakCopyInit swift_unknownWeakDestroy swift_unknownWeakInit swift_unknownWeakLoadStrong swift_unknownWeakTakeAssign swift_unknownWeakTakeInit swift_unknownWeakTakeStrong	타입을 모르는 약한 참조(weak)에 대한 설정, 초기화, 복사, 소멸을 관리

swift_unownedCheck swift_unownedRelease swift_unownedRetain swift_unownedRetainCount swift_unownedRetainStrong swift_unownedRetainStrongAndRelease	소유하지 않은 특정 힙 객체에 대한 참조 계산
swift_weakAssign swift_weakCopyAssign swift_weakCopyInit swift_weakDestroy swift_weakInit swift_weakLoadStrong swift_weakTakeAssign swift_weakTakeInit swift_weakTakeStrong	약한 참조에 대한 설정, 초기화, 복사, 소멸을 관리

swift_isUniquelyReferencedNonObjC
swift_isUniquelyReferencedNonObjC_nonNull
swift_isUniquelyReferencedNonObjC_nonNull_
   bridgeObject
swift_isUniquelyReferencedOrPinnedNonObjC_nonNull
swift_isUniquelyReferencedOrPinnedNonObjC_nonNull_
   bridgeObject
swift_isUniquelyReferencedOrPinned_native
swift_isUniquelyReferencedOrPinned_nonNull_native
swift_isUniquelyReferenced_native
swift_isUniquelyReferenced_nonNull_native
	포인터가 특정 객체를 참조했는지
	여부를 확인

swift_setDeallocating swift_isDeallocating swift_verifyEndOfLifetime	힙 객체를 메모리 해제 처리

표 9-5 참조 계산 API

9.6.3 동적 타입 변환

런타임에 타입 정보를 이용해서 동적으로 타입을 변환하기 위해 사용하는 API
들을 제공한다.

API 이름	설명
swift_dynamicCast	동적 변환을 위한 내부 변환
swift_dynamicastClass	객체 인스턴스를 스위프트 클래스 타입으로 변환
swift_dynamicCastForeignClass	코어 파운데이션 객체로 변환
swift_dynamicCastMetatype	특정 메타 타입에서 특정 메타 타입으로 변환

swift_dynamicCastMetatypeToObjectConditional	특정 메타 타입에서 클래스 타입으로만 변환
swift_dynaicCastObjCClass	오브젝티브-C 스타일로 클래스 타입인지 확인하고 변환
swift_dynamicCastObjCClassMetatype	특정 클래스타입에서 특정 클래스 타입으로 변환
swift_dynamicCastObjCProtocolConditional	오브젝티브-C 객체에 –conformsToProtocols 메서드로 확인
swift_dnamicCastTypeToObjCProtocolConditional	프로토콜을 만족하는지 확인해서 타입을 반환
swift_dynamicCastUnknownClass	클래스를 모르는 객체 인스턴스를 특정 타입으로 변환

표 9-6 동적 타입 변환 API

9.6.4 오브젝티브-C 연결

런타임에 오브젝티브-C 객체와 연결하거나 연결이 가능한지 판단하기 위해서 사용하는 API들을 제공한다.

API 이름	설명
swift_bridgeNonVerbatimFromObjectiveCConditional	특정 건의 오브젝티브-C 객체를 네이티브 타입으로 연결
swift_bridgeNonVerbatimToObjectiveC	네이티브 타입을 오브젝티브-C 객체로 연결
swift_getBridgedNonVerbatimObjectiveCType	특정 네이티브 타입을 연결할 수 있는 오브젝티브-C 객체 타입을 확인
swift_isBridgedNonVerbatimToObjectiveC	특정 네이티브 타입이 오브젝티브-C 객체 타입으로 연결되었는지 확인

표 9-7 오브젝티브-C 연결 API

9.6.5 메타 타입

런타임에 타입에 대한 메타데이터를 다루기 위한 API들이다. 타입별로 메타데이터를 찾거나 메타데이터를 생성하는 용도로 사용한다. 메타 타입 관련 API 중에는 아직은 모두 공개되지 않거나 구현되지 않은 API도 있다.

API 이름	설명
swift_getDynamicType	특정 값에 대한 동적 타입 정보 확인
swift_getObjectType	특정 객체에 대한 동적 타입 정보 확인

swift_getTypeName	타입에 대한 문자열 이름과 문자열 길이 확인
swift_isClassType	메타 데이터의 타입이 클래스 타입인지 여부를 확인
swift_isClassOrObjCExistentialType	오브젝티브-C 클래스 타입인지 여부를 확인
swift_isOptionalType	옵셔널 타입인지 여부를 확인
swift_objc_class_usesNativeSwiftReferenceCounting	스위프트 네이티브 방식의 참조 계산을 사용하는지 여부를 확인 (애플 플랫폼이 아니면 항상 참)
swift_objc_class_unknownGetInstanceExtents	오브젝티브-C 클래스인 경우 객체 크기 확인
swift_class_getInstanceExtents	스위프트 클래스인 경우 객체 크기 확인
swift_class_getSuperclass	클래스의 슈퍼 클래스 타입 정보를 확인

표 9-8 메타 타입 API

9.6.6 요약

오브젝티브-C 런타임과 마찬가지로 스위프트도 런타임에 거의 동등한 기능을 제공하기 위해서 런타임 API가 존재한다. 스위프트 표준 라이브러리나 핵심 타입들은 런타임 API를 활용해서 만들어진다. 스위프트 타입 시스템과 함께 런타임 함수의 종류와 역할을 이해하고 있으면 특정 타입을 저수준에서 제어할 수 있다.

9.7 스위프트 파운데이션

스위프트 2에서 제공하던 파운데이션 프레임워크는 오브젝티브-C로 만들어진 파운데이션을 연결해서 사용하도록 그대로 제공했었다. 스위프트 3부터는 열거 타입이나 구조체 타입 같은 스위프트 표준 라이브러리 타입을 활용해서 '스위프트다운' 파운데이션(Foundation) API를 제공한다. NSCharacterSet, NSDate, NSNotification, NSURL 같은 클래스는 구조체 타입으로 새로 만들어졌다. 안전한 타입 시스템을 위해서 글로벌 상수도 타입 내부 상수로 선언해서 사용하기 편리하다.

9.7.1 파운데이션 타입

스위프트 3에서 제공하는 파운데이션 타입들은 표 9-9와 같다. `DateComponents` 처럼 기존 `NSDateComponents` 클래스를 포장해서 만든 타입도 있고, 구조체 타입 에 새롭게 만든 내부 클래스도 있다.

파일 구분	관련 타입들	설명
AffineTransform	public struct AffineTransform	NSAffineTransform처럼 동작하는 구조체 타입
Boxing	intenal final class _MutableHandle	파운데이션 가변 객체에 대한 포인터 핸들을 위한 내부 클래스
	internal protocol _SwiftNativeFoundationType	스위프트 네이티브 파운데이션 타입용 내부 프로토콜
	internal protocol _MutablePairBoxing	네이티브 파운데이션 타입 내부에 기존 파운데이션 객체를 포장하는 내부 프로토콜
	internal enum _MutableUnmanagedWrapper	불변/가변 객체를 선택해서 저장할 수 있도록 도와주는 내부 열거형 타입
CharacterSet	internal final class _SwiftNSCharacterSet	NSCharacterSet와 NSMutableCharacterSet를 포장하는 내부 클래스
	public struct CharacterSet	_SwiftNSCharacterSet를 포장하는 네이티브 타입
Data	internal final class _SwiftNSData	NSData와 NSMutableData를 포장하는 내부 클래스
	public struct Data	_SwiftNSData를 포장하는 네이티브 타입
Date	public struct Date	TimeInterval 타입 _time 값으로 시간/날짜 계산해주는 타입
DateComponents	public struct DateComponents	NSDateComponents를 포장하는 날짜 처리용 타입
DateInterval	public struct DateInterval	NSDateInterval를 포장하는 날짜/기간 처리용 네이티브 타입
Decimal	extension Decimal	정수 연산에 대한 확장 함수, 비교 함수, NSDecimalNumber 연결을 지원하는 확장
ExtraStringAPIs	extension String.UTF16View.Index : Strideable extension String.UTF16View : RandomAccessCollection	UTF16View 뷰에서 랜덤 접근을 위한 확장

FileManager	public class FileManager	NSFileManager 포장 클래스
Foundation	extension String : _ ObjectiveCBridgeable extension Int : _ ObjectiveCBridgeable	스위프트 네이티브 타입과 오브젝티브-C 타입으로 생성, 연결을 지원하는 확장들
Hashing	internal func __CFHashInt(), __CFHashDouble(), CFHashBytes()	코어 파운데이션 해시 함수들
IndexPath	public struct IndexPath	NSIndexPath처럼 동작하는 네이티브 구조체 타입
IndexSet	public struct IndexSet	NSIndexSet처럼 동작하는 네이티브 구조체 타입
Measurement	public struct Measurement<UnitType : Unit>	NSMeasurement처럼 동작하는 네이티브 구조체 타입
Notification	public struct Notification	NSNotification처럼 동작하는 네이티브 구조체 타입
NSError	extension NSError : ErrorProtocol	NSError 클래스에 네이티브 타입을 사용할 수 있도록 확장
NSStringAPI	extension String	String 타입을 NSString처럼 쓸 수 있도록 도와주는 함수들 확장
NSStringEncodings	extension String { public struct Encoding	NSUTF8StringEncoding 상수를 String.Encoding.utf8 형태로 쓸 수 있도록 확장
NSValue	public struct NSRange	NSRange처럼 동작하는 네이티브 구조체 타입
PersonName Components	public struct NSPersonNameComponents	NSPersonNameComponents처럼 동작하는 네이티브 구조체 타입
ReferenceConvertible	public protocol ReferenceConvertible	편의를 위해 _ObjectiveCBridgeable, CustomStringConvertible, CustomDebugStringConvertible, Hashable, Equatable 프로토콜을 한꺼번에 포함하는 프로토콜
URL	public struct URL	NSURL을 포장하는 구조체 타입
URLComponents	public struct URLComponents	NSURLComponents를 포장하는 구조체 타입
URLRequest	public struct URLRequest	NSMutableURLRequest를 포장하는 구조체 타입

UserInfo	internal class _NSUserInfoDictionary	Notification 타입의 UserInfo 데이터 구조를 위한 내부 클래스 타입
UUID	public struct UUID	NSUUID처럼 동작하는 구조체 타입

표 9-9 스위프트 파운데이션 타입들

9.7.2 요약

스위프트 3부터는 기존 애플 플랫폼에 의존적이었던 프레임워크 기반 코드를 다른 플랫폼에서도 독립적으로 사용할 수 있도록 개선한 사항들이 많다. 파운데이션 프레임워크를 구성하는 타입들 중에서도 오브젝티브-C 기반 클래스가 아니라 네이티브 구조체로 만들어진 타입이 늘어나고 있다. 물론 하위에 C 언어로 만들어진 코어 파운데이션이 있어서 스위프트 타입들도 다른 플랫폼으로 포팅이 가능했지만, 스위프트 스타일 문법을 가진 파운데이션 라이브러리를 만들어주는 것은 환영받을 만한 일이다. 스위프트 파운데이션처럼 독립적인 프레임워크가 많아지면 리눅스뿐만 아니라 윈도우나 다른 유닉스에서도 스위프트 프로그래밍을 자유롭게 할 수 있는 날이 금세 올 것이다.

찾아보기